KB060784

고고자료로 본 성주사의 변천과 시대상

• 임종태_林鍾泰

대전대학교 한국문화사학과 졸업
공주대학교 일반대학원 사학과 석사과정 졸업(문학석사)
공주대학교 일반대학원 사학과 박사과정 졸업(문학박사)
現 백제문화재연구원 연구원

• 논저

「聖住寺 創建 以前의 先代伽藍에 대한 檢討」,『韓國古代史研究』72, 韓國古代史學會, 2013.
「保寧 聖住寺址의 伽藍變遷 研究」,『先史와 古代』42, 韓國古代學會, 2014.
「신라하대 聖住寺 창건기 금당의 조성과 배경 -고고자료를 중심으로-」,『新羅文化』45,
　　　동국대학교신라문화연구소, 2015a.
「고고자료를 통해 본 고려후기 성주사의 중건」,『지방사와 지방문화』18-1, 역사문화학회,
　　　2015b.
『건물지로 본 사비고고학』, 서경문화사, 2015. (공저)
『保寧 聖住寺址의 變遷過程 研究』, 박사학위논문, 2015.

考古資料로 본 聖住寺의 變遷과 時代相

초판인쇄일　2015년 12월 24일
초판발행일　2015년 12월 30일
지 은 이　임종태
발 행 인　김선경
책 임 편 집　김소라
발 행 처　도서출판 서경문화사
　　　　　주소 : 서울시 종로구 이화장길 70-14 105호
　　　　　전화 : 743-8203, 8205 / 팩스 : 743-8210
　　　　　메일 : sk8203@chol.com
등 록 번 호　제 300-1994-41호
ISBN　978-89-6062-180-0　93000
ⓒ 임종태, 2015

* 파본은 구입처에서 교환하여 드립니다.

정가 22,000

고고자료로 본
성주사의 변천과 시대상

임종태 지음

서경문화사

● 책 머 리 에

　　충남 보령에 위치한 성주사지는 통일신라 하대 개창된 거대 선종산문인 성주사의
흔적이 남아 있는 곳이다. 성주사지에는 국보로 지정된 '낭혜화상백월보광탑비'를 비롯해
보물인 오층석탑과 삼층석탑 등 다양한 문화재가 남아있다.

　　성주사지에는 당대 성인으로 추앙받던 낭혜화상 무염대사가 성주사의 주지가 되는 과정
등이 기록으로 전해지면서 많은 이야기 소재를 제공하기도 한다. 이 가운데 '有緣則住'은
소백산에서 은거 중이던 김흔의 성주사 주지 요청에 대한 朗慧和尙 무염대사의 대답이다.
결과적으로 낭혜화상은 새롭게 개창된 거대 선종산문인 성주산문의 思想的 支柱가 되었고,
많은 제자와 신도들이 그의 가르침을 받아 배출되기에 이른다. 위 글귀는 저자가 느끼기엔
당시 무염대사가 가진 긍정적인 요소를 에둘러 표현한 것이 아닌가 생각된다. 자신의 가치를
인정받고 뜻을 펼칠 수 있는 무대가 마련된다는데 마다할 사람은 없을 것이다. 어쩌면 위
글귀에서 무염대사의 인간미를 느낄 수 있지 않을까 생각해 본다.

　　현재까지 성주사는 백제시대 법왕이 창건했다는 오합사로 유명하여 비중 있게
다루어졌고, 저자 역시 이에 대한 일말의 의심을 갖지 않았다. 이 때문에 오래전부터 백제의
멸망과 밀접한 관련이 있는 오합사가 성주사의 전신으로 지목되면서 이를 주제로 한
흥미로운 논고가 발표되기도 하였다. 그러나 저자는 7년 전 『聖住寺』 발굴조사 보고서를
처음 접한 뒤 조사를 진행하면서 익히 잘 알려진 사실임에도 불구하고 실제 체험하면서 보고
느낀 것은 다를 수도 있다는 것이었다.

　　성주사지 발굴조사가 시작되면서 저자는 나름 건물지를 연구하는 입장에서 백제
건물지를 실견하고 실제 조사에 임하였기에 좋은 기회로만 여겼다. 그러나 조사를 진행하는
과정에서 의구심이 들기 시작하였고, 이러한 의구심은 점차 학문의 영역을 넓혀가게 된
동기가 되었다. 무엇보다도 저자는 이를 계기로 통설을 중시하던 기존의 입장에서 벗어나
다양한 시각으로 유적을 이해할 필요성을 느꼈다. 아울러 기존에 알려진 역사적 사실도

고고학적인 물질자료에 따라서는 얼마든지 定說도 될 수 있고 異說도 될 수 있을 것이란 기준이 마련되었다.

이처럼 성주사지는 저자에게 한낱 유적지가 아닌 그 이상의 의미가 있는 곳이다. 어떠한 연유가 있어 성주사에 관심을 갖게 된 것인지 아직도 의아하지만, 이곳을 찾을 때 마다 느껴지는 친근함과 경건함은 적잖은 인연에서 비롯된 것이 아닌가 느껴질 때가 많다.

무염대사께서 열반에 드시기 전 제자들에게 '저 사람이 마신 것이 나의 갈증을 해소시키지 못하고, 저 사람이 먹은 것이 나의 배고픔을 채워주는 것이 아니니, 노력하여 스스로 마시고 먹어야 하지 않겠는가. … 중략 … 대개 나와 같은 것을 한다고 해서 옳은 것은 아니요, 나와 다르다고 해서 그르지는 않은 것이다.'라고 말씀하셨다. 대사께서 남기신 말씀은 천년의 세월이 지났음에도 저자는 물론 많은 사람들에게 귀감이 될 것이다.

성주사지를 주제로 학위논문을 작성하고 이 책을 펴내기까지 많은 분들의 도움이 있어 지면으로나마 감사의 말을 전하고자 한다. 먼저 지도교수님이신 이남석 선생님께서는 부족한 저자가 고고학에 입문하였을 때 유적을 이해하는 방법과 역사를 바라보는 시각을 일깨워주시고 학자로서 갖추어야 할 소양 등을 길러주셨다. 항상 선생님께 감사한 마음뿐이며, 스승님의 가르침에 누가 되지 않도록 더욱 정진할 것이다. 그리고 학문을 연구하는데 임하는 자세와 논문을 작성하는 방법 등을 일깨워주신 양종국 선생님과 정재윤 선생님께도 진정 감사의 말씀을 전한다. 논문을 심사하는 과정에서 아낌없는 조언과 격려를 해주신 우재병 선생님과 이종수 선생님께도 진심어린 감사를 드린다. 또한 건물지 분야의 문외한이었던 저자에게 학문적으로 많은 도움을 주시고 옳은 길로 이끌어주신 조원창 선생님께도 깊은 감사를 드린다.

성주사지 발굴조사를 본원에서 실시할 수 있도록 도와주신 보령시청 관계자님과 저자가 연구할 수 있는 환경과 조언을 아끼지 않으신 백제문화재연구원의 서오선 원장님, 정해준 실장님께도 지면을 빌어 감사의 말씀을 전한다. 이밖에 여러 선생님께서 크나큰 도움을 주셔서 이 책을 완성할 수 있었다. 지면으로나마 깊은 감사를 드린다.

마지막으로 생업과 학업을 오가며 공부하는 자식 걱정에 물심양면으로 도움을 주신 부모님께 깊이 감사드리며, 현장과 사무실만 오가며 공부하는 동안 서운함 한번 비추지 않고 격려해 준 사랑하는 아내와 큰딸 소민이, 작은딸 규민이에게도 고마움을 전한다. 부족한 글임에도 불구하고 이 책의 출판을 허락해주신 서경문화사 김선경 사장님과 편집부 관계자님께도 감사하다는 말씀을 드리고 싶다.

● 차 례

서 론

한국 고대사에서 불교라는 특정 주제가 차지하는 비중은 결코 적지 않다. 고대국가 성장의 동력이 불교와 무관하지 않다는 것은 이미 널리 알려진 사실이고 우리의 고대문화 성립과 발전의 저변에 불교가 자리하고 있다는 것도 이미 잘 알려진 사실이다. 특히 신앙체계로서 불교는 융합적 특성이 있기에 고대사회로부터 강력한 왕권중심의 통치체제를 마련하는 데, 그 유용성은 매우 컸을 것이다.[1]

불교는 한반도로 전래한 이후 국가의 통치이념으로서 지배 사상이 되기도 하였으며, 외침 시에는 호국 사상의 기틀로서 국난을 이겨내는 원동력이 되기도 하였다. 때로는 교단의 부패와 타락, 사치로 인해 왕조가 몰락하는 원인을 제공하면서 국가 발전에 장애를 주기도 하는 양면성을 보이기도 하였다. 이처럼 불교는 한국에서 가장 오래된 역사를 가진 종교인 만큼 한민족의 정치 · 사회 · 문화 · 사상 등 다방면에 많은 영향을 끼치며

---

1) 李南奭, 2014, 『泗沘時代의 百濟考古學』, 서경문화사, 168쪽.

밀접한 관련을 맺게 되었다.

사원은 불교의 교리와 사상 등이 집약되어 표출되는 공간으로서 불교의 전래와 함께 조영된 것으로 추정된다.[2] 사원에는 불상을 봉안하기 위한 금당과 불법을 전하는 강당, 불신골을 안치하기 위한 불탑 등으로 구성되어 있는데, 이들 예불건물이 배치되는 양상은 고대 삼국시대부터 다양한 형태로 확인되었다. 이는 각 시대 혹은 국가마다 신앙적 또는 문화적 차이에서 비롯된 것으로 여겨진다.

그러나 공통으로는 불교가 공인된 이후 삼국의 사원 건립에 선진 건축기술과 노동력 등의 국가적 역량을 총동원하여 최대한 화려하고 웅장하게 조영하려는 경향을 보인다는 점이다. 이러한 경향은 분립국가에서 통일국가로 전환된 통일신라와 고려조에 들어서도 동일하게 나타나는 현상이다.

고대로부터 사원 조영에는 당대 기술력과 노동력, 경제력 등이 집중되면서 많은 분야에 영향을 끼치게 되었고, 특히 건축과 토목, 공예, 미술 등은 시대를 거듭할수록 눈부신 발전을 이루었다. 이로 인하여 사원유적에는 당대의 건축기술은 물론이고 각 시대를 대표하는 특징적인 요소들이 함축적으로 내재할 수밖에 없는 것이다. 때문에 사원유적은 고고 · 역사적인 관점에서 각각의 시대성에 따른 정치 · 사회 · 문화 · 사상 등이 모두 표출되는 최적의 대상지이기에 어떠한 유적보다도 심화된 연구가 요구된다.

보령에 있는 성주사지도 시대별 특징을 고스란히 간직한 국내 몇 안 되는 사원유적 중 하나로서 그 중요성은 일찍부터 제기되었다. 성주사는 백제시대 혹은 통일신라 초경에 최초 가람이 창건된 이후 신라하대에 선종가람으로 개창되면서 고려시대를 거쳐 조선시대 중기 무렵에 이르기까지

---

2) 『三國史記』卷第十八,「高句麗本紀」第六, 小獸林王 五年 春二月.『三國史記』卷第二十四,「百濟本紀」第二, 枕流王 二年 春二月.『三國史記』卷第四,「新羅本紀」第四, 眞興王 五年 春二月.

약 900여 년간 사세를 유지한 거찰이다.

약 900여 년 동안 존속한 성주사는 시대를 거치면서 겪게 되는 변화와 발전, 침체에 따른 흔적들이 사역 곳곳에 잔존해 있다. 이러한 흔적들은 지난 13차례의 조사를 통해 세상에 밝혀졌고, 특히 왕명에 의해 건립된 『聖住寺碑』,『朗慧和尙白月寶光塔碑』와 같은 당대 금석문 사료의 존재는 당시 성주사의 위세를 가늠해 볼 수 있는 자료이기도 하다. 더욱이 금석문 기록에는 당대 역사적으로도 유명한 인물들이 등장하는데, 이는 당시 성주사가 정치적 · 사회적으로도 상당한 영향력을 가진 사원이었음을 대변해준다.

한편 신라하대 성주산문의 본사로 개창된 성주사는 당대 호서지역에서 가장 번화하여 많은 신도를 배출하던 사원이기도 하였다. 이후 성주사는 고려시대와 조선시대에도 사세를 유지하게 되는데, 조선 후기 성리학자 拙修齋 趙聖期(1638~1689)의 시문집인 『拙修齋集』에 의하면[3] 17세기 무렵에는 이미 폐사되고 그 흔적만 남아 역사에서 자취를 감춘 것으로 보인다.

이렇게 역사의 뒤안길로 사라진 성주사는 일제강점기가 되어서야 다시금 재조명된다. 1916년 일제에 의해 고적조사 위원회가 결성된 이후 1917년부터 성주사지 낭혜화상백월보광탑비(제57호)와 오층석탑(제58호), 중앙삼층석탑(제59호), 서삼층석탑(제60호)을 고적에 등록시켜 관리하기 시작한 것이다.[4] 그리고 '無能居士'로 유명한 근대 사학자 이능화는

---

3) 그의 시문집에서 성주사는 이미 폐사되어 기와 조각만 나뒹굴고 백월보광탑비만이 존재한다고 하였다(『拙修齋集』 券十二).

4) 현 東三層石塔은 당시에도 주변의 석탑과 함께 같은 장소에 존재하였으나 1916년에 작성된 조선총독부 고적지정, 등록대장에는 빠져있다. 이렇게 동삼층석탑을 별도로 구분하고 관리하였던 까닭은 '일제가 성주사지 동삼층석탑을 반출하려다 실패했다'는 전언이 현재까지 전해지고 있는 점으로 보아 일제강점기에 성주사지 동삼층석탑을 일본으로 반출하기 위하여 조사 당시부터 고의로 누락시켰을 가능성이 있다.

1918년 출판한 『朝鮮佛敎通史』에서 '..易寺榜爲聖住'의 각주에 성주사를 「寺舊名烏合寺」로 명시하고[5] 그 중요성을 알렸다.

1933년에는 부여박물관 전신인 '百濟館'의 관장이었던 오사카 긴타로 (大阪金太郎)가 충청남도 관내의 고적, 유물조사 내용을 조선총독부에 보고하기 위해 작성한 복명서에 성주사지 관리 문화재의 조형적 해설과 관리 실태 등을 기록하게 된다. 이렇게 복명서가 작성·보고된 이후인 1937년에는 성주사지 낭혜화상백월보광탑비를 비롯한 석탑들을 보물로 승격시켜 지정문화재로서 보호·관리하게 되는데, 이는 해방된 이후에도 동일하게 적용되었다.

이후 성주사지에 대한 연구는 크게 두 방향으로 진행되었다. 먼저 한 방향은 발굴조사 결과에 근거한 고고학적인 검토이고, 또 한 방향은 성주사와 관련된 문헌사적 검토가 그것이다.

성주사지에 대한 최초의 고고학적인 연구는 수습조사 방식에 의한 대략적인 현황 등을 기록한 것이다.[6] 특히 성주사지 가람 중심부를 대상으로 한 1~6차 발굴조사가 완료되면서 성주사의 5차 가람변천 과정과 그

5) 李能和 撰, 『朝鮮佛敎通史』上編, 140쪽.
6) 문명대, 1974, 「聖住寺三千佛殿址第一次發掘 -聖住寺址 第二次 調査」, 『불교미술』2, 동국대학교 ; 이은창, 1961a, 「保寧 聖住寺址의 逸名塔碑」, 『미술사학연구』 2, 한국미술사학회 ; 이은창, 1961b, 「保寧 聖住寺址의 中門址」, 『미술사학연구』 2, 한국미술사학회 ; 이은창, 1962, 「保寧 聖住寺址의 金堂址」, 『미술사학연구』 3, 한국미술사학회 ; 이은창, 1967, 「保寧 聖住寺址 調査報告 -三層石塔과 墓塔碑를 中心으로-」, 『아세아연구』 28, 고려대학교 아세아문제연구소 ; 이은창, 1969, 「保寧 聖住寺址 石塔考」, 『사학연구』 21, 한국사학회 ; 황수영, 1968b, 「新羅聖住寺 大朗慧和尙 백월보광탑의 調査」, 『미술사학연구』 9, 한국미술사학회 ; 황수영, 1972, 「金立之 撰 新羅聖住寺碑」, 『미술사학연구』 115, 한국미술사학회 ; 황수영, 1974a, 「新羅 聖住寺의 沿革 -三千佛殿의 發掘을 통하여」, 『불교미술』 2, 동국대학교 ; 황수영, 1974b, 「新羅 聖住寺址의 塑佛資料 : 扶餘博物館所藏品에서」, 『美術資料』, 국립중앙박물관 ; 홍사준, 1968, 「百濟 烏合寺考」, 『미술사학연구』 9, 한국미술사학회 ; 홍사준, 1969, 「백제의 칠악사와 오함사 소고」, 『백제문화』 3, 공주대학교 백제문화연구소 ; 홍사준, 1974, 「聖住寺址石塔 解體와 組立」, 『考古美術』 113·114, 한국미술사학회.

에 따른 편년, 시대적 고찰 등이 최종적으로 정리되기에 이르렀다.[7] 이렇게 정리된 성주사지의 고고학적인 견해는 추가적인 논의 없이 현재까지 통용되었다. 다만 최근에는 성주사지 가람 중심부의 발굴조사 결과를 건축학적으로 관찰하여 이에 따른 변화와 시기별 가람의 배치양상을 검토한 사례도 있는데,[8] 아쉽게도 기존 연구의 틀에서 벗어나지 못하는 한계를 보였다. 또 성주사지에서 출토된 유물을 대상으로 한 연구도 있기는 하나[9] 이 역시 기존 견해를 보완하는 측면에서 검토가 이루어진 것이다.

2009년도부터 2014년도까지 실시된 성주사지 중심가람 주변지역에 대한 조사결과도 이전의 견해와 크게 다르지 않다.[10] 사역 전역에 대한 발굴조사가 완료되었음에도 불구하고 구체적인 연구가 진행되지 않은 것이다. 특히 성주사 이전 가람과 백제 오합사는 논란의 여지가 있음에도 조사가 마무리된 이후 원천자료인 고고자료를 전혀 검토하지 않은 것은 깊이 생각해 볼 문제이다.

---

7) 忠南大學校博物館 編, 1998, 『聖住寺』, 忠南大學校博物館.
8) 성주사의 단계별 가람배치 형태를 동시기 다른 사원유적의 가람배치 형태와 비교하여 해당 가람의 편년이 문헌기록과 일치한 것으로 보았다(이정상, 2014, 「보령 성주사지 가람배치의 복원에 관한 연구」, 한양대학교 석사학위논문).
9) 성주사지에서 출토된 오합사 단계의 수막새는 중국에서 전래된 대통사식 수막새 제작기법의 연장선에 있는 것으로 이들 기술은 백제로 도입된 이후 독자적으로 발전한 것이며, 이를 통해 볼 때 오합사 단계의 수막새는 백제의 독자적인 조와 기술에 의해 제작된 것으로 평가하였다(平松良雄·土田純子, 2010, 「백제 오함사 수막새 제작기법: 백제 사비기 조와기법의 일례」, 『백제연구』 51, 충남대학교 백제연구소). 이밖에 성주사지 출토 평기와를 대상으로 문양과 제작기법 속성들을 분석하여 제작기법의 변천 양상을 검토한 연구도 있다(성정용, 2012, 「성주사지 출토 평기와 제작기법의 변천과 실측기법 제안」, 『역사와 담론』 26, 호서사학회).
10) 百濟文化財研究院 編, 2011, 『성주사지 7차 발굴조사 보고서』, 百濟文化財研究院 ; 百濟文化財研究院 編, 2012a, 『성주사지 8차 발굴조사 보고서』, 百濟文化財研究院 ; 百濟文化財研究院 編, 2013, 『성주사지 9차 발굴조사 보고서』, 百濟文化財研究院 ; 百濟文化財研究院 編, 2014a, 『성주사지 10차 발굴조사 보고서』, 百濟文化財研究院 ; 百濟文化財研究院 編, 2014b, 「성주사지 11차 발굴조사 약식보고서」, 百濟文化財研究院.

이에 반해 성주사와 관련된 문헌사적 연구는 방대한 성과물이 발표되었다. 특히 성주사의 전신으로 지목된 백제 오합사와 신라하대 선종 구산문 중 하나인 성주사가 그 중심에 있다. 이들 연구내용을 정리하면 다음과 같다.

먼저 백제 오합사는 『三國史記』[11]와 『三國遺事』,[12] 『日本書紀』[13]에서 이 오합사를 백제의 멸망을 암시하는 사찰로 기록하였는데, 『崇嚴山聖住寺事蹟記』[14]와 『朝鮮佛教通史』[15]에서는 위 오합사를 성주사의 전신으로 지목하고 있다. 이후 성주사지에 대한 발굴조사 결과 성주사가 창건되기 이전에 존재한 가람이 확인되었고, 이 가람이 백제 오합사(오회사)로 알려지면서 연구가 진행된 것이다.

백제의 국토보호령으로 인식된 4방계산 중 북악에 속한 오합사는 백제 법왕 원년인 599년에 창건되기 시작하여 수양제 대업 12년경인 615년에 완공된 것으로, 법왕의 오합사 창건은 약화된 왕권을 강화시키기 위한 목적에 의해 조영된 것으로 보았다.[16] 즉 이를 백제 성왕계의 불교활동과 관련지어 3산 5악의 성립 및 왕권 강화를 위한 목적에서 조영된 백제왕실의 원찰로 이해한 것이다.[17] 그러나 최근에는 성주사가 위치한 보령지역이 沙氏勢力의 식읍 내지는 세력권에 편제된 지역이고, 사씨가 혜왕의 왕위계승을 지지한 정치세력이었기에 오합사의 창건 주체를 백제 사비도읍기 대성팔족 중 하나인 사씨세력으로 추정하면서, 이는 곧 사씨의 원찰일

---

11) 『三國史記』卷第二十八, 「百濟本紀」第六, 義慈王 15年條.

12) 『三國遺事』卷第一, 「紀異」第一, 太宗春秋公.

13) 『日本書紀』卷第廿六, 天豐財重日足姬天皇, 齊明紀 4年 十一月庚寅.

14) 황수영, 1968a, 「崇嚴山聖住寺蹟」, 『考古美術』9-9(合集本).

15) 李能和 撰, 『朝鮮佛教通史』上編, 140쪽.

16) 이도학, 1989, 「사비時代 百濟의 4方界山과 護國寺刹의 成立 : 法王의 佛教理念擴大施策과 관련하여」, 『백제연구』20, 충남대학교백제연구원.

17) 金壽泰, 2001, 「烏合寺」, 『성주사와 낭혜』, 서경문화사.

것이라는 견해도 제기되었다.[18] 이외에 성주사가 위치한 성주산은 백제의 북악으로서 사비 도읍시대 서해안 방면의 요충지이면서 백제에서 관음보살이 사는 곳으로 이해하기도 하였다.[19] 이러한 견해들은『崇嚴山聖住寺事蹟記』와『聖住寺碑』의 백제 관련 기록에 따라 성주사 이전 가람이 백제 오합사라는 전제가 성립되었기에 가능한 것이었다.

『崇嚴山聖住寺事蹟記』와『聖住寺碑』의 백제 관련 기록은 성주사의 전신이 오합사라는 결정적인 근거자료가 되어왔다.[20] 이중『崇嚴山聖住寺事績記』는 자료수집 경위와 작성연대, 작성자, 인용사료, 전사경로 등이 불명확하고 등장인물들의 생몰년대도 정확하지 않다. 이로 인하여 사적에 대한 충분한 고증이 이루어져야 할 것이라는 지적이 여러 차례 제기되기도 하였다.[21] 아울러『聖住寺碑』의 백제 관련 기록은[22] 佛法의 東流가 구체적으로 삼한 또는 삼국시대까지 소급됨을 설명하는 것이며, 성주사가 창건된 보령지역이 백제고토인 점을 염두에 둔 설명일 가능성이 클 것이라는 지적도 있다.[23] 이처럼『崇嚴山聖住寺事蹟記』와『聖住寺碑』의 백제 관련 기록은 충분한 검토가 요구되며, 신중한 접근이 필요하다는 의견도 존중되어야 할 것이다.

백제 오합사로 알려진 성주사 이전 가람은 발굴조사 결과에 따라 I기와

---

18) 강종원, 2012, 「백제 烏合寺의 창건과 정치적 성격」, 『백산학보』 94, 백산학회.

19) 신동하, 2009, 「百濟 聖住山 信仰과 聖住寺」, 『불교학연구』 22, 불교학연구회.

20)『聖住寺碑』와『朗慧和尙白月寶光塔碑』에는 성주사의 전신을 김인문과 관련지어 기록하였는데,『崇嚴山聖住寺事蹟記』에서는 이에 대한 언급이 전혀 없다.

21) 황수영, 1968a, 앞의 논문 ; 양승률, 1999, 「聖住寺門 관련 史料의 검토」, 『고대연구』 7, 고대연구회 ; 南東信, 2001, 「聖住寺와 無染에 관한 자료 검토」, 『성주사와 낭혜』, 서경문화사.

22) '… 韓鼎足之代 百濟國獻王太子 …'

23) 양승률, 1993, 「金立之의『聖住寺碑』」, 충남대학교대학원 석사학위논문, 27쪽 ; 1998, 「金立之의『聖住寺碑』」, 『古代研究』 6, 古代研究會.

Ⅱ기로 나뉘었고,[24] 이중 Ⅰ기가 백제 오합사의 창건기 가람으로 앞서 정리한 연구사 내용이 이에 해당한다. 오합사 Ⅱ기는 백제 멸망 이후 새롭게 정비된 신라 귀족의 원찰로써 이를 건립한 세력은 통일전쟁 이후 웅천주 일대를 受封之所로 삼은 김인문 세력으로 보는 견해가 지배적이다.[25] 이는 당대 금석문인『聖住寺碑』와『朗慧和尙白月寶光塔碑』에서 직접적으로 김인문을 언급하였다는 점에서 상당한 설득력을 갖는다. 그러나 백제의 호국사찰인 오합사가 통일전쟁 이후 갑자기 김인문의 원찰로 변화하는데, 이에 대한 원인과 배경 등이 구체적으로 논의된 바가 없어 개연성은 떨어진다. 다시 말해 백제의 사찰 가운데 오합사를 김인문의 원찰로 선택한 배경과 어떠한 인연이 있어 변방인 보령지역에 김인문의 원찰이 들어설 수 있었는지에 대한 충분한 논의가 뒤따라야 할 것이다. '臨海君公'으로 제수되어 웅천주 일대를 봉지로 받은 김인문의 원찰을 굳이 백제의 호국사찰인 오합사를 재건하여 사용한 점에서 상당한 의문점이 남는다.

백제 오합사의 창건주와 창사 목적은『崇嚴山聖住寺事蹟記』의 기록을 빌리자면 백제 29대 임금인 법왕이 주체요, 전쟁에서 죽은 장병의 원혼을 달래고자 함이 목적이라 기록하고 있다. 백제 법왕은 위덕왕의 아들 혹은 혜왕의 아들로[26]『聖住寺碑』에는 백제 헌왕태자로 명시되어 있는데, 이가 곧 법왕을 뜻한다는 것은 과거 선학에 의해 이미 밝혀진 사실이다. 이렇게 백제 법왕이 창건한 오합사는 백제 멸망을 암시하는 등 백제사에서 차지하는 비중이 상당히 크다.

백제가 멸망한 이후 오합사는 김인문의 사원으로 변모하였다고 한다. 성주사가 개창되기 이전에 존재한 가람은 당대 금석문인『聖住寺碑』와

---

24) 忠南大學校博物館 編, 1998, 앞의 보고서.
25) 金壽泰, 2001,「烏合寺」,『성주사와 낭혜』, 서경문화사.
26)『三國史記』卷第二十七,「百濟本紀」第五. 法王 諱宣[或云孝順] 惠王之長子 惠王薨
子宣 繼位[隋書 以宣爲昌王之子].

『朗慧和尙白月寶光塔碑』에 김인문과 관련 있음이 비교적 자세히 소개되어 있고, 김인문의 후손인 김양과 김흔이 성주사의 개창을 후원하였다는 점에서 상당히 설득력이 높다. 그런데 한 가지 의구심이 드는 사항은 앞서 지적한 바와같이 어째서 김인문의 사원을 백제 오합사로 선택하였는가 하는 점이다. 당시 나당연합군에게 패망한 백제는 상당히 높은 수준의 건축기술과 불교문화를 자랑하고 있었다. 부여 정림사지와 익산 미륵사지에 건립한 석탑, 그리고 백제의 유명 사원유적에서 확인되는 건축술은 백제의 우수성을 짐작하기에 부족함이 없다. 패망 직전까지 백제는 국외로부터 선진문물과 기술을 수용하여 그들만의 독자적인 양식으로 발전시켰고, 이를 주변국가에 전파하여 영향을 끼칠 만큼 문화적 가교 역할도 충실했다.

이처럼 백제는 상당 수준의 건축술과 장인들을 보유하고 있었고, 당시 도성인 부여지역에 다수의 사원을 건립하였다. 즉 백제는 패망 이후에도 변방인 오합사 이외에 화려하게 조영된 사원은 도성 내부와 주변에 많았던 점을 간과해선 안된다. 그런데 이들 사원보다 보령지역의 오합사를 김인문의 사원으로 선택한 배경에서는 뚜렷한 목적은 찾기 어렵고, 결정적으로는 백제의 호국사찰이 신라의 귀족 원찰로 전환된 과정에서 개연성이 부족한 실정이다.

이로인해 성주사지에서 출토된 『聖住寺碑』편의 기록에 따라 성주사의 전신인 초기가람은 최초 조성 당시부터 김인문의 원찰로 기능하였을 것이라는 견해가 있는데,[27] 필자 역시 오합사로 지목된 초기가람을 고고학적인 관점에서 재검토하여 하나의 가람으로 창건된 사실과 그 중심연대를 7세기 중·후반기로 비정하고 이는 김인문과 관련이 있을 것으로 보았다.[28]

---

27) 양승률, 1998, 앞의 논문.
28) 임종태, 2013, 「聖住寺 創建 以前의 先代伽藍에 대한 檢討」, 『韓國古代史硏究』 72,

성주사의 전신이 오합사라는 전제에 따라 진행된 연구는 위의 연구 이외에도 단편적으로 소개된 글까지 포함하면 대단히 많다. 많은 연구자가 성주사 이전 가람을 고증 없이 오합사로 단정하고 논지를 전개하였던 것이다. 성주사와 오합사의 관계에 신중을 기해야 한다는 지적은 일찍부터 제기되었고, 이에 따른 철저한 고증을 거쳐 연구가 진행되어야 함에도 이를 소홀히 한 점은 분명 아쉬운 대목이다.

다음은 성주사의 창건 배경과 경제적 기반, 낭혜화상 무염에 관한 연구이다. 성주사는 신라하대 선종 구산문 중 하나로 창건된 것인데, 『聖住寺碑』와 『朗慧和尙白月寶光塔碑』에는 단월로 활약한 김흔과 김양 등의 행적을 전하여 분명한 사략을 가진다.[29] 이러한 성주사의 기반은 보령지역이 김인문의 受封之所로서 그의 직계후손들이 낙향해 지방 세력화되고 훗날 이들이 성주산문 개창의 사회적·경제적 기반이 되었던 것으로 보는 견해가 일반적이다.[30] 이외에도 성주사의 건물 중 栴檀이 존재한 사실과 함께 唐代 후기의 도자기가 출토된 점, 그리고 낭혜무염이 당의 정세에 정통한 점, 낭혜의 활동이 해적 세력의 편성에 기여한 점 등을 고려하여 성주사의 경제적 기반이 교역활동과 관계있는 것으로 보는 견해도 있다.[31]

성주사의 창건과 관련된 인물로는 김양이 비중 있게 다루어졌는데, 김양이 성주사 창건의 단월로 활약한 배경에는 백제 유민을 비롯한 지방 세력을 통제하려는 신라 하대왕실의 의중과 자신을 중심으로 한 무열왕계

韓國古代史學會.

29) 권태원, 1992, 「聖住寺址의 史略에 관하여」, 『歷史와 談論』 19·20, 호서사학회.

30) 최병헌, 1972, 「新羅下代 禪宗九山派의 成立 : 崔致遠의 四山碑銘을 中心으로」, 『한국사연구』 7, 한국사연구회, 106쪽.

31) 아울러 성주사의 창건은 장보고가 암살된 직후부터 촉진된 왕경인의 對唐交易을 바라본 서해안 진출과 표리 관계에 있는 것으로 비정하기도 하였다(近藤浩一, 2006, 「9세기 중엽 聖住寺와 신라 王京人의 서해안 진출 : 張保皐 교역활동의 영향과 관련하여」, 『신라사학보』 8, 신라사학회).

의 연합을 추구하려는 김양의 정치적 의도가 결합한 것으로 보는 견해가 지배적이다.[32] 아울러 성주사에 김양이 시납한 것은 租稻로서 이를 시납한 까닭은 성주사에 지속해서 강한 영향력을 행사하기 위한 것으로 보고 있다.[33]

한편 낭혜는 성주사의 사상적 토대를 마련한 인물로, 비문을 제작하여 그의 일대기를 기록할 만큼 당대 立志傳的 인물이기도 하다. 성주사의 창건과 성주산문의 형성에 지대한 영향을 끼친 낭혜의 사상 연구는 일찍부터 진행되었고,[34] 이후 낭혜가 남종선을 체득하게 된 배경, 성주사의 창건에 낭혜의 선사상이 끼친 영향, 신라왕실과의 관계 등이 체계적으로 정리되어 비중 있게 다루어지기도 하였다.[35] 이밖에 낭혜화상탑비문에 주목하여 서체와 건립시기, 신분제 등을 고찰한 연구도 있다.[36]

---

32) 金壽泰, 2001, 앞의 책, 41쪽.

33) 김양 사후 성주사의 경제적 기반은 헌강왕에 의한 방생장의 확정으로 성주사에 사유지를 설치하여 이를 통한 안정적인 경제적 기반을 갖춘 것으로 보고 있다(李喜寬, 2001, 「聖住寺와 金陽-聖住寺의 經濟的 基盤에 대한 一檢討」, 『성주사와 낭혜』, 서경문화사).

34) 김두진, 1973, 「朗慧와 그의 禪思想」, 『역사학보』 57, 역사학회김두진, 2007, 『신라하대 선종사상사 연구』, 일조각 ; 김두진, 金英美, 2001, 「朗慧無染의 禪思想」, 『성주사와 낭혜』, 서경문화사.

35) 曺凡煥, 1998a, 「朗慧無染과 聖住寺 創建」, 『韓國古代史硏究』 14, 韓國古代史學會 ; 曺凡煥, 1998b, 『朗慧無染과 聖住山門』, 서강대학교 박사학위논문 ; 曺凡煥, 2001a, 「朗慧無染의 求道行과 南宗禪 體得」, 『성주사와 낭혜』, 서경문화사 ; 曺凡煥, 2001b, 『新羅禪宗硏究』, 일조각 ; 曺凡煥, 2005, 「新羅 下代 禪僧과 王室」, 『신라문화』 26, 동국대학교 신라문화연구소.

36) 趙仁成, 2001, 「〈朗慧和尙塔碑銘〉의 撰述과 崔致遠」, 『성주사와 낭혜』, 서경문화사 ; 南東信, 2002, 「聖住寺 無染碑의 '得難條'에 대한 考察」, 『韓國古代史硏究』 28, 韓國古代史學會 ; 이구의, 2003, 「崔致遠의 朗慧和尙碑銘'攷」, 『인문과학연구』 4, 대구가톨릭대학교 인문과학연구소 ; 김창호, 2003, 「新羅 無染和尙碑의 得難조 해석과 건비 연대」, 『신라문화』 22, 동국대학교 신라문화연구소 ; 김수천, 2005, 「崔彦撝, 「聖住寺址郞慧和尙碑」의 書體美」, 『書誌學硏究』 31, 書誌學會 ; 전미희, 2005, 「신라 하대 골품제의 운영과 변화 : 흥덕왕대의 규정과 朗慧和尙碑 得難條의 검토를 중심으로」, 『신라문화』 26, 동국대학교 신라문화연구소 ; 구슬아, 2012, 「최치원 碑銘의 文

이상과 같이 보령 성주사에 대한 연구는 백제 오합사에 초점을 맞추거나 나말여초에 형성된 선종 구산문 중 하나인 성주사를 중심으로 한 사상적 또는 정치적·사회적 배경에 집중한 문헌사적 연구가 주류를 이루었다. 이러한 배경에는 국보로 지정된 『朗慧和尙白月寶光塔碑』를 비롯해 조사 과정에서 출토된 『聖住寺碑』편, 『崇嚴山聖住寺事蹟記』와 같은 비교적 풍부한 문자 기록물의 영향도 적지 않았다.

한편 성주사지에 대한 조사는 1990년대 가람 중심부에 정밀조사가 시행된 이후 최근에는 사역 전 지역을 대상으로 한 대단위 발굴조사가 완료되었다. 총 11차례에 이르는 정밀한 고고조사에서 성주사 가람의 상세한 규모와 중요 시설물, 이와 동반된 각종 유물이 세상에 공개되었는데, 이는 국내 발굴사에서도 흔치 않은 사례로 꼽힌다. 그러나 성주사지에 대한 고고학적인 연구 성과는 현재까지도 미진한 상태에 있다. 사역 전역에 시행한 발굴조사를 통해 객관적인 물질자료가 충분히 확보되었음에도 이에 따른 체계적인 연구가 이루어지지 않은 점은 분명 아쉬운 대목이다.

일반적으로 사원유적에 대한 연구는 동시대 혹은 동일지역권을 설정한 시·공간적 범위 안에 공존하는 여러 유적을 대상으로 건축·고고학적인 특성과 역사성을 도출하는 방식이 주류를 이룬다. 성주사지 역시 이의 범주에서 크게 벗어나지 않아 단편적인 요소들만이 주목을 받아왔다. 그러나 사원유적을 대상으로 한 연구는 특정시대 또는 유구에 편중될 경우 이와 관련된 유구의 현황과 유물의 편년을 정확히 이해하고 논지를 전개해야만 한다. 즉 하나의 사원유적을 대상으로 할지라도 이에 대한 철저한 고증과 검토가 필요하다.

따라서 이 책에서는 역사적·고고학적으로 잘 알려진 성주사지를 연구 대상으로 선정하여 이를 통시대적으로 검토해 보고자 한다. 이는 특정

學性 연구 : 〈聖住寺朗慧和尙白月葆光塔碑銘〉을 중심으로」, 『한국한시연구』 20, 한국한시학회.

시대 또는 유구에만 집중하지 않고 최초 가람의 성립단계부터 최종 폐사되는 시점까지를 물질자료에 근거하여 고고학적으로 다루어 보고 성주사 관련 문헌사료를 접목해 각 가람기 성주사의 시대상을 살펴보는데 목적이 있다.

연구방법은 그 동안 진행된 저자의 성주사지 연구를 토대로[37] 각 가람기를 설정한 다음 해당 가람기를 구성하는 건물의 배치와 특징 등을 통시대적으로 검토해 보고자 한다. 아울러 성주사 관련 문헌사료를 종합해 각 가람기의 조성 배경과 폐기 원인, 그리고 이를 주도한 세력 등도 함께 논의할 것인데, 이와 관련된 각 장의 구성내용을 소개하면 다음과 같다.

먼저 Ⅱ장은 성주사지를 대상으로 시행한 발굴조사 결과를 먼저 정리할 것이다. 그리고 기존에 제기된 성주사지의 가람변천 단계를 재검토하여 새로운 기준을 마련해 볼 것이다. 이러한 기준은 건물의 소실과 밀접한 관련이 있는 층위에 주목할 필요가 있다. 여기에 더하여 상 · 하로 중첩된 건물지의 중복된 흔적을 관찰해 이를 시기별로 구별하겠다. 이는 각 가람기를 구성하는 건물의 배치 양상 등을 파악하는 데 유용하다.

Ⅲ장에서는 Ⅱ장에서 제시한 기준에 따라 총 3기로 구분된 가람기 중 Ⅰ기에 해당하는 성주사 창건 이전의 초기가람을 중점적으로 살펴보도록 하겠다. 초기가람은 약 130여 년간 지속한 가람으로 오래전부터 백제시대 오합사로 비정된 가람이다. 이에 성주사지 발굴조사 결과를 토대로 고고학적인 현황 등을 원점에서 다시 검토할 것이다.

구체적으로는 성주사지 사역 전역에 형성된 소결층 가운데 가람 중심

---

37) 임종태, 2013, 앞의 논문 ; 임종태, 2014, 「保寧 聖住寺址의 伽藍變遷 研究」, 『先史와 古代』 42, 韓國古代學會 ; 임종태, 2015a, 「신라하대 聖住寺 창건기 금당의 조성과 배경 -고고자료를 중심으로-」, 『新羅文化』 45, 동국대학교신라문화연구소 ; 임종태, 2015b, 「고고자료로 본 중건기의 성주사지」, 『제103회 한국중세사학회정기발표회 자료집』, 한국중세사학회 ; 임종태, 2015c, 「고고자료를 통해 본 고려후기 성주사의 중건」, 『지방사와 지방문화』 18-1, 역사문화학회.

부 일원의 1차 소결층 하부 유구를 대상으로 하며, 이들 건물지의 층위에서 초기가람이 구분되는지 검토해 볼 것이다. 아울러 초기가람을 구성하는 각 건물지의 기단과 축조방식, 그리고 주변에서 출토되는 유물 등을 종합적으로 검토해 초기가람이 조영된 중심연대를 비정해보고 해당 가람기의 건물 배치형태 등을 논의해 보겠다. 여기에 당대 건립된 금석문 기록과 역사적 정황 등을 고려하여 초기가람의 조영주체와 폐기시점, 폐기원인 등과 같은 시대상도 논할 것이다.

Ⅳ장에서는 약 400여 년간 존속한 Ⅱ기의 성주사 창건기 가람이 대상이 되며, 이를 검토하기에 앞서 성주사가 창건될 당시의 시대상과 사상적 기반을 이룬 낭혜화상 무염대사를 간단히 살펴보도록 하겠다. 이는 성주사 창건 이전의 초기가람에서 성주사 창건기 가람으로 전환되는 과정과 배경을 이해하는데 중요하며, 무엇보다도 초기가람이 폐기된 원인과 이후 성주사를 창건하는 주체가 어떠한 관계를 이루고 있었는지 이해하기 위해서라도 필요하다.

또한 성주사지 발굴조사에서 확인된 성주사 창건기 가람의 건축·고고학적인 특징을 살펴 가람의 전체적인 규모와 중요 배치양상 등을 알아보겠다. 이 중 성주사 창건기 가람의 상징이라 할 수 있는 금당은 기반 조성이 주변의 다른 건물과 달리 성토·판축 다짐한 것이 확인되었는데, 이는 창건기 금당이 중층식으로 조성되었을 가능성이 크다는 것을 의미한다. 여기에 김입지의 『聖住寺碑』에는 금당에 丈六世尊像을 주조하여 봉안하였음을 기록하고 있어 금당 조성에 상당한 공력이 투입되었던 것으로 추정된다.

이를 통해 성주사의 창건에는 신라중앙의 고급기술력이 동원되고 많은 자금이 투입되었던 것으로 짐작되는데, 이렇게 중앙의 전폭적인 지원을 받아 성주사가 창건될 수 있었던 배경에는 창건주가 의도하는 목적이 내재되어 있었을 것이다. 따라서 성주사 창건기 금당이 조성된 배경을 당시 시대적 정황을 토대로 정치적·사회적인 관점에서 검토해 보고자 한다.

Ⅴ장에서는 약 340년간 지속된 Ⅲ기의 성주사 중건기 가람을 집중 조명해 보고자 한다. 검토의 요점은 고고학적으로 관찰되는 소결 흔적에 따라 창건기에서 중건기로 전화되는 시점과 창건기 가람의 소실 원인이 그것이다. 아울러 발굴조사 결과에서 확인된 중건기 가람의 주요 건물 현황과 배치 등을 통해 가람의 기능적 변화와 특징 등을 검출해 볼 것이다.

창건기 가람이 소실된 이후 중건된 성주사는 특정 세력의 경제적 지원을 받았을 것으로 추정되는데, 어떠한 세력의 후원을 받았는지는 명확하지 않다. 이에 본문에서는 성주사지 발굴조사 과정에서 출토된 문자자료와 함께 문헌상의 기록을 토대로 성주사의 재건을 도모한 세력에 대해서도 논의해 보겠다.

마지막으로 Ⅵ장에서는 시기별 성주사지의 변천내용을 결론적으로 요약하고, 성주사의 시대상과 성격을 규명하는 것으로 마무리하고자 한다.

성주사지 유적개요와
가람의 변천단계

성주사지에 실시한 조사는 총 13차례로 이 가운데 11차례는 금당지와 강당지, 삼천불전지 등이 포함된 가람 중심부 일원과 그 주변지역에 시행한 대단위 정밀발굴조사이다. 이렇게 단일유적에 실시한 광범위한 조사는 국내에서도 극히 드문 사례로 이로 인해 성주사지의 전반적인 제반 사항들이 밝혀지게 되었다.

이에 그동안 성주사지에 실시한 발굴조사 결과를 정리하여 이를 본문의 기초자료로 활용하고자 한다. 이렇게 정리된 기초자료와 함께 기존에 제기된 성주사지 가람변천 내용에 대한 문제점도 파악하여 각 가람의 단계설정 기준을 새로 마련해 볼 것이다. 방법은 층위를 기준으로 삼아 상·하로 중첩된 건물지의 중복된 양상을 고려해 각 가람기로 구분해 보겠다.

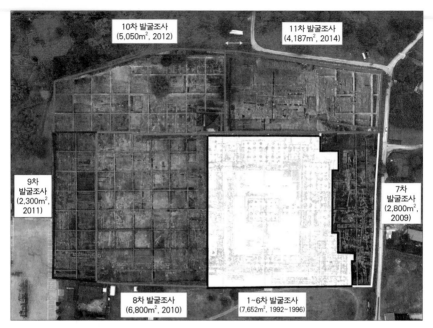

도 1 | 성주사지 전체 발굴조사 현황 (百濟文化財研究院 2014a)

1. 성주사지의 조사개요

13차례에 진행된 성주사지에 대한 조사 중 동국대학교 박물관이 시행한 1968년과 1974년의 수습조사는 금당지와 삼천불전지 등과 같은 중요건물만을 대상으로 한 것이다. 가람 중심부에 대한 정밀조사는 충남대학교 박물관에 의해 시행되었고, 주변 지역에 대한 조사는 백제문화재연구원이 2009년도부터 2014년도까지 실시하였다. 이와 관련된 내용과 결과를 요약하면 다음과 같다.[38]

---

38) 百濟文化財研究院 編, 2012b, 『성주사지 출토유물 DB구축 용역 보고서』, 百濟文化財研究院.

1) 1 · 2次 수습조사(1968년, 1974년)[39]

1968년 5월 동국대학교 사학과의 성주사지 고적답사 때 백제 와당 1편이 수습되었는데, 동년 8월에 『崇嚴山聖住寺事蹟記』가 동국대학교 박물관에 입수되면서 성주사지의 해명에 대한 전기를 마련하게 되었다. 이후 동국대학교 박물관은 성주사지에 대한 학술적인 조사의 필요성이 제기됨에 따라 동년 10월 14일부터 동년 동월 18일까지의 일정으로 성주사지에 대한 기초적인 학술조사를 벌였다. 조사는 성주사지 사역 내에 위치한 중요 건물에 대한 실측조사로, 사역 내 존재하는 대략적인 건물들의 배치와 재원, 그리고 건물 간의 간격 등을 기록하였다. 이밖에 금당지 중앙의 불대좌와 대낭혜화상백월보광탑의 지대석, 석불입상, 당간지주편, 각종 기와편 등을 확인한 성과도 있었다.

2차 조사는 1974년 11월 22일부터 동년 12월 3일까지 소조불상이 출토된 傳삼천불전지를 대상으로 시행되었다. 조사는 傳삼천불전지의 규모를 파악하는데 중점을 두었으며, 이곳에서 출토된 소조불상에 대한 연구도 함께 진행되었다. 조사결과 삼천불전지는 금당지에서 동쪽으로 13.6m 거리에 위치하며, 기단의 규모는 정면 139.26尺(42.20m), 측면 58.74尺(17.80m)으로 기록하였다. 삼천불전지에 남아있는 초석은 대부분 자연석을 사용하였으며, 초석의 배열로 보아 규모는 정면 9칸, 측면 4칸의 구조로 확인되었다.

---

39) 黃壽永, 1974a · b, 앞의 보고서 ; 文明大, 1974, 앞의 보고서.

2) 1~6次 조사(1991~1996년)[40]

(1) 1 · 2차 조사

동국대학교 박물관에 의해 실시한 2차례의 수습조사는 성주사지의 중요성을 부각시키는 계기가 되었고, 이후 가람 중심부에 대한 정밀한 발굴조사의 필요성이 제기되었다. 이에 충남대학교 박물관에서는 1991년 7월 23일부터 동년 9월 3일까지 1차 조사를 실시하고 그해 9월 9일부터 동년 11월 8일까지 2차 조사를 진행하였다. 1차 조사는 서회랑지를 제외한 중문지와 금당지, 강당지, 오층석탑 및 삼층석탑 주변, 삼천불전지 등을 대상으로 하였다.

조사결과 성주사지의 중문지 · 금당지 · 강당지 · 삼천불전지 · 오층탑 및 삼층탑 기단부 등의 최상면 유구는 모두 조선시대 무렵에 건립된 것으로 보고되었다. 먼저 중문지는 여러 차례 증 · 개축되었는데, 이 중 최상면 건물지는 정면 3칸, 측면 2칸의 규모로 확인되었다. 금당지는 남아있는 초석의 배열로 보아 동서 5칸, 남북 4칸의 규모이며, 2차례 정도의 증 · 개축이 이루어진 것으로 보았다. 강당지 최상면 건물의 규모는 동서 7칸, 남북 4칸이며, 기단 외부에 퇴적된 유물의 양상을 통하여 16세기 무렵에 축조된 것으로 보았다.

삼천불전지는 2차례 정도 중복되었으며, 이 중 최상면 건물지는 조선시대 무렵에 개축된 것으로 규모는 동서 4칸, 남북 9칸으로 추정하였다. 또한, 금당과 삼천불전 사이에는 회랑 형태의 건물시설이 존재한 것으로 보았다. 오층석탑 하부의 층위조사에서는 탑 기초를 위한 판축이 확인되었다. 그러나 강당 전면에 배치된 3기의 삼층석탑 하부에서는 별다른 기초시설이 확인되지 않아 오층석탑과 삼층석탑의 기초 조영방법에서 차이를

---

40) 忠南大學校博物館 編, 1998, 앞의 보고서.

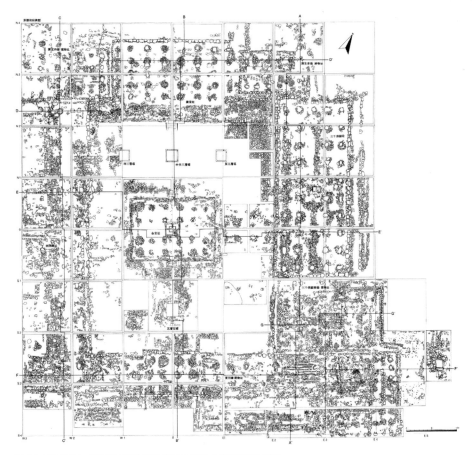

도 2 | 성주사지 1~6차 발굴조사 유구 현황도 (忠南大學校博物館 1998)

보였다. 이러한 차이는 탑의 조영시점이 반영된 것으로 보았다.

(2) 3차 조사

3차 조사는 1 · 2차 조사 당시 건물의 중첩된 양상이 매우 복잡한 것으로 드러난 사역 중심의 동남편 회랑자리, 즉 삼천불전지 남편건물에 대한 조사이다.

조사결과 삼천불전지 남편건물지가 위치한 일대에는 이전의 동남회랑이 존재하였는데, 회랑이 폐기된 이후 고려~조선시대에 걸쳐 승방으로 추정되는 주거목적의 대형 건물지가 축조된 것으로 보았다. 또한 사역 동남쪽 건물 내부(오층석탑 동편)에서는 성주사 창건기 또는 그 이전으로 소급되는 석재암거와 와관시설도 노출되었다.

조사 내용을 토대로 삼천불전지를 포함한 남편건물지 주변 일대는 삼천불전이 건립되는 시점부터 이전의 일원적인 가람배치가 붕괴되고 약간은 무질서한 건물배치 양상을 보인다고 한다.

(3) 4차 조사

4차 조사는 서회랑지에 집중하여 조사를 진행한 것인데, 이전에 조사된 건물지와 대응되는 변천양상을 파악하는 데 중점을 두었다. 이와 함께 금당지 및 오층석탑 주변에도 층위조사를 실시하였으며, 3차 조사에서 확인된 동남회랑지 내부의 암거시설에 대한 조사도 병행하였다.

조사결과 서회랑지 최상면에는 중심연대가 조선시대로 추정되는 회랑건물이 2차례 정도 중복되어 확인되었으며, 토층조사 결과 서남회랑 모서리에서는 성주사 창건기로 소급될 수 있는 기단의 흔적도 확인되었다. 금당지 내부에서는 현재 남아있는 기단 하부보다 약 30cm 아래에서 성주사 창건기 시점의 것으로 추정되는 기단 지대석과 이보다 선행하는 적심(토)의 존재도 확인되었다. 동남회랑지 하부에서는 塼과 石을 혼용하여 조성한 성주사 창건기 또는 백제시대까지 소급될 수 있는 회랑의 기단시설이 노출되었다. 또한, 동남회랑지의 S2E2 방격에서 노출되었던 암거시설은 석재로 구축되어 북서쪽으로 이어져 금당지 하부로 연결되는 것이 확인되었다. 이를 토대로 암거는 최초 금당이 조성된 시점에 축조된 것으로 추정하였다.

(4) 5차 조사

5차 조사는 사역의 중심곽 최상면에 남아있는 고려~조선시대 건물지의 하부 유구를 대상으로 이들 유구의 변화양상을 파악하는 데 중점을 두었다.

조사결과 강당지 동편에서는 현 최상면 건물보다 약 1.5m 하부에서 백제~조선시대로 편년되는 기단이 매우 복잡하게 중첩된 양상으로 확인되었다. 또한, 삼천불전지 하부의 동회랑지는 3차례 정도 유구가 중복된 것이 확인되었는데, 이중 가장 이른 시기에 조성된 선대회랑은 백제시대로 추정하였다. 서남회랑지의 S3W2-NS Tr.의 하부에서는 93년도에 조사된 동남회랑지의 전석혼축기단 존재와 함께 이보다 앞선 건물의 흔적으로 보이는 부석유구가 층위적인 중복을 이루는 것도 확인되었다. 이밖에 중문지 동편 지역의 Tr.조사에서는 현 상면에 남아있는 높이 1.7m 내외의 대석기단 하부에서 여러 차례에 걸쳐 중복된 건물의 존재도 확인되었다. 그러나 이 Tr.에서는 회랑지의 전석혼축기단과 대응될 수 있는 선대유구가 명확히 노출되지 않아 중문지의 변화상을 구체적으로 확인하지는 못하였다.

(5) 6차 조사

6차 조사는 강당지 서편의 하부유구를 집중적으로 조사하여 강당 동편 건물지와 대응되는 성주사 창건기 또는 이전의 백제시대 건물지 양상을 확인하는 데 중점을 두었으며, 중문지와 서회랑지 북쪽지역의 하부유구에 대한 조사도 병행하였다.

조사결과 강당 서편 지역에서는 현 상면 건물지보다 약 1.5m 아래에서 강당 동편 하부 건물지와 대응되는 백제 및 성주사 창건기의 강당 서편 건물지 기단이 확인되었다. 중문지 하부에서는 현 지표보다 약 2m 아래에서 백제시대 오합사 창건기 시점의 것으로 추정되는 중문지 남편 기단

부가 잔존하는 것을 확인하였으며, 이를 통해 동남 및 서남회랑지의 전석
혼축기단과 하부의 부석유구는 서로 연결되는 것으로 추정하였다.

3) 7~11次 조사(2009~2014년)

(1) 7차 조사[41]

7차 조사는 성주사지 주변지역에 대한 연차적인 발굴조사 계획을 수립
하고 시행한 첫 번째 조사로 2009년 6월 5일부터 2009년 12월 8일까지의
일정으로 실시한 것이다. 조사지역은 현 가람 중심부의 동쪽일대이며, 면
적은 2,800m²이다.

유구는 고려시대의 기와가마 2기와 소성유구 5기, 수혈유구 3기, 구상
유구 1기, 적석유구 1기가 확인되었고, 조선시대의 건물지 3동과 석조시
설 및 진입로, 적석유구 1기가 조사되었다. 이밖에 동쪽사역의 경계로 추
정되는 담장시설과 사역 내 공간구획을 위한 담장시설도 확인되었다.

7차 조사의 성과로는 사역의 동쪽 경계를 알려주는 담장시설이 구체적
으로 확인된 것이다. 특히 북동쪽 담장 기저층에서 주름무늬 병, 보상화문
의 수막새, 당초문 암막새 등이 출토된 것을 근거로 담장이 초축된 시기
는 아마도 고려시대 무렵일 것으로 추정하였다.

다음으로 조사지역 내부에서 기와가마(瓦窯址) 2기와 소성유구 5기 등
의 생산시설도 확인되었다. 이 중 와요는 생토를 일부 굴착하고 조성한
반지하식 등요로, 조성 시기는 내부에서 출토된 유물을 근거로 삼천불전
이 건립되는 고려시대 무렵으로 추정하였으며, 1호 와요지가 2호 와요지
보다 이른 시점에 조성된 것으로 보았다.

마지막으로 조사지역에서 확인된 3동의 건물지는 기단토 상층에서 출

---

41) 百濟文化財研究院 編, 2011, 앞의 보고서.

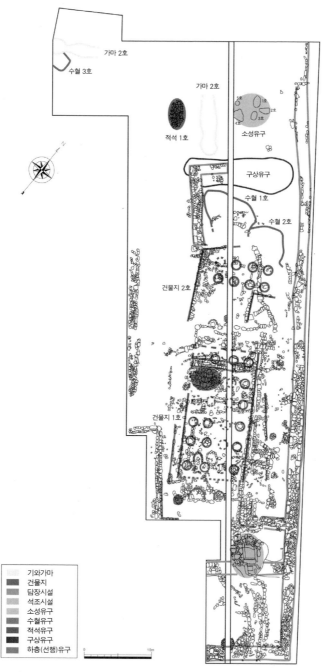

가마 2호

수혈 3호

가마 2호

적석 1호

소성유구

구상유구

수혈 1호

수혈 2호

건물지 2호

건물지 1호

기와가마
건물지
담장시설
석조시설
소성유구
수혈유구
적석유구
구상유구
하층(선행)유구

0   10m

도 3 ㅣ 성주사지 7차 발굴조사 유구 현황도 (百濟文化財研究院 2011)

토된 백자편과 청해파문 기와편을 근거로 건물이 운영된 중심연대를 조선시대 전기로 추정하였다. 다만 건물의 하부에서 이른 시기로 추정되는 선행유구가 확인됨에 따라 최초 건립된 시점은 소급될 여지도 있다.

(2) 8차 조사[42]

8차 조사는 현 가람 중심부를 기점으로 서쪽지역 일대가 이에 해당하며, 대상범위는 6,800m²이다. 조사는 2010년 3월 22일부터 동년 10월 30일까지 시행되었으며, 2011년 4월 25일부터 동년 6월 23일까지 추가적인 조사도 이루어졌다. 유구는 고려시대 건물지 14동과 남회랑지, 조선시대 건물지 7동이 확인되었다.

8차 조사의 성과로는 조사지역에 설치한 남북 트렌치(Trench)를 통해 성주사 창건기 무렵에 실시한 대지조성의 흔적을 층위에서 구체적으로 확인한 것이다. 자세히는 사역 남쪽으로 형성된 곡부에 유물이 섞이지 않은 자연 퇴적층을 성토하여 채움으로써 건물이 들어설 공간을 마련하였는데, 일부 층위에서는 백제~통일신라로 편년되는 승문기와편과 선문토기편도 확인되었다. 다만 이들 층위에서 성주사 창건기보다 앞선 시대의 건물 흔적은 확인되지 않았다.

고려시대 건물지는 대부분 동시대에 증·개축된 것으로 추정하였다. 이 가운데 규모가 상대적으로 큰 건물은 기단과 초석, 적심 등이 부분적으로 검출되어 대략적인 규모와 형태 등을 알 수 있었다. 그러나 소규모의 건물지는 중첩 양상이 번잡하여 자세한 규모와 구조 등은 알 수 없었다.

조사지역 남쪽으로는 가람 중심부의 남회랑과 연결되는 (남)회랑이 노출되었고, 회랑 남쪽에서는 박석으로 부석한 계단식 출입시설도 확인되었다. 또한, 조선시대 건물지는 고려시대 건물지와는 달리 고래 및 아궁이

---

42) 百濟文化財研究院 編, 2012a, 앞의 보고서.

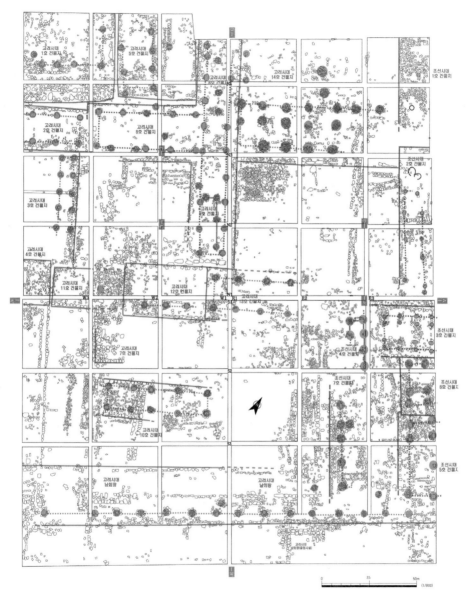

도 4 | 성주사지 8차 발굴조사 유구현황도 (百濟文化財研究院 2012a)

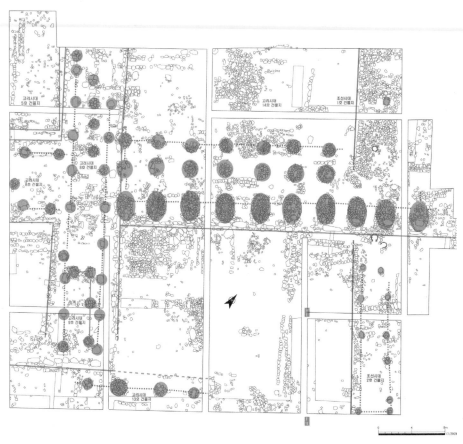

도 5 | 성주사지 8차 연장 발굴조사 유구현황도 (百濟文化財研究院 2012a)

시설이 갖추어진 주거목적형 건물로 보았다. 이들 조선시대 건물지는 려
말선초 무렵에 조성한 성주사의 승방지로 추정하였다.

(3) 9차 조사[43]

9차 조사는 성주사지 사역의 서쪽 담장 경계부 일대로, 대상면적은

---

43) 百濟文化財研究院 編, 2013, 앞의 보고서.

2,240m²이다. 조사는 2011년 6월 27일부터 동년 10월 12일까지 실시하였다.

유구는 고려시대 건물지 9동과 남회랑지, 사역의 외곽경계 담장시설, 불규칙한 담장열 등이 확인되었다. 이 중 고려시대 2호 건물지와 4호 건물지는 8차 조사에서 확인된 건물지로서 9차 조사를 통해 정확한 규모와 구조 등은 알 수 있었다. 또한, 고려시대 17호 건물지는 조사지역에서 확인된 건물지 중 가장 규모가 큰 것인데, 건물지의 지대석과 동쪽기단 사이에 적심을 설치하여 퇴칸을 마련한 것이 특징이다. 이밖에 고려시대 20호와 21호 건물지는 남회랑과 중복 조성된 것이며, 남회랑 북쪽기단과 내부 기단토는 고려시대 20호와 21호 건물지에 의해 파괴된 것으로 보았다.

(4) 10차 조사[44]

10차 조사는 사역의 북서쪽 일대 5,050m²와 금당지 불대좌 하부 4m²가 이에 해당하며, 2012년 03월 07일부터 동년 07월 24일까지 시행되었다.

---

44) 百濟文化財研究院 編, 2014a, 앞의 보고서.

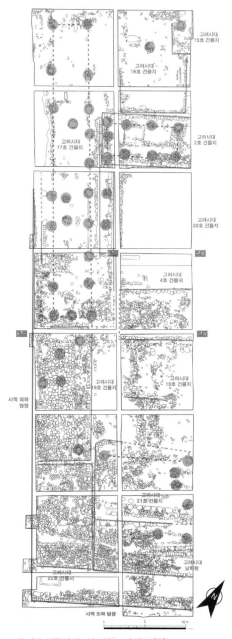

도 6 | 성주사지 9차 발굴조사 유구현황도
(百濟文化財研究院 2013)

유구는 통일신라~고려시대에 조성된 축대시설과 건물지 4동, 소성유구 1기가 확인되었으며, 고려시대 축대시설과 건물지 8동, 사역 서쪽경계 담장지도 확인되었다. 또한, 조선시대 축대시설과 건물지 6동, 아궁이 9기, 낭혜화상비 주변 배수로가 확인되었으며, 이 외에 금당지 불대좌 내부의 구체적인 현황도 조사되었다.

10차 조사의 가장 큰 성과로는 금당지와 강당지 등의 사역 중심부를 제외한 7~9차 조사와는 달리 상대적으로 앞선 시기에 해당하는 통일신라시대~고려시대 유구가 처음으로 확인되었다는 점이다. 유구는 금당지 불대좌를 비롯한 축대시설과 건물지 4동, 소성유구 1기로 구체적인 조영시점은 성주사 창건기 무렵으로 비정하였다. 그리고 10차 조사지역의 지대는 성주산 자락 구릉 말단부로서 완만한 경사지대를 이루는데, 여기에 건물이 들어설 공간을 마련하고자 축대를 총 3단계에 걸쳐 시설한 것이 확인되었다. 이들 축대 주변에서는 통일신라~고려시대 건물지가 총 4동이 확인되었으며, 이들 건물지의 건립시점은 성주사 창건기 무렵으로 비정하였다.

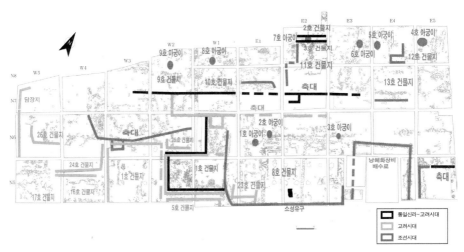

도 7 | 성주사지 10차 발굴조사 유구현황도 (百濟文化財研究院 2014a)

고려시대 건물지는 총 8동이 확인되었고, 이 중 1호 건물지와 5호 건물지, 16호 건물지, 17호 건물지는 8차와 9차 발굴조사에서 동일하게 확인된 건물지로 10차 조사를 통해 보다 정확한 건물지의 규모를 알 수 있었다. 조선시대 건물지는 총 6동이 확인되었으며, 이 중 조선시대 8호 건물지는 1동 2실의 구조임이 확인되었다. 이러한 형태는 성주사지에서 처음으로 확인된 구조로 2실에서는 모두 와적으로 된 'ㄷ'자 형태의 구들이 시설되어 있었다.

금당지 불대좌는 2차 금당과 같은 시점에 함께 조성한 것으로 추정하였다. 2차 금당지의 기단토는 기반토인 할석층 상면에 성토·판축하여 조성하였는데, 불대좌가 들어설 위치에는 별도의 할석층과 판축층을 시설한 것이 확인되었다. 불대좌 하부 중앙에는 원형의 보강석이 노출되었는데, 이는 불대좌 상부에 철불과 같은 무거운 물체의 무게를 분산하기 위한 시설로 추정하였다.

(5) 11차 조사[45]

11차 조사는 현 사역의 북동쪽 일대로 대상면적은 4,187m²이며, 2014년 06월 11일부터 동년 11월 27일까지 진행되었다.

유구는 2차례에 걸쳐 조성한 축대시설을 비롯해 통일신라시대~고려시대 건물지 6동과 집수시설(추정 연지), 아궁이 및 고래시설 등이 확인되었으며, 고려시대 건물지 6동과 아궁이 등도 조사되었다. 또한, 조선시대 건물지 6동과 담장지, 아궁이, 고래시설, 암거가 확인되었다.

11차 조사의 성과로는 토층조사를 통해 사역 북쪽에 평탄면을 마련하기 위한 대지조성 흔적이 확인되었다. 대지조성은 남쪽에 축대를 만들고 비교적 높은 지대의 흙을 낮은 지대로 성토하여 정지하였는데, 하부 토층

---

45) 百濟文化財研究院 編, 2014b, 앞의 보고서.

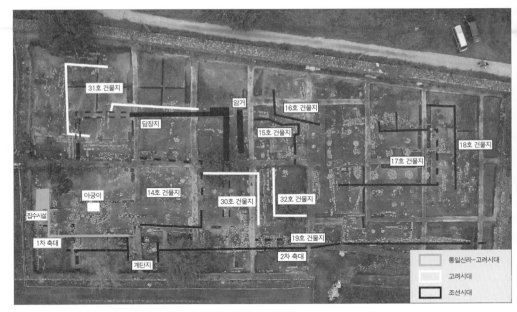

도 8 │ 성주사지 11차 1차 발굴조사 유구 현황 (百濟文化財研究院 2014b)

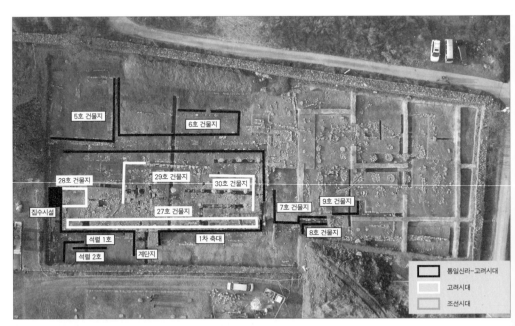

도 9 │ 성주사지 11차 2차 발굴조사 유구 현황 (百濟文化財研究院 2014b)

에서 古式의 기와편이 소량 출토한 것을 근거로 성주사 창건기 무렵에 실시한 대지조성으로 추정하였다.

축대는 강당지 뒤편에 마련된 점을 고려하면 가람 중심부와 경계를 두기 위한 시설물로 이해하였으며, 이는 2차례에 걸쳐 조성한 것으로 보았다. 축대의 조성시점은 1차 축대의 경우 대석을 이용한 수직횡렬식의 방식으로 기단이 조성된 것으로 보아 성주사 창건기 무렵일 것으로 비정하였다. 2차 축대는 석축식의 기단으로 내부 채움토에서 고려시대 기와편이 다량으로 출토되어 고려시대 무렵일 것으로 추정하였으며, 일부는 후대 증·개축되었다. 축대 전면에는 계단과 같은 출입시설을 마련하여 강당과 이어지도록 조성한 것이 특징이다.

축대시설 상면에는 남쪽과 북쪽에서 회랑식 건물이 대칭을 이루고, 그 주변에는 여러 건물지가 조성된 것이 확인되었다. 이들 건물지는 대부분 정연성을 갖추고 있어 최초 조성단계부터 계획적인 건물 배치가 이루어진 것으로 보았다. 고려시대 29호 건물지와 조선시대 14호 건물지는 내부에 아궁이와 온돌시설 등이 구비되어 주거목적을 위한 생활시설물로 추정하였다. 아울러 이들 건물 주변에서는 집수시설(추정 연지) 등도 확인되어 이 일대를 유력한 승방지로 추정하고 있다.

2. 가람변천에 대한 인식현황

일반적으로 사원유적에 대한 조사는 가람의 중심을 이루는 금당지와 탑지, 강당지를 1차적 대상지로 선정하여 조사를 진행하는데, 이때에는 가람을 구성하는 요소 및 각 건물의 배치형태를 파악하는 데 중점을 두기 마련이다.

성주사지 역시 최초 조사는 중심가람 일원을 대상으로 정밀조사가 시행되었으며, 이를 통한 중요 건물의 배치적 특성 등이 검출되었다. 검출된 가람 중심부의 건물지는 늘어난 현황에 따라 5단계로 구분되었으며, 가람이 변화되는 과정도 심도 있게 논의되었다.[46] 이는 고고학적인 관점에서 처음으로 성주사지가 논의된 만큼 의미하는 바가 크다.

따라서 기왕에 논의된 고고학적 연구 성과를 자세히 검토하여 이에 대한 문제점을 제기하고 새로운 기준을 마련해 보도록 하겠다.

1) 1次 가람-오합사 창건기

성주사지 1차 가람은 성주사가 창건되기 이전에 처음으로 조성된 가람이다. 이전에는 이를 오합사 창건기 가람으로 구분하였고, 조성연대는 6세기 말~7세기 초로 비정하였다. 이 가람은 성주산 자락의 하단부 완만한 경사면에 위치하며, 남쪽으로 성주천이 흐르는 背山臨水의 지형적 특성을 살려 조영된 것으로 보았다.

조사결과에 따라 중요건물을 간략히 살펴보면, 강당지는 기단 조성을 위해 30~40cm 정도 파낸 후 흑갈색사질점토를 쌓아 기단토를 마련한 것으로 남아있는 유구의 흔적으로 보아 이때의 기단토 높이는 대략 85cm 정도로 추정하였다. 아울러 강당지의 규모는 잔존하는 기단으로 보아 동서길이가 35m, 남북길이는 12.4m로 내부 면적은 430m²에 해당하는 대형의 건물이다. 강당지 동·서쪽에는 방형의 건물이 함께 조성되는데, 건물은 강당의 양 끝단에서 90cm 정도 떨어져 축조되었다. 이들 동·서 건물의 규모는 동서길이가 10.6m, 남북길이는 10.9m로 동일한 규모를 갖춘 것으로 이해하였다.

금당지는 기단구축 및 기단토의 변화에 따라 층위 단면에서 노출된 3기의 적심토로 추정하였는데, 규모는 동서길이가 16.3m, 남북길이는

---

46) 忠南大學校博物館 編, 1998, 앞의 보고서, 95~100쪽. 본문에 사용된 〈도 10~15〉의 모식도는 부여군문화재보존센터의 『성주사지 정비 기본계획 보고서』를 참고하였다.

12.9m의 장방형 건물로 보았다. 금당지 동남측 모서리에는 외부로 연결되는 석재·와관 암거시설도 확인되었으며, 이를 토대로 1차 금당의 조성시점을 유추하였다.

중문지는 1·2차 모두 남서쪽 모서리 부분만이 확인되어 자세한 규모는 알 수 없다. 그러

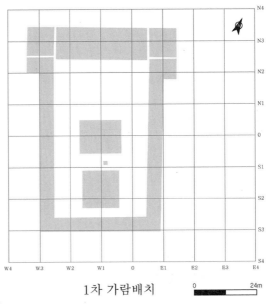

1차 가람배치

도 10 | 1차 가람 모식도 (부여군문화재보존센터 2009)

나 2차 가람의 중문지를 참고로 1차 중문지는 남쪽 기단부가 한 차례 꺾여 남쪽으로 돌출했을 가능성이 크고, 북편 기단부는 남회랑의 북편과 일직선상에서 연결되는 것으로 추정하였다.

동남회랑지는 성주사의 가람변천 과정이 가장 잘 반영된 유구인데, 이중 기반토 상면에 남아있는 부석유구를 1차 가람기의 잔존 유구로 추정하였다. 동남회랑의 대략적인 규모는 잔존유구를 토대로 동회랑 북변의 폭이 5.6m, 동회랑의 남북길이는 65.2m로 추정하였다. 또한, 서남회랑의 모서리에서 확인된 유구를 근거로 남회랑의 동서길이는 46.4m에 이르는 것으로 보았다. 그러나 서회랑은 중심 가람의 북쪽에서 이와 관련된 유구가 확인되지 않아 1차 가람 서회랑의 정확한 규모는 알 수 없다고 한다.

다음으로 오층석탑 하부에서 확인된 판축은 생토층을 되 파고 그 내부에 여러 흙을 교대로 다져 쌓아 조성한 것이다. 판축의 규모는 동서길이가 10.4m 남북길이는 14.2m인데, 오층석탑의 하층기단 남북길이가

292cm, 동서길이는 290cm인 점을 고려할 때 석탑의 축기부로서 판축규모가 지나치게 크다. 이러한 까닭으로 인해 판축시설은 오합사 창건기 무렵에 조성한 목탑의 축기부로 추정하였다.

2) 2次 가람-오합사 중건기

성주사의 2차 가람은 오합사 중건기에 해당하는 가람으로 조성연대는 7세기 말경으로 비정하였다. 이때의 가람은 강당지 동·서쪽 부속건물의 구조가 변한 것 이외에 기본 형태는 오합사 창건기 가람배치를 그대로 답습한 것으로 보았다.

2차 가람에 해당하는 건물지를 자세히 하면, 강당지와 그 부속건물지는 오합사 창건기 강당지가 폐기된 이후 바로 1차 강당 부석기단 상면에 塼과 石을 섞어 기단을 축조하였다. 이 같은 塼石混築基壇은 강당지 동쪽과 북쪽, 남쪽에서 대부분 확인되며, 특히 서북쪽 모서리 부분에서는 대형의 판석 위에 장방형의 전을 이용하여 축조한 흔적이 3~4단 정도 남아있다. 2차 강당과 부속건물은 성주사가 창건되기 이전에 화재로 인해 폐기된 것으로 추정하였다. 한편, 2차 강당의 동·서 양변에서 약 450cm 떨어진 지점에는 방형의 건물 흔적도 확인되는데, 남아있는 규모가 동서길이 6.6m, 남북길이 7.4m로 1차 가람기에 해당하는 부속 건물보다는 규모가 축소되는 특징을 보인다고 한다.

2차 가람에 해당하는 금당지는 흔적이 명확하지 않다. 2차 금당의 폐기층에서 선문의 암키와편과 세판연화문수막새 등이 소결된 채 출토되어 성주사 창건기 무렵에 조성되었을 가능성이 높기 때문이다. 이로 인해 오합사 창건기 금당인 1차 금당이 오합사 중건기 시점까지 재사용된 것으로 추정하였다.

중문지의 흔적은 서남회랑의 남쪽 기단이 중문지에 이르러 꺾이는 부분이 확인되었고, 이에 따라 1차 가람의 기단보다는 자세한 양상을 알 수

있었다고 한다. 잔
존 유구에 따른 중
문지의 규모는 동
서길이 7.6m, 남북
의 폭은 남쪽 회랑
보다 1m 더 넓은
6.6m로 보았다. 회
랑지는 1차 가람의
기단상면 위에 塼
積하여 기단을 축
조하였으며, 기단의
흔적은 서남회랑과
동남회랑에서만 확
인되었다.

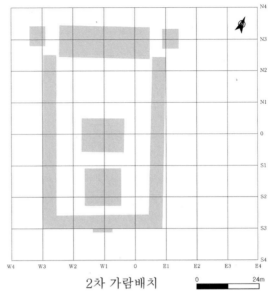

2차 가람배치

도 11 | 2차 가람 모식도 (부여군문화재보존센터 2009)

3) 3次 가람-성주사 창건기

3차 가람은 성주사 창건기에 해당하는 가람으로 조성된 시기는 『朗慧
和尙白月寶光塔碑』에 기록되었듯이 낭혜화상 무염대사가 성주사에 주석
하기 시작한 大中 초경인 9세기 중엽 경이다. 성주사 창건기 가람은 오합
사기에 해당하는 건물들이 화재로 폐기된 이후 그 상면에 새로운 대규모
의 건물지를 조성한 단계인데, 건물의 규모는 커졌으나 솜씨는 현저하게
떨어지는 특징을 보인다고 한다. 또한 유구의 조성 층위는 오합사기 단계
의 가람보다 10~20cm 정도 높으며, 평면형태가 좌우로 크게 넓어진 점
이나 기단 구축방법, 재료에서 이전과는 크게 변화하였다.

3차 가람을 구성하는 각 건물을 보면, 강당지는 평면이 '亞'자 형태로
건물 좌우에 부속건물이 맞닿는 형태로 변화한다. 강당지는 이전보다 건

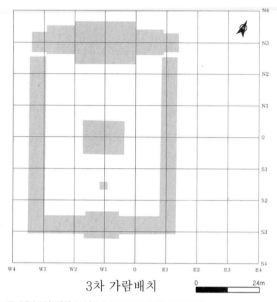

물의 규모도 커지
며 화강암을 거칠
게 다듬은 대판석
을 세워 기단부를
조성한 것이 특징
이다. 3차 강당의
규모는 전면길이가
46m, 중앙 건물은
동서길이가 24m,
남북길이는 16.3m
로 보았다.

3차 가람배치

도 12 | 3차 가람 모식도 (부여군문화재보존센터 2009)

한편 강당지 좌우
에는 익실이 존재하
는데, 공통된 익실
의 규모는 동서방향 2칸, 남북방향 1칸이다. 그러나 동쪽익실의 경우 동서
길이가 10.8m, 남북길이는 9.6m인데 반해, 서쪽익실은 동서길이가 11.1m,
남북길이는 10.9m로 서쪽익실이 동쪽익실에 비해 각각 30cm와 130cm가
더 길다. 또한, 익실은 3차 강당보다 한단 정도 낮게 조성되어 있으며, 이는
기단을 구축한 방법이나 적심 형태로 보아 3차 강당보다 약간 늦은 시점에
덧대어 조성한 것으로 보았다.

성주사 창건기 금당은 2차 금당이 이에 해당하며, 1차 금당이 폐기된
이후 이를 말끔히 정지한 후 신축한 건물이다. 2차 금당의 규모는 기단토
의 범위와 기단부 면석 외부의 범위를 고려할 때 동서방향이 16.3m, 남
북방향은 13.3m로 크기의 비율은 1.23 : 1이 되고, 기단 내부 면적은 약
217m²로 추정하였다. 금당의 기단은 대부분 유실되었고, 기단을 받치던
지대석만이 확인되었다. 잔존하는 지대석은 길이 70~80cm, 너비 40~
50cm, 높이 10~15cm 내외의 편평한 장대판석을 이용하여 평적한 것이

다. 또한, 그 아래에는 소형의 할석을 적심처럼 끼워 고정하였다. 금당의 기단토 조성은 기반층 상면에 약 80~100cm의 높이까지 천석 등을 채우고 그 상면에 무른 흑갈색 점질토를 얇게 깐 다음, 마사토와 점질토를 교대로 얇게 다져 쌓는 판축기법으로 조성한 것인데, 최고 150cm까지 남아있다. 금당 내부에 잔존하는 적심 또는 초석 배치와 구조는 3차 금당의 것으로 금당 내부의 불대좌 등이 2차 금당 기단토와 연결된 것으로 보아 2차 금당의 것을 재사용하였을 가능성이 크다.

회랑지는 종래의 회랑보다 규모가 확대되는데, 동회랑의 경우 이전의 전적기단 회랑보다 동쪽으로 약 6m 정도 이격시켜 조성하였다. 동회랑의 규모는 남북길이가 67.8m, 동서길이는 660cm로 남북방향 15칸, 동서방향 1칸의 단독형 건물이다. 남회랑은 전체 길이가 58.4m로 중문지를 제외하면 동·서쪽의 회랑 길이가 각각 22.3m이며, 폭은 730cm이다. 동남회랑의 규모는 기단토 상면에 적심이 그대로 남아있어 이를 토대로 동서방향 5칸, 남북방향 1칸으로 추정하였다. 서회랑의 전체 길이는 67.3m로 비정하였는데, 이는 동회랑보다 약 50cm정도 짧은 것이다. 이러한 서회랑의 건물 규모는 남북방향 15칸, 동서방향 1칸으로 추정하였다.

중문지는 마지막까지 별다른 변화 없이 3차의 형태를 그대로 유지하는 것으로 규모는 동서길이가 14m, 남북길이는 10.4m이며, 내부 면적은 145.6m^{2}이다. 잔존하는 초석의 주칸은 동서 3칸, 남북 3칸으로 추정하였다. 확인된 초석은 잘 다듬은 화강석으로 초석 상면에 고맥이 흔적이 있는 것으로 보아 초석은 다른 곳에서 옮겨 전용한 것으로 보았다.

4) 4次 가람-삼천불전 창건기

4차 가람은 삼천불전 창건기에 해당하는 가람으로 성주사 창건기 가람이 소실된 이후에 동회랑지가 폐기되면서 그 자리에 삼천불전이 조성되는 시점을 말한다. 4차 가람의 조성 시기는 4차 강당 구지표면에서 12세기 무렵의 陽刻 청자대접과 분청사기, '千佛殿'銘 암키와 등이 공반된 점으로 보아 11세기 말경 또는 12세기 무렵에 축조되었을 것으로 추정하였다.[47]

4차 가람에 해당하는 건물을 살펴보면, 강당은 이전의 기단을 재사용하고 있으나 강당 동서 양편의 부속건물을 새롭게 조성하고 강당지 전면은 남쪽으로 확장하였다. 강당의 동쪽 익실은 3차 기단보다 남쪽으로 160cm, 서쪽 익실은 70cm 정도 확장되며, 각각 동남·서남 모서리에는 작은 부속공간을 마련하고 있다. 이들 부속공간의 규모는 동남 모서리 동서가 50cm, 남북이 210cm이며, 서남쪽 공간의 규모는 동서가 50cm, 남북이 130cm이다. 이에 따라 4차 가람기에 해당하는 동쪽 익실의 크기는 동서가 10.8(북변)~11.3m(남변), 남북이 11.2m이다. 이를 전제하여 '亞' 자형 강당의 전체적인 규모는 동서 길이가 46(북변)~47m(남변), 남북길이는 11.6(서쪽 익실)~16.3(중앙)~11.2m(동쪽 익실)이다.

금당지는 현 지표면에서 확인되는 기단 및 적심, 계단 등이 잔존하는 최종 단계로 2차 금당보다 상면

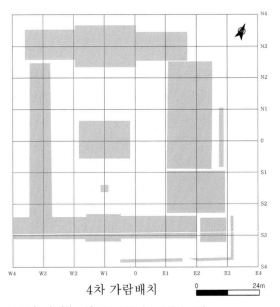

4차 가람배치

0   24m

도 13 | 4차 가람 모식도 (부여군문화재보존센터 2009)

47) 忠南大學校博物館 編, 1998, 앞의 보고서, 75·76·99쪽.

이 약 10cm 정도 높아지면서 지대석도 약 40cm 정도 높게 조성하였다. 3차 금당의 규모는 동서길이가 20m, 남북길이는 14.4m이며, 내부 면적은 288m²로 주칸은 정면 5칸, 측면 3칸이다. 금당의 기단토 조성은 2차 금당의 기단토를 그대로 재사용하였으며, 기단부가 확장함에 따라 생기는 공간에는 와편이 섞인 흑갈색사질점토를 채워 기단토를 마련하였다.

금당의 기단은 길이 108~232cm의 지대석 안쪽에 홈을 파고 높이 95cm 정도의 면석을 세운 후 상면에 두께 13cm 정도의 갑석을 올려 축조하였다. 특히 금당 기단의 각 모서리에는 길이 35~45cm의 'ㄴ'자형 면석(우주)을 세운 점이 특징이다. 기단석으로 사용된 석재는 본래 화강암으로 불대좌에 쓰인 석재와 동일하며, 면석 중 일부는 烏石인 점을 고려한다면 후대 개·보수되었을 가능성도 있다.

한편 계단은 건물의 사방 중앙에 4곳이 잔존하며, 장대석을 이용하여 조성하였다. 3차 금당의 조성시점은 확장된 기단토 내부에서 순청자 소편과 격자문의 Ⅳ형 와통으로 제작된 유단식수키와편이 공반된 점으로 보아 4차 가람 조성기인 삼천불전 창건기 무렵으로 비정하였다.[48]

회랑지는 이전 회랑의 좌우에 덧쌓은 새로운 기단이 이의 흔적이며, 남회랑의 너비는 840cm로 추정하였다. 동남회랑의 길이는 29.6m로 3차 회랑보다 길어졌으며, 건물 규모는 동서 8칸, 남북 1칸이다. 서회랑은 서남쪽 모서리 부분이 남아있지 않고 회랑이 서회랑 바깥으로 연장되면서 기이한 형태를 이루고 있는데, 이는 5차 회랑과 거의 같은 높이에 중복으로 조성되어 있다. 서회랑의 규모는 동서길이가 8.9m, 남북길이는 67.2m이다.

삼천불전지는 3차 동회랑이 폐기된 이후 조성된 건물로 4차 가람을 구

---

48) 忠南大學校博物館 編, 1998, 앞의 보고서, 77쪽. 그러나 동일 보고서 98쪽에서는 3차 금당의 조성시점을 성주사 창건기로 비정하여 상호 모순됨이 찾아진다. 이에 필자는 유구의 정확한 해석을 통해 2차 금당의 조성시점을 삼천불전 조성시기와 동일한 시점으로 이해하였다.

성하는 건물 중 가장 대표적인 건물이다. 금당지로부터 동쪽으로 약 14m 가량 이격시켜 조성한 삼천불전지는 전면이 41.6m, 측면은 18.1m이며, 내부 면적은 753m²의 규모이다. 건물의 기단은 부분적으로 약간 큰 오석을 수적하고 그 위에는 길이 70~90cm, 너비 40~50cm에 이르는 갑석을 평적하였다. 서쪽기단에는 오석을 사용하여 이전보다 약 40cm 정도 덧대어 증축한 흔적이 확인되며, 남쪽 기단은 일부 얇은 판석을 이전 기단에 이어 보강한 흔적도 확인되었다. 건물 내부에는 초석과 적심이 남아 있으며, 주칸 거리는 남북이 각 410cm, 동서가 각 325cm로 남북·동서 모두 등간격으로 조성한 것이 특징이다. 또한, 남북 중앙 칸 내부에는 남북 적심열이 7개가 생략되어 있는데, 이는 건물 내부 중앙에 불대좌를 안치하려는 조치로 추정하였다.

5) 5차 가람-삼천불전 중건기

마지막으로 5차 가람은 삼천불전지 중건기에 해당하며, 중심 축조연대는 16세기 무렵으로 비정하였다. 이때의 강당지는 남쪽이 크게 확장되고 양쪽으로 날개와 같은 돌출된 부분이 부가되면서 기단토도 이전보다 40cm 정도 높아진다. 강당지의 규모는 전면의 동서길이가 42.6m, 북쪽의 동서길이는 28.6m이다. 강당지의 동쪽 익랑은 동서길이가 8.8m, 남북길이는 5.3m이며, 서쪽 익랑은 동서길이가 5.2m, 남북길이는 4.7m로 비대칭적인 특징을 보인다. 서쪽 익랑은 서회랑과 30cm 정도 떨어졌으며, 동쪽 익랑은 동회랑과 80cm 정도 떨어져 조성하였다.

강당 좌우에 배치된 건물은 2~4차 건물과는 달리 독립된 형태의 건물로 제일 윗면에 잔존한 관계로 보다 정확한 양상을 알 수 있었다. 서술하면 먼저 동편 건물은 강당의 동쪽에서 170cm 정도 떨어졌는데, 규모는 동서길이가 14m, 남북길이는 10m로 주칸은 정면 4칸, 측면 3칸이다. 서쪽 건물은 강당의 서변에서 40cm 정도 떨어져 배치되었으며, 규모는 동

서길이가 14m, 남
북길이는 11.4m로
남북길이가 동쪽
건물지보다 140cm
길게 조성되었다.

동남회랑은 4차
회랑보다 더욱 확
장되는데, 건물 규
모는 동서길이가
29.4m, 남북길이는
10.9m로 주칸은 동
서방향 8칸, 남북
방향 2칸으로 추정
하였다. 또한, 동남

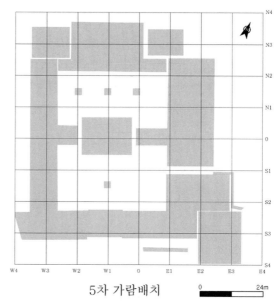

5차 가람배치

도 14 | 5차 가람 모식도 (부여군문화재보존센터 2009)

회랑의 동쪽에서는 온돌시설이 구비된 건물도 확인되었는데, 온돌건물의
규모는 동서길이가 16.9m, 남북길이는 20m 이상으로 추정하였다. 서회랑
은 4차 회랑과 거의 중복되며, 초석이나 적심의 배치가 일정하지 않은 것
으로 이해하였다. 그러나 서회랑의 내부기단과 폐기면이 비교적 잘 남아
있어 정확한 규모를 알 수 있었는데, 확인된 남북길이는 58.7m이고, 서남
회랑을 포함한 전체 길이는 69.7m로 보았다. 서회랑 서쪽으로는 각각 남
북 7.5m, 동서 9m 크기의 건물이 맞닿아 있는데, 이러한 배치적 형태로
보아 이 지역에 목적이 다른 건물이 난립한 것으로 이해하였다.

삼천불전지는 4차 때의 창건기단보다 서쪽으로 40cm 정도 확장되며,
남쪽에는 얇은 판석을 덧대어 조성하였다. 이때 삼천불전 건물의 전체적
인 규모는 동서길이가 17.9m, 남북길이는 41.5m로 4차의 창건기단보다
각각 40cm, 10cm가 넓어졌으나, 내부의 규모는 4차와 변함이 없는 것으
로 보았다.

삼천불전지 남쪽에는 새로운 건물이 조성되는데, 이 건물의 규모는 동서길이가 18.7m, 남북길이는 14m이며, 내부 면적은 261.8m²로 확인되었다. 이 건물의 주칸은 동서 7칸, 남북 4칸으로 추정되었다. 남편건물지의 특징은 내부 중앙에 시설된 부석을 들 수 있는데, 동서 540cm, 남북 370cm의 범위에 편평한 할석을 1~2단 깔아 조성한 것으로 남쪽에는 중앙과 동쪽에 치우쳐 너비 70cm, 길이 530cm 정도의 배수시설이 남쪽 기단까지 이어져 있다. 이러한 시설로 보아 건물 내부에는 욕실이 존재한 것으로 추정하였다.

성주사 5차 가람은 임진왜란을 전·후한 시점에 최종 폐사되어 진 것으로 추정하였다.[49)]

이상과 같이 성주사지 가람 중심부를 대상으로 실시한 발굴조사 결과에 따른 성주사의 가람변천을 정리할 수 있었다. 이렇게 정리된 성주사지 가람변천은 2000년대 이후의 발굴조사에서도 그대로 통용되었으며, 현재까지도 이에 대한 이견이 없는 실정이다. 그러나 성주사지 사역 전역에 실시한 발굴조사가 마무리된 현재, 주변에서 관찰되는 층위와 건물의 흔적은 위의 가람변천과 부합되지 않은 점이 확인되어 이에 대한 새로운 검토가 요구된다.

3. 성주사 가람변천 단계의 재인식

앞서 정리한 내용과 같이 성주사지의 가람변천은 5차례에 걸쳐 변화한 것으로 알려져 있다. 이 같은 성과물은 1991년도부터 1996년도까지 진행

---

49) 성주사지에 출토된 유물 중 '萬曆 三十九年(1611)'명 암막새가 출토되었는데, 이 막새를 끝으로 후대 유물이 관찰되지 않는 것으로 보아 이 무렵에 성주사가 폐사된 것으로 추정된다(忠南大學校博物館 編, 1998, 앞의 보고서, 76·100쪽).

한 금당지와 삼천불전지, 강당지 등과 같은 중요건물과 가람 중심부에 대한 발굴조사 결과에 따른 것으로 층위 또는 각 유구의 중복양상이 가람을 구분하는 중요한 기준이 되었다. 그런데 위의 가람변천은 가람 중심부 일대의 한정된 공간에 조성한 건물지만을 대상으로 하였다는 점에서 다소 객관성이 떨어진다. 이에 사역 전역에 대한 조사가 마무리된 현 시점에서 이를 재검토하여 성주사의 가람변천 단계를 재구성해 보도록 하겠다.

1) 변천단계 구분의 전제 조건

가람의 단계설정은 가람 중심부에 한정한 중요도가 높은 중심건물 또는 예불건물을 대상으로 하는 것이 일반화된 연구 방법론이다. 실제 사원유적의 발굴조사는 가람 중심부에 한정하여 실시한 사례가 많아 위의 방법론에 따라 검토하는 경향이 강할 수밖에 없었다.

그러나 성주사지와 같이 사역 전역에 대한 정밀조사가 완료된 사원유적은 몇몇 특정 건물지만을 대상으로 가람변천의 단계를 설정할 경우 모순되거나 객관성이 떨어질 염려가 있다. 이에 그 변화양상을 파악할 때에는 대부분의 유구가 포함된 객관적이고 합리적인 접근방식이 필요하다.

주지하였듯이 기존에 알려진 성주사의 가람변천은 가람 중심부에 위치한 건물지를 대상으로 시도한 것이다. 즉 가람을 구성하는 중요 건물의 층위와 중복된 흔적에 따라 단계를 설정하고 이를 성주사의 전체적인 가람변천 양상으로 이해한 것이다.

그런데 가람의 창건이라는 개념은 가람을 구성하는 건물을 신축하는 단계로 이해할 수 있으며, 중건[50]은 기존에 존재하던 건물을 고치거나 새로 조성하는 단계를 뜻한다. 창건과 중건은 각 가람기로 전환되는 중요한

---

50) 사원 중건의 사전적 의미는 "절을 보수하거나 고쳐 짓는다"이며, 동일어로는 재건 등이 있다.

기준이 되기도 하는데, 공통으로는 사원의 기능이 정지된 상태를 뜻하기도 한다. 즉 가람의 창건과 중건의 구분은 사원의 기능 정지와 관련된 명확한 근거가 제시되어야만 이에 따른 변천단계를 설정할 수 있는 것이다.

단순히 특정 건물의 중복된 양상을 기준으로 창건과 중건이라는 가람기로 구분한다면 매우 많은 단계로 세분화될 수 있다. 예컨대 사원이 운영되는 시점에서 건물이 낡거나 붕괴되면 이를 개·보수한 흔적이 나타나기 마련이다. 또한, 건물의 상부구조는 유지하면서 기단이 유실되거나 변질된다면 이를 고치거나 교체할 수도 있다. 즉, 위와 같은 요소들은 사원이 운영되는 시점에서 얼마든지 발생할 수 있는 요소이므로 이를 기준으로 가람의 변천단계를 설정한다면 납득하기 어려울 것이다.

아울러 성주사와 같은 대단위 가람이 조성되는 과정에서 건축부재의 조달과 인력을 동시다발적으로 구성하기에는 한계가 있었을 것으로 짐작된다. 가람이 창건되는 시점에 사역의 공간 구성과 필요한 설계는 이미 갖추었겠지만 이에 포함되는 건물은 즉각적인 조영이 불가능하였을 것이고, 시간이 지남에 따라 단계적으로 조성할 수밖에 없었을 것이다. 이러한 흔적은 10차 조사에서 확인된 통일신라시대~고려시대 1호 건물지와 11차 조사에서 확인된 축대시설을 통해서도 알 수가 있다.[51]

성주사지는 단편적인 건물의 흔적만으로 가람의 창건기와 중건기로 구분하는데 적잖은 어려움이 있다. 건물지 폐기층에서 출토된 유물의 편년이 일관되지 않을 뿐더러 이를 통해 각 가람기로 전환되는 시점을 정확히 파악할 수 없기 때문이다. 따라서 성주사의 각 가람기로 구분할 수 있는 기준은 건물의 중복양상을 포함한 보다 객관적이고 적극적인 근거자료가 제시되어야 한다. 이와같은 객관적인 기준은 마땅히 모든 사람이 공감할

---

51) 이들 건물은 생토층 상면에 건립된 것으로 축조시점은 성주사 창건기 무렵으로 추정되고 있다. 그러나 이들 건물지 기반층에서 어골문 계열의 평기와편이 출토되어 이들 건물의 조성 시기는 가람 중심부의 예불건물과 분명한 차이가 있다.

수 있는 범위여야 하며, 유적의 특성상 적어도 공통분야를 연구하는 사람이라면 대체로 수긍할 수 있어야 할 것이다.

필자가 제시할 수 있는 각 가람기로 구분 기준은 크게 층위와 경계시설물에서 유추할 수 있다. 전자는 층위에 따른 검토로 성주사지 사역 전역에서 확인되는 소토·폐기층이 기준 대상이 된다. 소토·폐기층은 건물이 화재로 소실되면서 형성된 것인데, 사찰이라는 특수한 공간(범위) 또는 환경을 고려한다면 이는 쉽게 나타날 수 없는 흔적이다. 더욱이 성주사지의 소토·폐기층은 광범위하게 확인되는 특징을 보이는데, 이는 내·외부적인 요인에 의해 사원이 피해를 입었을 가능성이 커 가장 객관적인 근거가 될 수 있다. 쉽게 말해 소토·폐기층은 결정적으로 이전 가람의 기능이 정지되고 새로운 가람으로 전환되는 것을 방증하는 흔적인 것이다.

다음으로 후자는 가람을 구성하는 중요건물과 회랑지나 담장지, 축대시설과 같은 사역의 경계 또는 구획을 설정하는 시설물을 기준으로 분류하는 방법이다. 특히 회랑이나 담장은 각 시대별 경계를 대변하는 것이므로 결정적 기준이 될 수 있다. 예컨대 7차와 9차 조사에서 확인된 사역의 경계 담장지는 성주사가 유지될 당시 가람의 경계를 이루던 시설물로 이는 성주사의 전체적인 범위와 변천과정을 알 수 있는 중요한 기준이 된다. 또한, 8차 조사에서는 중문지와 연결된 남회랑이 서쪽으로 확대되는데, 이는 서회랑지를 경계로 가람의 중심부와 서쪽 건물지군이 구분되어 특정 시기부터 사역이 구획화 되었다는 사실을 방증한다.

따라서 위에서 제시한 두가지 기준을 토대로 성주사 가람변천의 단계를 재설정해 보면 다음과 같다.

2) 층위로 본 가람기의 분류

성주산 자락 말단부에 자리한 성주사지는 토층조사 결과 자연적으로 형성된 순수 퇴적층 상면에 대부분의 건물지가 조성된 것을 알 수 있다.[52] 가람 중심부에 있는 건물지의 기반토 조성은 오층석탑 하부 판축층을 제외하고는 모두 기반층인 황갈색사질점토층 위에 토양을 성토하는 방식으로 기단토를 마련하였다. 이는 후대 중복된 건물지도 동일한 방식에 의해 기단토를 조성하여 건물을 건립하는 특징을 보인다.

1~11차 성주사지 발굴조사에서는 공통적으로 건물지의 기단토 현황을 파악하기 위해 층위조사를 실시하였는데, 중복으로 조성된 건물지 사이에서 20~40cm에 이르는 소결된 층위가 확인되었다. 소결층은 앞서 전술한 바와 같이 사원을 구성하는 건물이 전소되는 과정에서 형성된 층위로 건물의 폐기와 밀접한 관련이 있는 흔적이며, 이러한 소결층은 성주사지 사역 전역에서 광범위하게 확인되는 특징을 보인다. 이는 종교시설물이 위치한 사역 내부라는 특수성을 고려할 때 사건·사고에 기인하였을 가능성이 커 이때 입은 사원의 피해 흔적으로 보인다.

도 15 | 강당 동편 건물지 동쪽기단 외곽 기와 폐기흔
(忠南大學校博物館 提供 수정)

그런데 성주사지에서 검출된 소결층은 구역에 따라 소결된 횟수가 다르게 확인되고 있다. 예컨대 중요 예불 건물이 위치한 가람 중심부에서는 2차례의 소결층이 검출되는데 반해 그 주변지역에서는 1차례의 소결층만

---

52) 寺域 전체의 대략적인 층위는 천석과 모래가 많은 하천 퇴적토(자연퇴적토)를 최하층으로 황갈색사질점토층→흑갈색사질점토층이 차례로 쌓여 생토를 이루고 있는 것이 확인되었다. 일부 굴곡진 지형에는 성토하여 평탄화 시킨 흔적들도 확인된다.

이 확인된다. 먼저 2차 례의 소결흔적이 확인되는 곳은 강당지로 동편 적심석(성주사 창건기) 하부에서 1차 소결층이, 강당지 동편 건물(성주사 창건기) 기단토 상면에서 2차 소결층이 검출되었다. 즉 성주사 창건기에 조

도 16 | 강당지와 동편 건물지, 삼천불전지 소토층
(忠南大學校博物館 提供 수정)

성된 강당지를 기준으로 상하에서 2차례의 소결층이 확인되는 것이다.

이를 전제로 하면 강당지에서 검출된 2차례의 소결흔적은 성주사 창건기 강당이 조성되기 이전에 한 차례 소실되었고, 성주사 창건기 강당이 조성된 이후에 다시 화재로 소실된 것을 반영한 것으로 볼 수 있다. 아울러 강당지 남동쪽기단 외부에서 검출된 2차 소결층은 삼천불전지 기단석 하층에서도 다량으로 확인되고 있어 이에 따른 선·후 관계가 분명하게

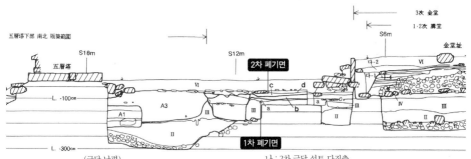

(금당 남편)
a : 와편이 얇게 퇴적된 흑갈색 사질점토(1차 폐기면)
b : 갈색사질점토, c : 소토폐기층(2차 폐기면)
d : 흑갈색 사질점토(3차 구지표)

나 : 2차 금당 성토 다짐층
나-1 : 괴석과 천석 채움층, 나-2 : 무른 흑갈색 점질토
나-3 : 사질 점토와 마사토 등을 5~8cm 두께로 6~7회 교대
나-4 : 황갈색 및 흑갈색 사질점토와 마사토로 15~20회 교대
다 : 3차 금당 확장 기단토

도 17 | 금당지 남쪽 층위도의 폐기층 구분 (忠南大學校博物館 1998)

드러나는 것을 알 수 있다.

중심 가람부에 위치한 금당지에서도 앞의 강당지와 동일하게 2차례의

도 18 | 금당지 남쪽 폐기면 구분 (忠南大學校博物館 提供)

소결흔적이 관찰된다. 소결층은 금당지 현 남쪽의 대석기단 내·외부에서 확인되는데, 먼저 대석기단 내부에서는 1차례의 소결흔(폐기층)이 관찰되고 외부에서는 2차례의 소결흔(폐기층)이 검출되었다. 특히 3차 금당 외부 층위에서 확인되는 2차례의 소결흔적은 상·하로 분명하게 구분되는 양상을 보인다. 이 역시 2차 금당을 기준으로 상·하에서 소결된 흔적이 검출

도 19 | 금당지 남쪽기단 폐기층 (忠南大學校博物館 提供)

도 20 | 고려시대 2호 건물지 하층유구 소토층
(百濟文化財研究院 提供)

도 21 | 고려시대 12호 건물지 기단 소토층
(百濟文化財研究院 提供)

도 22 | 고려시대 14호 건물지 출입시설 전면 소토층 (百濟文化財研究院 提供)

도 23 | N1W1 중앙부분 남북방향 Pit 토층 내 소토층 (百濟文化財研究院 提供)

도 24 | 통일신라시대~고려시대 1호 건물지 서측 배수로 퇴적층 (百濟文化財研究院 提供)

도 25 | 통일신라시대~고려시대 1호 건물지 북측 와적폐기면 노출 (百濟文化財研究院 提供)

되는 것은 이에 따른 선후관계가 분명히 존재하는 것을 증명하는 것이다.

한편 가람 중심부와 연계된 공간인 서쪽일대에서는 한 차례의 소결흔적만이 확인되는데, 이 일대에는 대부분 대석기단 건물지가 들어서 있어 상대적으로 위계가 높은 예불건물들이 분포하였던 곳으로 추정된다. 이 가운데 소결흔(폐기층)이 관찰된 건물지는 고려시대 2호, 6호, 12호, 13호, 14호 건물지로 이들 건물지 기단 외부에서 다량의 소결흔이 검출되었다.[53]

---

53) 이들 건물은 공통적으로 기단부가 수직횡렬식의 대석기단으로 조성된 것이 특징이

도 26 | 통일신라시대~고려시대 3호 건물지 전면
폐기 소토층 (百濟文化財硏究院 提供)

도 27 | 통일신라시대~고려시대 6호 건물지 남쪽기단
전면 소결흔 (百濟文化財硏究院 提供)

위의 건물지 소결층 주변에서는 다량의 기와편 등이 출토된 점으로 보아 화재에 의한 건물 소실을 추정케 한다. 특히 고려시대 2호, 6호, 12호, 13호, 14호 건물지 소결층에서 출토된 유물은 가람 중심부의 2차 소결층에서 출토된 유물과 동일한 양상을 보인다. 세판연화문수막새를 비롯해 삼구분복합문양계 평기와, 명문와 등이 이에 해당된다. 이로 보아 가람 중심부의 2차 소결층과 사역 서쪽일대의 1차 소결층은 같은 시점의 화재 흔적일 가능성이 크다.

가람 중심부를 기점으로 북쪽지역 일대는 조사 이전부터 승방지(승역)로 추정된 지역이었다. 이후 10차와 11차 조사가 진행되면서 고려~조선시대의 아궁이와 구들시설을 갖춘 주거목적을 분명히 하는 생활시설물이 확인되면서 승방지로의 가능성이 더욱 커지고 있다. 이 북쪽지역 일대 역시 사역 서쪽 일대와 동일하게 1차례의 소결흔이 검출되었다.

자세히 하면 10차 조사에서 확인된 통일신라시대~고려시대 1호와 2호, 3호 건물지는 천석이 포함된 황갈색사질점토층(생토층) 위에 건립되어 성주사 창건기 무렵에 조성된 건물지가 분명한데, 이들 건물지 기단 전면

다(百濟文化財硏究院 編, 2012a, 앞의 보고서).

에서 1차례의 폐기층이 확인되고 있다.[54] 11차 조사에서는 통일신라시대
~고려시대 6호 건물지 남쪽기단 전면 폐기층에서 1차례의 소결흔이 검출
되었다.[55] 이러한 흔적들은 건물이 소실됨에 따라 형성된 흔적이 분명하
며, 주된 양상은 사역 서쪽일대와 동일하다.

이밖에 가람 중심부를 기점으로 동쪽 일대에는 강당지 동편건물지와
삼천불전지에 인접하여 건물지 및 요지 등이 확인되었다.[56] 조사과정
에서 층위 조사를 실시한 결과 이 지역은 초기가람기와 성주사 창건기 단

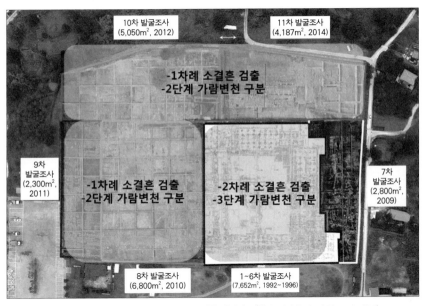

도 28 | 소결흔(폐기면)으로 구분한 성주사지 가람변천 단계와 범위 (百濟文化財研究院 2014b 수정)

54) 百濟文化財研究院 編, 2014a, 앞의 보고서, 34~38쪽.
55) 百濟文化財研究院 編, 2014b, 앞의 보고서.
56) 百濟文化財研究院 編, 2011, 앞의 보고서.

계에는 空地였다가 성주사가 재건되면서 개발된 지역으로 추정된다.[57]

이상과 같이 성주사지에서는 1~2차례의 광범위한 소결층이 확인되는 것을 알 수 있었다. 이러한 소결 흔적은 화재의 결과로 지목할 수 있으며, 이를 통해 성주사의 각 가람기로 전환되는 원인 또한 추정할 수 있는 단서가 된다. 결과적으로 성주사지 사역 전역에서 확인되는 소결 흔적은 가람 중심부의 경우 2차례의 화재 원인이 존재하는 것으로 추정되며, 총 3단계에 걸쳐 가람이 변천된 것을 알 수 있다. 이에 반해 주변지역은 한차례의 화재로 인해 총 2단계의 가람 변화가 이루어진 것으로 보인다. 아울러 소결층이 형성된 범위로 보아 성주사 창건기 이전의 가람은 현 가람 중심부 일대에 국한되어 조성되었을 가능성이 크고, 성주사가 창건되고 나서야 비로소 현재의 사역을 갖추었던 것으로 보인다.

3) 건물지 중복양상으로 본 변천단계

건물지의 대표적인 중복양상은 기단의 증·개축에 따른 흔적이 결정적인 근거가 되곤 하는데, 때론 내부의 적심 및 초석의 배열에 따라 이를 구분하기도 한다. 이러한 구분법은 건물지를 분류하거나 편년을 설정하는 과정에서 필수적으로 검토되어야 할 사안이며, 나아가 사원 유적의 건물 배치 양상을 파악하는데 가장 일반화된 연구방식으로 채택된다.

위와같은 방법은 성주사지 가람 중심부 일원을 대상으로도 동일하게 적용되었고, 이에 대한 분류도 이루어진 바 있다.[58] 분류된 가람 중심부의

---

57) 7차 조사에서 가장 이른 시기 유구는 와요지로 이는 삼천불전이 조성되는 시점에 기와의 제작 또는 공급을 신속히 처리하기 위한 목적에 의해 조성된 것으로 추정하였다. 따라서 사역 동쪽일대는 동쪽 경계를 나타내는 담장지를 제외하고는 성주사 창건기 단계로 소급할 만한 건물이나 시설이 확인되지 않아 이전부터 空地로 방치되었을 가능성이 높다.

58) 忠南大學校博物館 編, 1998, 앞의 보고서, 35~78쪽.

건물지는 금당이나 강당과 같은 단독 배치된 예불건물이 이에 해당하며, 층위에 대한 검토도 함께 이루어진 것이어서 대체로 수긍할 만하다. 다만 강당지와 관련된 건물의 변화양상에서는 건물의 기단으로 추정되는 석렬만을 기준으로 삼아 아쉬운 점도 있다. 건물의 기단은 앞서 지적한 대로 건물이 존속되는 시점에 증·개축되거나 보수 또는 확장의 흔적이 검출될 수 있기에 초석과 적심의 흔적도 유심히 관찰해야 한다.

11차례 실시된 성주사지 발굴조사에서 확인된 건물지는 약 70여 동인데,[59] 이들 건물지는 대체로 중복된 채 확인되었다. 자세히는 독립된 공간에 단독으로 배치된 방형 또는 장방형의 건물이 있는가 하면, 상·하층의 건물이 중복으로 조성되거나, 'ㄱ'자형 또는 'ㄴ'자형과 같은 형태의 건물도 찾아진다.

그러나 단독 배치된 몇몇 건물을 제외한 대다수 건물은 상·하로 중첩되어 그 흔적이 명확하지 않아 분류가 쉽지 않다. 또한, 건물지의 중복된 양상은 주로 기단에서 관찰되는데, 상·하로 구분되는 뚜렷한 차이가 없다. 그리고 중복된 기단 주변에서 출토된 유물 역시 편년에 따른 차이가 없어 해당 건물의 조성시기를 판단하는데 주저할 수밖에 없다. 무엇보다도 성주사지 조사과정에서 대략 70여 동에 이르는 많은 건물지가 확인되었고, 이를 개별적으로 검토하기에는 상당한 어려움이 뒤따른다.

따라서 성주사지 가람변천 과정을 살피기 위한 건물지는 상대적으로 중복된 흔적의 관찰이 용이한 건물지를 선정하고 공간 구획을 위한 회랑 및 담장지 등을 대상으로 각 가람기를 구성하는 건물지의 현황과 범위를 기준으로 검토해 보겠다.

먼저 중복된 흔적이 가장 복잡하게 얽혀있는 가람 중심부 일원의 건물

---

59) 성주사지에서 확인된 건물지는 외부 기단과 내부 적심 및 초석이 발견되어 건물지로 분류가 가능한 사례만 약 70여 동이며, 담장지를 비롯한 축대시설, 와요와 같은 생산시설을 포함한 총 유구의 수는 100여 기가 넘는다.

지는 층위에 따른 구분도 쉽지 않다. 그럼에도 이전의 조사자는 가람 중심부에 한정하여 각 가람기로의 구분을 시도하였고, 조성된 시점 역시 분명하게 밝혀 필자가 논고를 진행하는 데 많은 도움이 되었다.[60] 다만 강당지의 변천단계는 주변 건물과 비교해 너무 세분된 측면이 있어 이를 다시 재구성해 보겠다.

강당지의 변천은 90년대 조사결과 총 5차례에 걸쳐 변화한 것으로 알려져 있는데,[61] 필자가 강당지의 층위를 분석하여 구분한 결과 총 3차례로 나뉘는 것을 알 수 있었다.[62] 이를 자세히 정의하면 성주사 창건 이전의 초기가람 강당지(1차)와 성주사 창건기 강당지(2차), 성주사 창건 이후 가람 강당지(3차)가 그것이다. 구체적인 양상은 강당지 내부에 남아 있는 적심석의 선·후 관계를 통해서도 알 수 있다. 예컨대 강당지 북쪽 기단부 내부에 남아 있는 적심은 배치된 주열과 층위양상에 따라 총 3차례의 중복이 관찰되며, 이와 관련된 기단은 2차례만이 확인되었다. 이는 최하층에 있는 1차 가람(초기가람) 강당이 폐기된 이후 2차 가람(성주사 창건가람) 강당이 새로 조성되고, 2차 강당이 폐기된 후 다시 3차 가람(성주사 중건가람) 강당이 들어선 것인데, 이때에 이르러 강당의 범위가 확정된 것으로 추정된다. 이와 관련한 강당지 층위의 세부적인 검토와 분석은 Ⅲ장에서 보다 자세히 살펴보도록 하겠다.

한편 8~10차 조사가 실시된 사역의 서쪽일대와 북서쪽일대는 '高麗時代', '朝鮮時代'와 같이 모호하게 건물지를 분류하고 있다. 이러한 양상은 사역 서쪽일대를 대상으로 실시한 8~9차 조사에서 두드러진다.[63] 예컨대

---

60) 성주사 이전 가람과 성주사 창건기 가람의 조성연대를 역사적 사실에 주목한 점이 괄목하다.

61) 忠南大學校博物館 編, 1998, 앞의 보고서, 35~39쪽.

62) 임종태, 2013, 앞의 논문, 271쪽.

63) 8~9차 조사지역인 서쪽일대는 가람 중심부와 연결된 지역이므로 가람 중심부에 있는 예불건물의 변화와 일치되는 양상을 보여야 하나 조사자는 이를 너무 소극적으

고려시대 6호, 8호, 9호 건물지는 하나의 기단시설 내에 조성된 'ㅓ'자 형태의 회랑식 건물로 보이는데, 조사자는 이를 각각의 개별 건물로 분류하였다.

아울러 고려시대 8호와 9호 건물지 내부에는 2차례 중복된 초석의 배열이 관찰되나 이를 명확하게 구분하지 않았다. 다시 말해 고려시대 8호와 9호 건물지의 後築 건물지는 고려시대 14호 건물지의 서쪽기단부를 파괴하였으므로 이들 건물지간에 선·후를 명확히 알 수 있고, 고려시대 8호와 9호 건물지의 先築 건물지는 고려시대 14호 건물지와 연계된 건물이다. 이렇게 건물의 잔존현황에 따라 선·후 구분이 명확히 드러남에도 이들 건물지를 모두 '高麗時代'로 통일하여 보고 한 점은 분명 아쉬운 대목이다.[64]

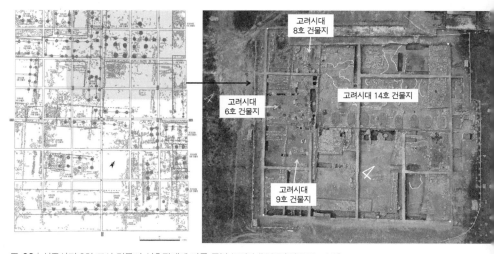

도 29 | 성주사지 8차 조사 건물지 선후관계에 따른 구분 (百濟文化財研究院 2012a 수정)

로 서술하고 있어 아쉬운 점이 남는다.

64) 아울러 '고려시대 건물지'가 중복으로 조성되어 있음에도 출토된 유물의 위치가 명확하지 않아 분류가 쉽지 않다.

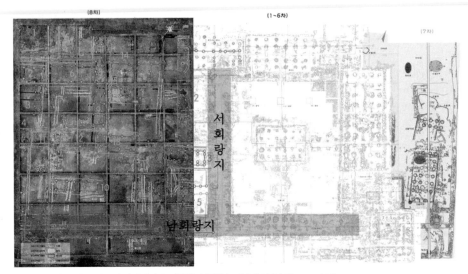

도 30 | 가람 중심부의 서회랑지와 남회랑지 범위 (百濟文化財研究院 2012a 수정)

　〈도 29〉를 토대로 이를 수정하면 고려시대 6호와 8호, 9호 건물지는 회랑의 성격이 강하게 반영된 건물로 볼 수 있으며, 건물 내부의 초석 배열이 2차례 정도 확인됨에 따라 중복된 것이 분명하다. 아울러 고려시대 8호, 9호의 後築(2차) 건물은 고려시대 14호 건물지 서쪽 기단부를 파괴하고 조성된 점으로 보아 고려시대 무렵에 한 차례 재건된 것을 알 수 있다.

　이 외에도 회랑지로 추정되는 세장방형의 건물지와 다수의 담장시설이 조사되었는데, 이를 통해 대략적으로 각 가람기로의 구분이 가능하다. 회랑지는 가람 중심부에서 동회랑과 서회랑, 남회랑이 확인되었고, 남회랑의 경우 가람 중심부를 벗어난 서쪽까지 확대되는 양상을 보였다.[65] 또한, 남회랑은 사역 서쪽경계 지점에서 다시 북쪽으로 꺾이는 것을 알 수 있는

---

65) 8차와 9차 조사에서 확인된 남회랑지는 내부에 담장이 중복된 것으로 보아 남회랑이 폐기된 이후 새롭게 담장이 조성된 사실을 알 수 있다.

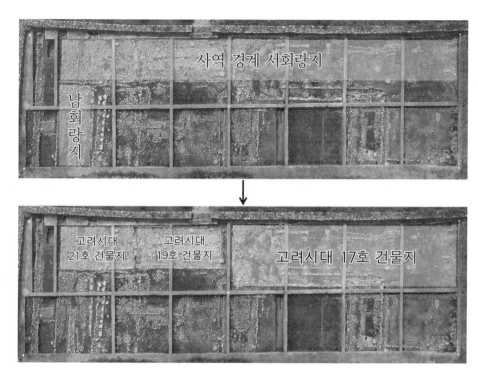

도 31 | 9차 조사지역 건물지 중복양상 (百濟文化財研究院 2013 수정)

데, 이와 연결된 건물은 고려시대 17호와 19호, 21호 건물지이다.

이를 자세히 하면 고려시대 17호 건물지는 남북방향이 약 48m, 폭은 상층기단이 약 8.3m, 하층기단이 10.3m로 남북방향이 길게 조성된 평면적 특징을 보이는데, 이를 고려하면 위 건물의 성격은 회랑일 가능성이 매우 크다. 게다가 고려시대 17호 건물지는 기단이 상·하층으로 구분되는 점, 내부 적심 및 초석의 배열이 중첩된 점을 고려할 때 중복된 것이 분명하며, 내부 기단토에서 목탄과 소토 부스러기가 포함된 갈색사질점토가 관찰되는 점으로 보아 소실된 이후 재건된 것임을 알 수 있다.[66] 이

---

66) 百濟文化財研究院 編, 2011, 앞의 보고서, 52쪽.

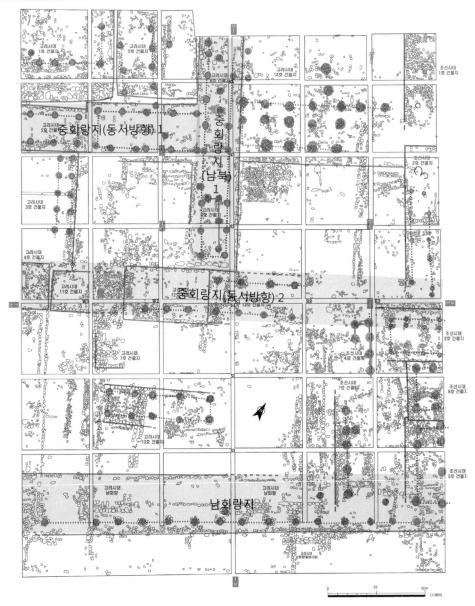

도 32 | 성주사지 8차 조사지역 구분 (百濟文化財研究院 2012a 수정)

를 전제하면 고려시대 17호 건물지의 先築 건물지는 남회랑지와 연결된 회랑으로서 기능한 것이며, 화재로 소실된 이후에는 고려시대 17호와 19호, 21호 건물지로 나뉘어 後築된 것으로 보아야 한다.

이밖에 고려시대 2호와 4호 건물지는 고려시대 17호 건물지 동쪽 기단부와 연결된 것으로 보아 이 역시 회랑일 가능성이 매우 크다. 또한 〈도 32〉에서와 같이 고려시대 2호 건물지 동쪽으로는 고려시대 6호와 8호, 9호 건물지가 'ㄱ'자 형태로 맞닿아 조성되었는데, 고려시대 4호 건물지 동쪽으로도 고려시대 11호와 12호, 13호 건물지가 동서 축선에 따라 일직선으로 조성되어 이 건물들 간에 연계성이 관찰된다.

이를 전제하여 위 건물들의 성격과 기능을 재구성해보면, 이들 건물지는 모두 회랑으로서 기능하였을 가능성이 매우 크며, 이는 성주사 창건기 단계의 중행랑(회랑)으로의 추정이 가능하다. 이러한 중행랑은 성주사 창건기 가람의 통행로이면서 사역의 공간을 나누는 기능도 포함되었을 것인데, 공간 구성상 이들 건물이 존재할 당시 이 일대에는 최소 3개의 구역이 마련되었던 것으로 보인다.

한편 증·개축된 흔적이 가장 잘 반영된 건물은 통일신라시대~고려시대 1호 건물지로 보고자에 따르면 성주사 창건기 무렵에 최초 조성된 건물로 밝히고 있어 주목된다.[67]

통일신라시대~고려시대 1호 건물지는 2차례에 걸쳐 조성된 것인데, 건물의 기단은 변화하더라도 내부시설에는 변화가 없어 선행건물이 폐기된 이후 상면시설을 재활용하여 건물을 개축한 것이다. 특히 건물 북쪽기단과 서쪽기단 외부에서는 건물의 폐기시점을 알 수 있는 와적층과 소토층이 확인되었는데, 와적층에서는 다량의 세판연화문수막새와 당초문암막새, '(咸)雍'名 명문와가[68] 출토되어 대략 11세기 말경 이후에 선행건물이

---

67) 百濟文化財研究院 編, 2014a, 앞의 보고서, 34쪽.
68) 보고서에 따르면 이 명문와의 명문을 '(咸)雍一平年巳(己)酉七月日聖住寺造…'로

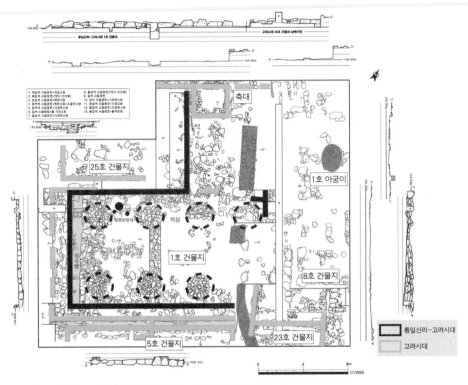

도 33 | 통일신라∼고려시대 1호 건물지 평면도 (百濟文化財研究院 2014a)

화재로 소실된 것임을 알 수 있다.

　11차 조사지역인 북동쪽 일대에서는 승방[69]터로 추정되는 여러 건물지
와 시설물이 조사되었다. 이 중 축대시설은 전면의 길이가 47.5m에 달하
는데, 1차 축대의 경우 길이 약 150cm 내외의 판석을 수직횡렬식으로 박

　판독하고 있다(百濟文化財研究院 編, 2014a, 앞의 보고서, 244쪽). 그러나 이를 다시
　면밀히 검토한 결과 '(咸)雍五年己酉七月日聖住寺造…'로 판독되어 이를 수정하고
　자 한다(임종태, 2014, 앞의 논문).
69) 승방은 불법승 삼보 중 승니가 주거하는 坊舍를 의미한다(한국불교대사전편찬위원
　　회, 1982, 『한국불교대사전』, 보련각, 884쪽).

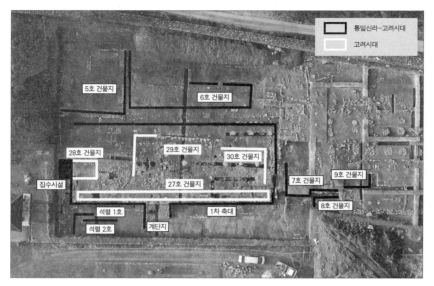

도 34 | 성주사지 11차 조사 통일신라~고려시대 건물지 현황 (百濟文化財硏究院 2014b)

아 기단을 마련한 것이 특징이다.[70] 1차 축대의 중심연대는 전형적인 성
주사 창건기 기단 조성방식을 채택해 기단을 시설한 것으로 보아 성주사
창건기에 초축된 것임을 알 수 있다. 축대 전면에는 강당과 왕래하였던
흔적으로 추정되는 계단지와 답도도 확인되었다. 한편 2차 축대는 축조된
방식이 1차 축대와는 다른 석축식으로 조성되었고, 내부 채움토에서 고
려시대 중·후기의 기와편이 다량으로 출토되어 고려시대 말경에 증축된
것임을 알 수 있다.[71]

한편, 축대시설 상면에는 다양한 구조의 건물지가 조성되어 있다. 이 중
고려시대 29호 건물지는 아궁이와 온돌시설이 구비된 점으로 보아 주거
목적을 위한 생활시설물일 가능성이 크다. 아울러 축대 서쪽 경계에는 장

---

70) 일부 구간은 상면 높이를 맞추기 위해 판석과 할석 등을 혼합해 보강한 흔적들도 관
   찰된다.
71) 百濟文化財硏究院 編, 2014b, 앞의 약식보고서, 28쪽.

제Ⅱ장 성주사지 유적개요와 가람의 변천단계 71

도 35 | 축대 전면의 대석기단 (百濟文化財研究院 2014b)

축대시설 상면

강당지

도 36 | 강당지와 축대시설 (百濟文化財研究院 2014b 수정)

방형의 집수시설(추정 연지)이 확인되어 이 일대가 유력한 승방지로 추정되고 있다.[72]

이밖에 현 북쪽담장 외부는 2009년도에 시굴조사가 실시되기도 하였는데, 이때 현 북쪽담장과 인접해 대석기단으로 축조된 건물지와 연화문수막새, 해무리굽 청자편 등이 다량으로 출토된 바 있다.[73] 이로 보아 성주사 창건기 가람의 범위는 현 사역을 벗어나 북쪽으로 확대될 가능성이 매우 크다.

훗날 이 일대에 대한 정밀조사가 시행된다면 성주사 창건기 가람의 정확한 범위와 건물배치 양상을 이해하는 데 많은 도움이 될 것이다.

이상과 같이 성주사지에서 확인된 건물지는 가람 중심부에서 2차례의

---

72) 百濟文化財研究院 編, 2014b, 앞의 약식보고서, 29쪽.
73) 百濟文化財研究院 編, 2009, 「보령 성주사지(주변지역) 정비사업부지 내 문화유적 시굴조사 약식보고서」, 百濟文化財研究院.

도 37 | 현 사역 북쪽담장 외곽 N9W6 건물지 기단 노출
(百濟文化財研究院 提供)

도 38 | 2009년 시굴조사 당시 출토된 막새류 일괄
(百濟文化財研究院 提供)

중복된 양상을 보이지만 주변인 서쪽과 북쪽 일대에는 1차례의 중복양상
만이 확인된다. 이러한 건물의 중복양상은 성주사의 가람변천을 대변하는
것이며, 이를 전제하면 3차례에 걸쳐 성주사의 가람이 변화된 것을 알 수
있다. 이는 성주사가 창건되기 이전의 초기 가람(I기)과 성주사의 창건기
가람(II기), 성주사 중건기 가람(III기)이 그것이다.

4. 소결

  성주사지에 실시한 13차례의 고고조사 현황과 가람 중심부를 대상으로
정리된 성주사의 가람변천, 발굴조사 결과에 따른 층위 및 건물지 중복양
상에 기준을 두어 성주사의 가람변천 과정을 단계별로 나누어 보았는데,
이를 정리하면 다음과 같다.
  1968년부터 시작된 성주사지 조사는 현 담장으로 설정한 사역 전역을
대상으로 46년 동안 총 13차례에 걸쳐 체계적인 조사가 진행되었다. 이
중 1991년부터 1996년도까지 가람 중심부를 대상으로 벌인 정밀조사 결
과, 성주사의 가람변천 과정이 발표되었는데, 이를 요약하면 烏合寺 創建

期→烏合寺 重建期→聖住寺 創建期→三千佛殿 創建期→三千佛殿 重建期가 이에 해당한다. 이후 가람 중심부와 연계된 주변지역을 대상으로 총 5차례에 걸쳐 정밀조사가 실시되어 최근에 마무리되었는데, 이들 지역에서는 위와 같은 5단계의 변천 과정이 확인되지 않았다.

그러나 최근까지 필자가 연구한 내용을 토대로 사역 전역에서 확인되는 소토·폐기층과 사역 내 남아 있는 중요건물, 회랑과 같은 경계 시설물에 초점을 맞추어 검토한 결과 성주사는 총 3단계에 걸쳐 가람이 변천된 사실을 알 수 있었다.

이를 정리하면 먼저 I기는 성주사 창건 이전의 초기가람으로 기존에 오합사기로 알려진 가람이다. 초기가람이 존속할 시점의 공간적 범위는 1차 소결층의 범위로 보아 현 가람 중심부를 벗어나지 않는 한정된 공간에 조성된 것으로 보인다. 다음으로 II기는 성주사 창건기 가람으로 2차 소결층의 범위로 보아 이때 이르러 사역의 범위가 확장되고 이들 공간에 여러 건물지가 조성된 것으로 보인다. III기는 성주사 중건기 가람으로 성주사 창건기 가람이 소실됨에 따라 새롭게 재건된 가람인데, 이러한 중건기 가람은 현 사역의 범위가 대부분 이에 해당하며, 이때 이르러 비로소 사역이 확정된 것임을 알 수 있다.

성주사 창건 이전의 초기가람

성주사 창건 이전의 초기가람은 『崇嚴山聖住寺事蹟記』의 기록에 따라 백제의 29대 임금인 법왕이 창건한 오합사로 알려진 가람이었다.[74] 가람 중심부 일원에 실시한 발굴조사에서 이를 증명할 수 있는 구체적인 물질 자료가 확인됨에 따라 이를 백제시대 오합사로 규정하였던 것이다.[75]

앞서 Ⅱ장에서 성주사지 가람 중심부 일원에 형성된 소결층을 기준으로 검토한 결과 성주사가 창건되기 이전에 가람이 존재한 것은 사실이다. 그러나 기왕에 알려진 층위와 건물의 기단 흔적이 오합사 창건기 또는 중건기로 구분되는지는 불분명하였다. 아울러 고고학적인 관점에서 성주사 창건 이전의 초기가람을 백제 오합사로 인정할만한 적극적인 물질자료의

---

74) '聖住禪院者, 本隨煬帝大業十二年乙亥, 百濟國二十八世惠王子法王所建烏合寺, 戰勝 爲冤魂, 願昇佛界之願刹也.' 성주선원은 본래 수양제 대업 12년 을해년(615)에 백제 국 제28대 혜왕의 아들인 법왕이 창건한 오합사였다. 전쟁에서 이긴 뒤 원혼들을 위 해, 그들이 불계에 오르기를 기원하는 원찰이다(최영성, 2009, 「聖住寺 관련 고문헌 자료 집성」, 『성주사지 정비 기본계획』, 부여군문화재보존센터, 189쪽).
75) 이를 오합사 창건기 가람과 오합사 중건기 가람으로 구분하였다.

존재여부와 가람의 조성시기가 문헌기록과 일치하는가에 대해서는 논란의 여지가 있다.

또한, 성주사 창건의 기념비인 『聖住寺碑』편과 성주사 祖師인 낭혜화상 무염대사가 입적하면서 건립된 『朗慧和尙白月寶光塔碑』에는 오합사와 관련된 글귀가 전혀 확인되지 않고 있다. 사원의 내력과 관련된 가장 중요한 사실임을 고려할 때 상당히 의문스러운 점이다. 즉 앞서 건립된 금석문에는 오합사에 대한 직접적인 기록이 없고 오직 『崇嚴山聖住寺事蹟記』만이 성주사의 전신을 오합사로 단정하였다는 점에서 다각적인 검토가 필요하다.

이에 본 장에서는 그동안 백제 오합사기로 알려진 성주사 창건 이전의 초기가람을 고고학적인 측면에서 면밀하게 검토해 보도록 하겠다. 구체적으로는 성주사지 사역 전역에 형성된 소결층 가운데 가람 중심부 일원의 1차 소결층 하부 유구를 대상으로 하며, 이들 건물지가 분류되는지에 중점을 둘 것이다. 아울러 초기가람을 구성하는 건물지의 기단과 축조방식, 그리고 주변에서 출토된 유물을 종합하여 초기가람이 조영된 중심연대와 건물 배치형태 등을 제시할 것이며, 최종적으로는 당대 금석문 기록을 참고하여 초기가람의 조영주체와 폐기시점, 폐기원인 등을 추론해 볼 것이다.

1. 초기가람의 구성

성주사 창건 이전의 초기가람은 강당지와 동편건물지, 금당지, 중문지, 오층석탑 하부 축기부, 회랑지 등으로 구성되어 있으며, 조사결과에 따라 오합사 창건기과 중건기로 구분하였다.

이에 본문에서는 고고조사 결과를 토대로 층위에서 초기가람이 1·2차로 구분이 되는지 또는 최초 건립된 이후 이를 유지하였는지를 검토할 필요가 있다. 층위는 최초 대지조성 층을 기준으로 그 상면에 건립된 각 건물지의 기단토 현황과 조성방식 등이 대상이며, 이를 통해 초기가람이 선·후 관계에 따라 창건기와 중건기로 구분이 가능한지를 중점적으로 검토해 보겠다.

1) 강당지와 동편건물지

성주사지 寺域 전체의 대략적인 층위형성은 천석과 모래가 많은 하천 퇴적토(자연퇴적토)를 최하층으로 황갈색사질점토층→흑갈색사질점토층이 차례로 쌓여 생토를 이루고 있다.[76] 이들 층위는 순수 퇴적층으로 사역 북쪽의 강당지 부근부터 남쪽의 중문지까지 약 150~200cm의 레벨차로 완만한 경사면을 이루며 퇴적되어 있다.

예불건물이 위치한 가람 중심부 일원은 굴곡진 지형의 경우 평탄화를 위한 인위적인 대지조성의 흔적도 관찰되지만, 전체적으로는 퇴적층인 황갈색사질점토층 상면에 별도의 기단토를 구축하고 건물을 조성하였다.

이 중 강당지는[77] 중심가람에서 북쪽에 위치한 건물로 조사결과 총 5차례에 걸쳐 기단 범위가 변화한 것으로 구분하였다.[78] 특히 강당지 남쪽 기단부는 지속적인 증축이 관찰됨에 따라 변천된 과정을 분명하게 알 수 있으며, 이전에도 이 지점을 선후양상이 가장 뚜렷하게 반영된 곳으로 보

---

76) 성주사지 7~8차 조사 당시 가람 외곽의 층위에서도 이와 동일한 퇴적층이 확인되었다(百濟文化財研究院 編, 2011, 앞의 보고서, 16쪽 ; 百濟文化財研究院 編, 2012a, 앞의 보고서, 25쪽).

77) 강당지는 흑갈색사질점토를 건물의 기단토로 사용하였으며, 기단이 남아있는 하단부의 층위에서는 일부 傾斜築土 흔적도 확인되었다. 이는 인위적인 방식에 의해 성토한 흔적으로 추정되는데, 이는 건물의 기단토를 구축하기 위한 과정에서 건물을 높이기 위해 북쪽 상단의 흙을 건물이 들어설 공간에 성토하여 채운 것이다.

78) 이 중 초기가람기는 오합사 창건기 강당과 중건기 강당으로 분류하였다(忠南大學校 博物館 編, 1998, 앞의 보고서, 35~39쪽).

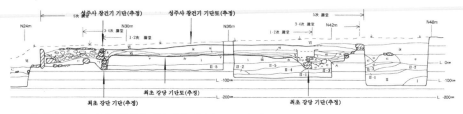

도 39 | 講堂址 기단토 층위에 따른 단계 재설정 (임종태 2013)

았다.[79] 차례대로 조성된 강당지의 모든 기단토가 성토방식에 의해 마련된 점을 고려한다면 단계별 기단과 기단토의 흔적이 남아 있었을 것이고, 이에 따른 선후 구분이 상대적으로 수월하였을 것이다.

그러나 〈도 39〉에서와 같이 강당지에 남아있는[80] 단계별 기단과 기단토에 따라 건물의 변화과정을 재검토하면, 1·2차 강당지의 기단과 기단토는 대부분 관찰되지만 가장 중요하고 대대적인 건축 행위가 이루어진 성주사 창건기(3차) 강당의 기단과 기단토는 그 흔적이 불분명하다. 아울러 4차 강당의 범위 역시 뚜렷하게 구분되지 않으며, 최종 단계인 5차 강당에 이르러서야 강당의 범위가 확정되고 있다.

건물이 조성되는 과정에서 기단과 기단토의 관계를 상정해 본다면 위와 같은 구분은 쉽사리 납득하기 어려운 점이 있다. 이 관계는 건물의 기단이 유실 또는 증·개축되는 과정에서 나타나는 단절된 층위의 흔적을 말하는데, 이 흔적이 최종 단계인 5차 강당 기단토 내부 층위에서 검출되어야 하지만 그렇지 않고 있다. 쉽게 말해 3차와 4차 강당이 확장 또는 개축되는 과정에서의 흔적이 층위에서 분명하게 나타나야 하지만, 이러한

---

79) 忠南大學校博物館 編, 1998, 앞의 보고서, 37~38쪽.
80) 성토방식에 의해 강당이 조성되었기 때문에 단계별 강당의 기단과 기단토는 모두 남아 있을 수밖에 없다.

흔적이 5차 강당지 기단토 층위에서는 전혀 확인되지 않는 것이다.[81] 결과적으로 〈도 39〉에서와 같이 강당에 남아있는 기단과 기단토의 범위에 따라 구분한다면, 총 3차례에 걸쳐 강당이 변화된 것으로 보아야 할 것이다.

이 중 초기가람의 강당지는 〈도 39〉에서 최하층 유구가 이에 해당하며, 'i'층까지를 초기가람 강당지의 기단토로 볼 수 있고, 이와 관련된 최하층 기단이 최초 강당지의 기단으로 이해할 수 있다. 아울러 강당지 기단토 최상층인 'ix'층은 성주사 창건기 무렵에 조성된 강당지의 기단토이며, 이와 관련된 상층의 기단이 성주사 창건기 강당지의 기단으로 해석된다.

한편 〈도 39〉에서 'ㄱ'층과 'ㄷ'층 사이의 석재는[82] 기존에 성주사 창건기에 해당하는 3차 강당의 기단 흔적으로 구분하였는데, 축석된 흔적과 남아있는 기단토가 없어 사실상 건물의 기단으로 볼 뚜렷한 근거가 없다. 이 석재는 초기가람 강당지 기단과 일정한 거리를 유지하는 것으로 보아 의도적으로 시설된 석재임을 짐작하게 하는데, 정확한 용도는 알 수가 없다.

그런데 〈도 39〉의 'ㄱ'층과 'ㄷ'층 사이에 시설된 석재와 동일한 높이의 석재가 〈도 40〉의 강당지 북쪽 기단부에서도 확인되어 주목된다. 특히 강당지 북쪽 기단부와 석재 사이에는 모래퇴적층과 갈색점토층이 'ㅂ'자형으로 퇴적된 것이 확인되는데, 이는 건물 외곽의 배수 또는 낙수의 흔적임을 짐작하게 한다. 이를 전제하여 〈도 40〉에서 확인된 강당지 북쪽 석재의 성격을 규명해보면, 이 석재는 건물 외곽에 설치된 배수로의 외벽일 가능성이 크다. 아울러 이와 유사하게 시설된 〈도 39〉의 'ㄱ'층과 'ㄷ'층

---

81) 〈도 39〉의 'ㄱ'층은 上層基壇에 해당하는 基盤土로 추정되는데, 이 기반토는 대체로 남아있지만 3차 강당 기반토는 정확히 구분되지 않는다. 이는 건물의 증축에 따른 유실로 보기 어려우며, 층위에서도 확인할 수 있듯이 5차의 가람이 증축되면서 기단토를 채운 것으로 보아야 할 것이다(임종태, 2013, 앞의 논문).

82) 도면상에서 이 부분을 층위로 기록하지 않고 있어 필자는 이를 석재로 판단하였음을 밝혀둔다.

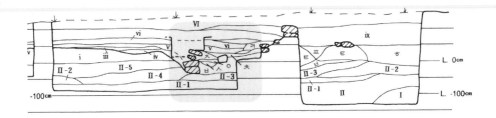

(강당)
Ⅰ : 川石과 모래 많은 하천 퇴적토(생토)
Ⅱ : 점성 강한 황갈색 사질점토(生土)
Ⅱ-1 : 흑갈색 사질점토, Ⅱ-2 : 황갈색 점질토
Ⅱ-3 : 小石 혼합된 갈색 사질점토
Ⅱ-4 : 모래와 5cm 내외 小石 섞인 명갈색 사질점토
Ⅱ-5 : 황갈색 사질점토
ⅰ : 흑갈색 사질점토(금당 Ⅲ층과 유사하나 흑색 강함)
ⅱ : 와편·모래 섞인 갈색 사질점토
ⅲ : 명갈색 사질점토+마사토 혼입, ⅳ : 마사토
ⅴ : 소토+목탄·와편 약간 섞인 암갈색 점질토
ⅵ : 흑갈색 사질점토, ⅶ : 와편·돌 약간 섞인 갈색 사질점토
ⅷ : 무른 흑갈색 사질점토, ⅸ : 백자·와편 섞인 흑갈색 부식토
ⅹ : 단단한 갈색 사질점토

(강당북쪽 외부)
ㅂ : 와편 약간 섞인 암갈색 점질토
ㅅ : 모래퇴적층
ㅇ : 갈색 점토층
ㅈ : 와편 혼입된 사질점토
ㅊ : 갈색사질점토 다짐층
ㅋ : 와편 섞인 부슬부슬한 흑갈색 사질점토
ㅌ : 소토·와편·小石 섞인 점성있는 흑갈색 사질점토
ㅍ : 와편·숯 섞인 흑회색 사질점토
ㅎ : 와편·소토 많이 섞인 단단한 사질점토

도 40 | 講堂址 북쪽기단부 세부층위도 (忠南大學校博物館 1998)

사이의 석재 역시 이와 같은 배수로 외벽일 것으로 판단된다. 결국, 이 석
재들은 남·북쪽기단과 일정한 간격을 두고 시설된 점과 그사이에 퇴적
된 층위로 보아 최초 강당이 건립되는 시점에 함께 시설된 배수로 외벽일
가능성이 높다.

초기가람 강당지의 1·2차 구분은 강당지 동쪽기단과 동편건물지에서
도 확인된다.[83] 강당지 동쪽 기단부에서 구분되는 요소는 전석혼축기단
외곽에 형성된 1·2차 폐기층을 주요 근거로 지목하였다.[84] 다시 말해 기
단 전면에 형성된 2개의 폐기층을 선후인 1·2차로 구분한 것이다. 건물
의 폐기층에 기준을 두어 이전 가람과 이후 가람으로 전환되는 근거로 삼

---

83) 忠南大學校博物館 編, 1998, 앞의 보고서, 37~39·44~46쪽.
84) 2매의 積石(1차)과 그 상면의 塼積(2차) 사이에 형성된 2개의 폐와층이 이에 해당
한다(忠南大學校博物館 編, 1998, 앞의 보고서, 44~46쪽).

도 41 | 강당 동쪽 및 강당 동편건물지 하부유구 중복 층위도 (忠南大學校博物館 1998)

았다는 점에서 납득할 만하다.

그러나 〈도 41〉에서와 같이 1차 폐와층은 경사면에 따라 형성되어 있는데, 이는 1차 강당지의 동쪽 기단석과 연결된 구지표층을 고려할 때 어색한 측면이 있다. 쉽게 말해 〈도 41〉의 층위 도에서 1차 폐와층이 형성될 당시 1차 부석기단은 지표가 아닌 땅속에 묻혀있었던 것을 알 수 있는데, 이를 전제하면 1차 강당의 지대석은 노출되지 않았다는 것을 의미한다.

건축학적으로 건물이 축조되는 과정에서 기단의 외면은 건물의 외관에 해당하기에 당연히 노출될 수밖에 없고, 이와 관련된 구지표층은 대부분 수평을 이루게 된다. 아울러 건물이 폐기된 이후에 형성되는 폐와층은 기단 외곽과 지붕 범위에 따라 형성되기 마련이다. 따라서 건축학적으로 1차 강당의 기단은 건물의 외관에 해당하기에 당연히 노출되었을 것이며, 이와 관련된 기단 외부의 구지표층은 〈도 42〉에서와 같이 평지이었을 가능성이 매우 크다. 건물이 폐기되는 과정에서 형성된 폐와층은 구지표층인 평지에 형성될 수밖에 없고 대부분의 건물지 폐와층이 수평적으로 확인되는 것도 이와 같은 맥락이다.

한편 1차 강당지 동편의 동편건물지는 강당 좌우에 있는 부속 건물로 종루지나 경루지로 이해하였는데, 이 역시 초기가람의 변천이 잘 반영된 것으로 보았다.[85] 이 중 1차 동편건물지의 서쪽기단은 〈도 41〉에서와 같이 1단만이 확인되었으며, 이와 대응되는 동쪽기단은 〈도 42〉에서와 같이

---

85) 忠南大學校博物館 編, 1998, 앞의 보고서, 44쪽.

도 42 | 강당 동편건물지 동쪽 기단부 중복 단면도 (忠南大學校博物館 1998)

최대 3단까지 남아있는 것을 알 수 있다. 이로보아 1차 동편건물지의 서쪽기단은 동쪽기단과 동일하게 최대 3단까지 축석되었을 것이며,[86] 이는 2차 강당지의 기단석과 같은 높이까지 조성된 것임을 알 수 있다.[87]

그렇다면 〈도 41〉의 '1-1'·'1-2'층은 1차 강당지와 동편건물지가 폐기된 이후 성토·정지된 층위로 이해할 수 있는데, 동편건물지의 서쪽기단이 최대 3단까지 축석되었던 사실을 인지한다면 기단과 기단토 유실에 따른 단절된 흔적이 층위에서 분명하게 확인되어야 하지만 그렇지 않고 있다.

즉 건물의 기단이 유실된 흔적과 이에 따른 층위 구분이 전제되어야만 건물의 선후관계가 성립되는데, 1차 동편건물지는 이러한 흔적이 전혀 검출되지 않는다. 결과적으로 강당 동쪽의 1차 동편건물지는 〈도 41〉의 '2'층(소토폐기층)이 직접적인 건물의 폐기층일 가능성이 크다.

이상과 같이 성주사 가람의 변천양상이 가장 잘 반영된 강당지와 동편건물지를 층위로 검토한 결과, 강당은 총 3차례의 변화과정을 거친 것으로 보인다. 이 가운데 가장 하층에 조성된 1차 강당은 성주사 창건 이전의 초기가람기 강당지로 추정되며, 이러한 1차 강당은 2차례가 아닌 초축된 이후 성주사가 창건될 무렵까지 사용된 것임을 알 수 있었다. 아울러 동편건물지 역시 층위에서 선후가 따로 구분되지 않는 점으로 보아 최초 조

---

86) 건축학적으로 건물을 조성하기 위해서는 기단토의 높이 일정해야만 초석과 적심을 시설할 수 있다. 이에 따라 건물 기단의 높이는 서로 같을 수밖에 없다.

87) 〈도 41〉과 〈도 42〉의 L. 0cm를 기준으로 한 것이다.

성된 이후 성주사가 개창될 무렵까지 존속된 것으로 보인다.

2) 금당지와 중문지

성주사지 금당지와 중문지는 발굴조사 결과 총 3차례에 걸쳐 변화된 것으로 이는 앞서 검토한 강당지와 대비된다. 다만 중문지의 경우 최종단계인 3차 중문이 성주사 창건기로 비정됨에 따라 1·2차 중문지는 오합사기(초기가람기)의 창건기와 중건기로 구분되었다.[88] 그러나 금당지는 초축된 이후 변화가 없이 성주사 창건기 금당으로 이어지고 있어 주변 건물과는 차이가 있다. 쉽게 말해 초기가람기를 구성하는 금당은 1차례, 중문은 2차례 걸쳐 조성된 것으로 이해한 것이다. 이를 차례대로 검토하면 다음과 같다.

먼저 금당지는 3차례 변천하였으며, 이 중 1차 금당은 층위 적으로 가장 하층에 위치해 이를 초기가람기의 금당 흔적으로 인식하였다.[89] 그러나 1차 금당지는 생토 층에서 확인된 적심토 3기만이 이의 흔적에 해당하며, 기단과 기단토가 전혀 확인되지 않아 층위에 따른 구분이 어렵다. 금당지의 유일한 흔적인 적심토는 상면 생토 층(자연 퇴적층)을 굴광한 후 회흑색의 진흙과 점질토를 4~5차례 다지고 그 안에 괴석이나 할석을 1~2기 정도 포함해 조성한 것이다.[90]

적심은 건물의 조영 과정에서 기단과 기단토가 마련된 이후에 시설된다. 이를 전제하면 〈도 43〉의 1차 금당 적심토는 생토(Ⅲ층)와 대지조성층(Ⅳ층)을 굴광하고 시설한 것이므로 적심이 시설된 Ⅲ층과 Ⅳ층은 1차 금당의 기단토가 된다. 그러나 도면에 기록한 Ⅲ층은 생토 층이며, Ⅳ층은

---

88) 忠南大學校博物館 編, 1998, 앞의 보고서, 57쪽.
89) 忠南大學校博物館 編, 1998, 앞의 보고서, 48~49쪽.
90) 忠南大學校博物館 編, 1998, 앞의 보고서, 57쪽.

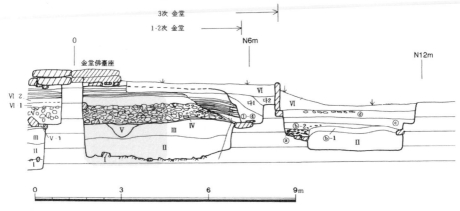

0　　　　3　　　　6　　　　9m

도 43 | 金堂址 북쪽 층위도 (忠南大學校博物館 1998)

사역 조성을 위한 대지조성 층으로 밝히고 있어 모순된 점이 찾아진다.[91] 아울러 1차 금당의 기단이 시설되었을 경우 기단 높이를 고려한다면 이를 적심으로 인정하기도 어렵다.

결론적으로 초기가람의 금당은 현재 그 흔적을 명확히 확인할 수 없고, 이

도 44 | 금당지 동남모서리 암거 모습
(忠南大學校博物館 提供)

에 대한 세부양상과 편년적 검토가 사실상 불가능하다.

다만 대략적으로나마 초기가람의 금당 조성 시점을 유추할 수 있는 시설로 암거가 있어 주목된다. 암거는 현 금당지 동남측 모서리에서 외부로 연결되는 석제

---

91) 기단토는 대지조성 층 상면에 건물의 기반 조성을 위해 단독으로 쌓인 토층을 말하며, 대지조성은 건물 조성을 위한 단독 층위가 아닌 사역 조성을 위한 정지 층이므로 이를 건물의 기단토로 사용할 순 없다. 아울러 이를 기단토로 인정할 경우 기단은 시설될 수 없다.

암거시설로 동남회랑지 근처까지 이를 확인할 수 있으며, 이 구간에서 유단식수키와의 홈을 맞댄 와관암거로 변화하고 있다.

도 45 | 동남회랑 와관암거 모습 (忠南大學校博物館 提供)

암거는 최초 가람의 조영에 앞서 대지조성 중 배수가 잘되도록 지하에 설치한 구조물인데, 이중 와관암거에 사용된 유단식수키와는 백제 제와술에 의해 제작된 기와임을 밝히고 있다.[92] 즉 금당지 동남쪽 모서리에서 동남회랑으로 연결된 암거는 금당 조영보다 앞선 시기에 만들어졌으므로 초기가람을 구성하는 건조물(유구) 가운데 가장 이른 시기에 조성된 유구임에는 분명하다. 이에 암거가 조성된 층위를 파악하여 이와 연결된 유구의 존재양상을 검출하는 것이 무엇보다도 중요하다.

먼저 와관암거가 시설된 층위는 〈도 46〉에서 'Ⓧ(흑갈색 사질점토)'층으로 'Ⅴ'층을 굴광하고 시설한 것임을 알 수 있다. 그런데 'Ⅴ'층과 'Ⅳ'층은 대지조성을 위한 성토 층으로 이는 사역의 평지화, 즉 지대가 높은 북

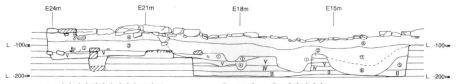

Ⅱ : 점성 강한 황갈색 사질점토(생토)	① : 소토층, ② : 갈색 사질점토
Ⅳ : 흑회색 점질토	③ : 흑갈색 사질점토, ④ : 무른 암갈색 사질점토
Ⅴ : 적색 암반토 섞인 흑갈색 사질점토 성토층	⑤ : 와편 약간 섞인 갈색 사질점토
Ⓧ : 흑갈색 사질점토(암거 와관 통과층)	⑥ : 명문와 · 백자 섞인 흑갈색 부식토
	⑦ : 폐와층, ⑧ : 와편 다량 섞인 흑갈색 부식토

도 46 | 東南回廊 S3E2-A · B pit 5次 基壇아래 통과 층위 (忠南大學校博物館 1998)

92) 忠南大學校博物館 編, 1998, 앞의 보고서, 50~51쪽.

제Ⅲ장 성주사 창건 이전의 초기가람 85

Ⅱ : 점성 강한 황갈색 사질토(생토) b : 갈색 암반토, c : 흑갈색 사질점토 ① : 갈색 사질점토, ② : 갈색 사질점토
Ⅳ : 흑회색 점질토 d : 괴석과 와편 채움층 ③ : 와편 거의 없는 흑갈색 사질점토
Ⅳ-1 : Ⅳ보다 색조 옅은 흑갈색 점질토 (3차 대석수적기단 기단토) ④ : 불탄 기와 폐와층, ⑤ : 폐와층
Ⅴ : 적색 암반토 섞인 흑갈색 사질점토 성토층 d-1 : 와편 섞인 갈색 사질점토 ⑥ : 단단한 흑갈색 사질점토, ⑦ : 폐와층
Ⅴ-1 : 암반토 거의 없는 흑갈색 사질점토 d-2 : 소토·와편·괴석 채움 ⑧ : 와편 약간 있는 갈색 사질점토
Ⅴ-2 : 적색토 소량 있는 갈색 사질점토 d-3 : 목탄 섞인 소토층 ⑨ : 폐와층, ⑩ : 소토층
a : 약간 단단한 명황색 사질점토 d-4 : 순수 소토층 ⑪ : 소토 거의 없는 흑갈색 사질점토

도 47 | 西南回廊 S3W2 pit NS Tr. 東壁 층위 (忠南大學校博物館 1998)

쪽의 흙을 비교적 낮은 지대인 남쪽에 성토한 흔적으로 볼 수 있다.[93] 이
러한 성토 대지조성 층인 'Ⅴ'층을 굴광하고 시설한 와관암거는 금당의
동남측 모서리를 관통하는 석제암거와 연결되어 초기가람의 금당과 동일
시점 혹은 이보다 이른 시기에 조성된 유구로 볼 수 있다. 그러나 대지조
성 층인 'Ⅴ'층과 'Ⅳ'층은 남쪽의 중문지와도 연결되는데, 이곳에서는 이
들 층위를 중문 기단의 기단토로 이해하고 있다.

중문지는 초기가람기에 해당하는 유구를 1·2차로 구분하였는데, 이
중 중문지의 1차 부석기단 기단토는 〈도 47〉에서 암거가 시설된 'Ⅴ'층으
로 암거가 시설된 시기와 같은 시점으로 이해하였다.[94] 즉 대지조성층인
'Ⅴ'층을 초기가람의 1차 중문지 부석기단의 기단토로 이해한 것이다.

그러나 중문지 1차 부석기단의 기단토로 이해한 'Ⅴ'층을 적심이 시설
된 건물의 구지표로 보기에는 무리가 있다. 〈도 47〉의 'Ⅴ'층은 북쪽과 남

---

93) 忠南大學校博物館 編, 1998, 앞의 보고서, 57쪽.
94) 이 부분에서 1차 중문지 부석기단은 'Ⅴ'층에 段을 주어 기단을 조성한 것으로 추정
   하고 있는데(忠南大學校博物館 編, 1998, 앞의 보고서, 56쪽), 남아있는 기단석이 없
   어 이를 증명하기 어렵다.

쪽의 높이가 달라 수평을 이루는 기단토로 볼 수 없기 때문이다. 가령 1차 중문지 남쪽의 부석기단을 기단으로 인정하더라도 북쪽에서 이와 대응되는 기단의 흔적을 확인할 수 없어 이를 초기가람의 중문지 흔적으로 인식하기에는 한계가 있다. 결론적으로 중문지 최초의 기단 시설로 이해한 부석은 기단이 아닐 가능성이 크며, 이는 기단의 지반을 강화하기 위해 시설한 흔적으로 추정된다.[95]

반면 대지조성 층인 'V'층 위에 성토된 'V-1', 'V-2'층은 2차 중문지의 전석혼축기단과 연관된 기단토로 보인다. 특히 〈도 47〉에서 'V-1', 'V-2'층이 수평으로 형성되어 있고 상면에 적심석이 시설된 것으로 보아 이를 최초 중문지의 기단토로 보아도 무방할 듯하다.

이상과 같이 층위로 검토한 결과 초기가람 중문지의 기단은 전석혼축기단이 되며, 'V'층 상면에 수평을 유지하는 'V-1', 'V-2'층이 최초 기단토로 이해할 수 있었다. 아울러 중문지는 층위에서 2차례의 변천만이 확인되는 것을 알 수 있었고, 금당과 중문 사이에 있는 암거는 대지조성 층인 'V'층에 시설된 것으로 보아 전석혼축기단이 조성되는 시점에 함께 만들어졌을 가능성이 크다.

3) 목탑의 존재 여부

가람 중심부에 실시한 조사 중 현 오층석탑 하부에서 축기부(건물 기초

---

95) 이러한 지반 강화시설은 동일 사례에 따른 비교자료가 없다. 다만 적심토이기는 하나 이와 비슷한 용도로 시설한 흔적이 부여 관북리유적(김낙중, 2013, 「일본 도성제의 구조 · 성격과 백제 도성제와의 비교」, 『백제 도성제와 주변국 도성제의 비교연구』, 백제역사유적지구 세계유산등재추진단 · 충청남도역사문화연구원, 173쪽 〈사진 9〉)에서 확인되고 있다. 물론 이를 같은 기법으로 인식하기에는 무리가 따르겠지만, 두 사례 모두 건물의 기초를 다지기 위한 시설로 보이기에 추후 이에 대한 세부적인 검토가 요구된다.

시설)가 확인되었는데, 이를 성주사가 창건되기 이전에 조영한 목탑의 흔적으로 추정하였다.[96]

목탑은 불탑으로서[97] 부처의 진신사리를 봉안한 예불건물로 금당과 함께 가람을 구성하는 건물 중 가장 중요하게 인식한 건물이다. 또한, 고대 사원유적에서는 목탑과 금당의 배치를 설계할 때 계획적으로 이를 회랑으로 둘러 보호하는 형태가 보편적으로 확인되기에 상당히 중요시한 건물임에는 분명하다. 따라서 성주사 이전의 초기가람기에 목탑이 건립되었다면 배치상 금당의 전면에 위치하였을 가능성이 크며, 이에 따라 현 오층석탑 하부 축기부가 목탑의 흔적일 것으로 비정한 것이다. 이외 현 오층석탑 하부 축기부의 규모가 석탑의 기단 범위에 비해 지나치게 큰 점도 목탑의 존재 가능성에 무게를 실어주었다. 그러나 목탑의 흔적으로 비정한 오층석탑의 축기부는 몇 가지 의문스러운 점이 있다.

먼저 현 오층석탑 하부 토층조사에서 확인된 판축은 생토층을 약 105cm 정도를 파내고 흙을 7~15cm 두께로 쌓아 올린 것인데, 성주사지에서 확인된 건물지 중 유일하게 굴광판축에 의해 기반이 조성된 사례이다.[98] 판축의 범위는 남북방향의 경우 단일층으로 내·외부가 구분되지 않지만, 동서방향은 내부판축(A3층)과 외부판축(A4층)으로 확연히 구분되어 남북방향과 동서방향 간에 양상이 다르게 확인되었다.[99]

판축의 규모는 동서방향 내부의 경우 10.4m이고, 외부판축의 너비를 포함하면 14.2m가 된다. 남북방향은 동서와 달리 외부판축이 없는 14.2m

---

96) 忠南大學校博物館 編, 1998, 앞의 보고서, 95~97쪽.
97) 불탑은 일반적으로 塔婆·率堵婆라고도 한다. 솔도파는 산스크리트인 'stūpa'를 한자로 음역한 말이며, 탑파는 팔리어 'thūpa'를 한자로 음역한 것으로 모두 '方墳'·'高顯處'를 뜻한다. 그러나 스투파의 원래의 뜻은 '身骨을 담고 土石을 쌓아올린, 佛身骨(眞身舍利)을 봉안하는 墓'라는 의미가 있다. 다시 말해 탑파란 애초에는 '석가모니의 사리를 봉안하기 위한 축조물'에서 비롯된 것이다(『佛敎用語辭典』).
98) 忠南大學校博物館 編, 1998, 앞의 보고서, 72쪽.
99) 忠南大學校博物館 編, 1998, 앞의 보고서, 71쪽.

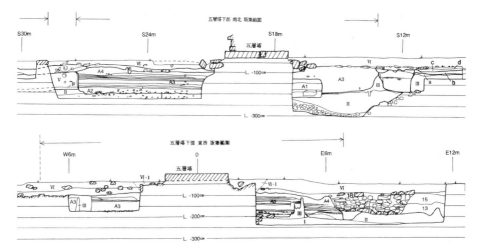

五層塔下部 南北 版築範圍

S30m　　　　　　　　　　S24m　　　　　　　　　　　S18m　　　　　　　　　　S12m

五層塔下部 東西 版築範圍

W6m　　　　　　　　　　0　　　　　　　　　　E6m　　　　　　　　　　E12m

도 48 | 石塔 下部 남북방향(上)·동서방향(下) 築基部 층위도 (忠南大學校博物館 1998)

로 확인되었다.[100] 이처럼 오층석탑 하부 축기부는 전체적인 규모로 보아 남북길이가 상대적으로 긴 장방형 또는 양변의 길이가 같은 방형의 평면 으로 조성된 것을 알 수가 있다.[101]

　현재 남아있는 석탑의 기단은 남북길이가 292cm, 동서길이는 290cm 인데, 이를 고려한다면 오층석탑 하부 판축의 규모는 석탑의 축기부라 하 기에는 그 규모가 지나치게 크다. 이러한 축기부가 조성된 시점은 초기가

---

100) 외부 판축의 경우 〈도 48〉에서 서쪽의 외부 판축 끝 선은 확인되지 않고, 동쪽은 후대의 돌채움으로 인해 교란되어 범위가 정확하지 않다. 또한, 외부 판축은 과정 을 고려할 때 내부 판축 이후에 시설되었을 가능성이 커 시기적으로 분명한 차이 가 있을 것이다. 따라서 동서방향의 판축 규모는 층위 상으로 확연히 구분되는 내 부 판축의 범위 10.4m가 정확한 거릿값으로 생각된다. 그러나 현재로서는 유구의 정확한 실견이 어려워 보고서의 내용을 따르겠다.

101) 필자는 2013년과 2015년 발표한 논문에서 오층탑 하부 축기부의 평면을 장방형으 로 이해하였으나, 동서방향 외부 판축의 범위를 포함했을 때 양변이 같아 평면 방 형이 인정됨으로 본고에서 이를 정정하겠다. 다만 추후보다 정밀한 조사가 이루어 져 이에 대한 정확한 현황이 파악되길 기대하겠다.

람 대지조성층인 'V'층을 굴광하고 축기부가 조성되었기에 이는 초기가
람기가 조영된 시점과 거의 동일할 것으로 추정된다.

고대 삼국시대부터 건립된 탑의 평면 형태는 모두 방형이며, 탑(지)의
축기부 역시 기단의 범위와 일치하도록 조성된다.[102] 따라서 성주사지 오
층석탑 하부 축기부의 평면은 방형일 가능성이 크고 이를 목탑의 흔적으
로 보기에 충분한 근거가 된다. 이로 인해 오층석탑 하부 축기부는 석탑
이 세워지기 이전인 오합사기에 마련한 목탑의 기초로 추정한 것이다.[103]
그러나 오층석탑 하부 축기부를 초기가람기의 목탑 흔적으로 인식하는데
몇 가지 문제점이 있어 이를 짚어보고자 한다.

먼저 첫 번째는 오층석탑 하부 축기부가 목탑의 축기부로 인정될 경우
목탑의 기단부 범위는 축기부의 범위와 일치할 가능성이 크다.[104] 이를
전제하면 초기가람기를 구성하는 목탑과 중문간의 거리, 목탑과 금당간
의 거리가 지나치게 가까이 인접하게 된다. 자세히는 금당과 오층석탑 하
부 축기부의 거리가 약 6m, 오층석탑 하부 축기부와 중문지의[105] 거리가
약 2~3m로 강당과 금당의 거리가 약 20m인 점을 고려한다면 세 건물이
가까운 거리에 밀집하게 된다. 더욱이 건물 지붕이 외곽으로 돌출되어 서
로 맞닿는 상황까지 고려한다면 그 거리는 더욱 줄어들게 된다.

---

102) 이러한 사례로 王興寺址 木塔址가 대표적인데, 축기부 조성 범위가 12×12m
로 기단의 규모에 따라 조성된 것임을 알 수 있다. 또한, 龍井里寺址도 기단의 변
(18.5m)과 축기부 조성 범위의 변(18.5m)이 서로 일치하며, 帝釋寺址와 彌勒寺址
木塔址도 축기부와 하층기단의 변이 서로 같다(國立扶餘文化財研究所 編, 2009b,
『한중일 고대사지 비교연구 I -木塔址편-』, 國立扶餘文化財研究所). 따라서 백제
의 탑(지) 축기부는 방형의 형태가 일반적이었던 것으로 보인다.
103) 忠南大學校博物館 編, 1998, 앞의 보고서, 72쪽.
104) 백제나 신라의 목탑은 기단의 범위와 축기부의 범위가 거의 일치하여 큰 차이를
보이지 않는다.
105) 초기가람기의 중문지 북쪽기단이 구체적이지 않아 정확한 수치는 알 수 없다. 다
만 중문지 상·하층의 남쪽기단 범위가 거의 일치하여 북쪽기단 역시 이와 비슷할
것으로 생각된다.

도 49 | 중문지와 추정 목탑지, 금당지 간에 거리비교 (忠南大學校博物館 1998)

　위의 배치적 형태를 직상에서 본다면 목탑과 금당은 남쪽으로 치우칠 것이며, 거리상 진입로인 중문과 맞닿고 금당과 강당과의 거리는 상대적으로 멀어 어색한 배치형태를 이루게 된다.[106]

　백제와 신라 또는 동시대 존재한 사원유적의 예불건물 배치는 불탑과 금당이 가람 내 중심에 위치하기 마련이다. 그러나 초기가람에서 확인된 목탑과 금당은 중심축이 남쪽으로 치우쳐 있어 어색한 측면이 있다. 결국, 이는 고대 사원유적의 건물 배치 간격 등을 비교하여 면밀한 검토가 필요하다.

　두 번째는 가람 중심부의 조사 과정에서 강당지와 금당지는 생활면으로[107] 추정되는 층위가 구체적으로 확인되었고, 이는 앞서 검토한 바와 같다. 그러나 오층석탑 하부 축기부 건물(추정 목탑지)은 생활면을 비롯한 폐기층의 흔적이 층위에서 뚜렷하게 검출되지 않았다.

　본문의 〈도 40〉을[108] 참고하면 강당지 남쪽 전면의 'ㄴ'층 상면은 최초 강당의 생활면으로 추정되는데, 이 층위는 금당지 북쪽 전면의 'ⓒ'층과 연결된다. 또한, 금당지 남쪽 전면의 1차 폐기층인 'a'층은 생토층인 'Ⅲ' 층 위에 형성된 것으로 보아 이가 곧 1차 금당지의 생활면일 가능성이 크며, 이 층위는 레벨(level)상 석탑 하부 축기부 건물과 공유된 생활면이었

---

106) 본문의 〈도 10〉 참조.
107) 건물이 존재했을 당시의 구지표면을 말한다.
108) 忠南大學校博物館 編, 1998, 앞의 보고서, 79쪽.

을 것으로 추정된다. 즉 강당지와 금당지, 축기부 건물까지 확인된 생활면은 현지표면에서 도면 레벨상 -50~-100cm 사이에 형성된 것이다. 따라서 초기가람의 생활면은 북쪽부터 남쪽까지 수평에 가까운 경사면이 이에 해당하는 것을 알 수 있다.

그러나 오층석탑 하부 축기부의 굴광 지점이 유일하게 확인되는 곳은 축기부 남쪽 지점인데, 이 구간에서 대지조성 층인 'Ⅴ'층을 굴광하여 축기부를 조성한 것이 확인되었다. 이 구간에서 확인된 굴광 흔적은 판축의 시작 지점이 되며, 이에 따라 현지표면에서 도면 레벨상 -100~-150cm 사이에는 목탑지의 생활면이나 폐기면의 흔적이 검출되어야만 한다. 다시 말해 성주사 사역의 대지조성이 성토방식에 의해 조성된 점을 고려한다면 분명 이 구간에서 초기가람의 추정 목탑지 또는 중문지의 생활흔적이 확인되어야 하지만, 이러한 흔적은 전혀 확인되지 않고 있다. 결과적으로 오층석탑 하부 축기부는 건물의 조성 흔적으로 볼 수 있겠지만, 이에 따른 생활 흔적이나 폐기층이 검출되지 않아 실제 이 자리에 목탑이 건립되었는지는 증명할 방법이 없다.

마지막으로 세 번째는 기와 건축물에 속하는 목탑도 주변 건물과 같이 기단과 출입시설이 마련되었을 것인데, 이러한 흔적이 오층석탑 하부 축기부 층위에서 전혀 확인되지 않아 건물의 존재 자체가 불투명하다. 물론 목탑의 기단부가 후대 삭평되어 상면부가 유실되었을 경우 그 흔적은 남지 않을 수 있다. 그러나 성주사지는 최초 조성단계부터 각 가람기의 조

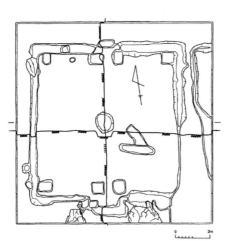

도 50 | 부소산폐사지 목탑지 평면도
(國立扶餘文化財硏究所 2009)

성이 모두 성토방식에 의해 대지를 구축하였으므로 기단이 시설된 凹構의 흔적은 잔존할 수밖에 없다.

기단이 시설된 凹構의 흔적은 부여 부소산폐사지와 익산 제석사지 목탑지에서도 찾을 수 있다.

먼저 부소산폐사지 목탑지는 축기부를 별도로 조성하지 않고 생토면을 기

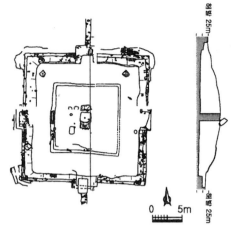

도 51 | 익산 제석사지 목탑지 평면도
(國立扶餘文化財研究所 2013a)

초로 이용하였으며, 높이를 맞추기 위해 일부는 사면부의 흙을 성토 다짐하여 기초를 마련하였다.[109] 부소산폐사지 목탑지 기초부에는 기단이 들어설 공간에 凹構를 설치한 흔적이 뚜렷하게 확인되어 목탑이 건립된 사실을 증명하고 있다.

다음으로 익산의 제석사지 목탑지의 축기부는[110] 굴광판축하여 기초부를 마련하였다. 목탑지는 기단 대부분이 유실되어 흔적은 미비하나 기단을 시설하기 위한 凹構의 흔적은 분명히 남아 있어 대략적인 규모 파악이 가능하다.

이처럼 건물의 기단을 조성하기 위해서는 정지된 층을 굴착하여 기단을 시설하였으며, 이의 흔적인 凹構는 확실히 남아 있는 것을 알 수 있다.

한편 제석사지에는 목탑지 주변에서 굴광판축 된 방형건물 축기부 흔적도 확인되었는데, 축기부 굴광선 주변에 凹構가 확인되지 않아 기단이

---

109) 國立扶餘文化財研究所 編, 2009, 앞의 보고서, 49쪽.
110) 國立扶餘文化財研究所 編, 2013a, 『帝釋寺址 발굴조사 보고서 Ⅱ』, 國立扶餘文化財研究所.

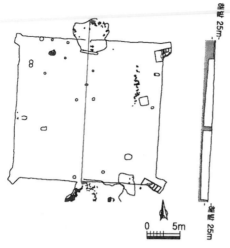

도 52 | 익산 제석사지 방형건물 평면도
(國立扶餘文化財硏究所 2013a)

시설되지 않은 것으로 보인다(도 52). 이로 인해 방형 건물 축기부는 해당 부지에 목탑을 조성하려다 어떠한 연유로 건축계획이 변경됨에 따라 용도 폐기된 시설로 추정하였다.[111]

위의 사례에서처럼 건축물이 존재한 흔적과 축기부만 남아있는 흔적은 명확하게 구분되는 것을 알 수 있다. 이를 전제하면 성주사지 오층석탑 하부 축기부는 凹構가 확인되지 않는 점을 고려할 때 미완에 그쳤거나, 오층석탑의 기초시설일 가능성이 크다는 결론에 이른다. 다른 한편으로는 성주사가 창건된 이후 목탑 건립을 위한 축기부의 흔적일 가능성도 배제할 순 없다.[112] 그러나 분명한 사실은 오층석탑 하부 축기부에서 건물의 기단 흔적과 같은 凹構가 확인되지 않는다는 것은 결국, 초기가람기에 목탑이 존재하지 않았을 가능성이 매우 크다는 것을 의미한다.

2. 기단시설과 출토유물

성주사 창건 이전의 초기가람은 앞서 주요 건물의 층위를 분석한 결과

---

111) 國立扶餘文化財硏究所 編, 2013a, 앞의 보고서, 232쪽.

112) 『聖住寺碑』에 따르면 성주사 창건기에는 오층석탑에 대한 기록이 없고 삼층석탑의 건립에 관해서만 기록하고 있다. 이에 따라 성주사 오층석탑은 성주사가 창건된 이후에 조성된 것으로 추정된다.

층위 적으로 구별되지 않는 하나의 가람으로 조성된 것임을 알 수 있다. 그러나 기왕의 연구에서 초기가람을 구분하는 요소는 앞선 층위와 함께 건물의 기단유형 또한 비중 있게 다룬바 있다.[113] 기단유형은 부석기단과 전석혼축기단이 이에 해당하는데, 이들 기단시설은 초기가람을 구성하는 건물지에서 공통으로 확인되기에 이를 오합사기의 기단유형으로 정의한 것이다.

이에 본고에서는 초기가람에 해당하는 건물의 기단시설을 자세히 검토해 보겠다. 아울러 이들 기단 주변에 출토된 유물도 함께 살펴볼 것인데, 이는 건물의 조성시기를 판단할 수 있는 근거가 되므로 중요하다.

1) 건물지 기단 유형

기단은 건물을 구성하는 하부구조이면서, 건물의 형태나 기능, 위계를 나타내는 결정적 지표이기도 하다. 성주사지 초기가람의 기단은 1차 부석 기단(유구), 2차 전적 혹은 전석혼축기단으로 구분되었다.

먼저 1차의 주요 기단으로 알려진 부석기단은 길이 50~70cm, 너비 30~40cm 내외의 넓적한 판석을 평평하게 안치한 기단을 말하는데,[114] 축조방식으로 구분하자면 석축기단의 일종으로 생각된다. 다만 일반적인 석축기단은 할석이나 치석 등을 정층쌓기 혹은 허튼층쌓기의 방식으로 축석하는데, 대체로 기단 외면은 외관에 해당되기에 들여쌓기를 하더라도 일정하게 면을 맞추어 시설하기 마련이다. 그러나 초기가람에서 확인된 부석기단은 비교적 잘 남아 있는 중문지와 남회랑의 경우 기단의 폭이 상당히 넓고 단층을 이루는데, 무엇보다도 축석된 흔적이 없어 기단으로서 기능하

---

113) 忠南大學校博物館 編, 1998, 앞의 보고서.
114) 기단의 지대석일 가능성도 있다(忠南大學校博物館 編, 1998, 앞의 보고서, 57쪽).

도 53 | 講堂址 N4W2-B pit 1차 부석 및 2차 전석혼축기단 (忠南大學校博物館 1998)

도 54 | 南回廊 S3W2 pit 노출 1차 부석과 2차 전석혼축기단 (忠南大學校博物館 1998)

였는지 의문스럽다.[115]

또한, 부석기단은 중문지 층위 검토에서 전술하였듯이 건물의 기단토로 분류된 성토층(Ⅴ층)에서 층위에 따른 구분이 명확하지 않은데, 이는 적어도 중문지와 회랑지 남쪽기단에서 교란 혹은 파괴의 흔적이 없었음을 의미한다.[116] 특히, 기단토로 분류된 성토층(Ⅴ층) 상면에는 적심과 초석 등이 전혀 검출되지 않았다. 따라서 부석은 건물의 기단시설이 아닌 전석혼축기단을 조성하는 과정에서 지반의 침하를 방지하기 위한 지대석 또는 지반강화 시설로 추정된다. 이는 아마도 북쪽과 남쪽의 고저차이에 의한 것으로 생각되며, 이를 전제하면 부석 상면의 전석혼축기단이 초기가람의 주요 기단시설이었음을 알 수 있다.

전석혼축기단은 초기가람의 주요 기단시설로 축조방식은 전을 평적식으로 쌓은 것인데, 강당 일부 구간에서는 할석과 혼용한 흔적도 확인된

---

115) 기단의 축석방법으로는 片築과 夾築이 있다. 편축은 기단의 限面(외면)만을 맞추어 축석하는 방법이고 협축은 兩面(내·외면)을 함께 맞추어 축석하는 방법이다. 축석의 형태에 따른 기단의 폭은 편축보다는 협축의 폭이 넓을 수밖에 없다.
116) 북쪽 층위에서도 이러한 양상은 전혀 확인되지 않는다.

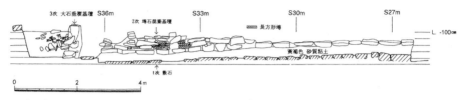

도 55 | 東南回廊 S3E2-B·C pit 塼石混築基壇 및 層位圖 (忠南大學校博物館 1998)

다.[117) 가람 중심부 하부유구를 조사하기 위해 설치한 Tr.구간에서는 대부분 전석혼축기단이 확인되는 점으로 보아 초기가람을 구성하는 건물은 모두 전석혼축기단을 채용해 건물이 조성된 것으로 보인다.

전적기단은 일반적으로 백제의 주요 기단시설로 알려져 있다. 전적기단이 확인된 백제유적은 군수리사지 목탑지[118]와 밤골사지 건물지[119]가 이에 해당한다. 자세히는 군수리사지 목탑지의 전적기단과 밤골사지 건

도 56 | 부여 軍守里寺址 木塔址 전적기단
(國立扶餘文化財研究所 2010a)

도 57 | 부여 밤골寺址 건물지 전적기단
(國立扶餘文化財研究所 2006)

---

117) 이하 塼石混築基壇으로 통칭하고자 한다.
118) 國立扶餘文化財研究所 編, 2010a, 『扶餘軍守里寺址 I -木塔址·金堂址 發掘調査報告書-』, 國立扶餘文化財研究所, 191쪽.
119) 國立扶餘文化財研究所 編, 2006, 「부여 밤골寺址 시굴조사 보고서」, 國立扶餘文化財研究所, 87쪽.

물지 모두 塼을 수직횡렬식의 방식으로 조성하였는데, 군수리사지 목탑지는 1열의 전으로 시설한 데 반해 밤골사지 건물지는 2~3열로 전을 덧붙여 시설한 점에서 차이는 있다. 그러나 전을 사용한 기술적 방식에서는 두 유적 모두 큰 차이가 없어 백제 고유의 기단축조술에 의해 조성된 것으로 볼 수 있다.

현재까지 발굴조사로 확인된 백제 전적기단은 위의 두 사례뿐 다른 유적에서는 전적기단이 확인된 바 없다. 이러한 연유로 해서 초기가람의 전석혼축기단은 위의 두 사례와 연계되어 백제의 기단 축조술에 의해 조성된 것으로 인식한 것이다.

그러나 성주사지 초기가람의 전석혼축기단은 부석과 전을 혼용하여 기술적으로는 부석을 지대석으로 삼아 상면에 전을 평적식으로 쌓은 점이 특징이다. 이에 반해 백제의 전적기단은 지면을 굴광하고 凹構를 설치한 다음 전을 수직으로 세워 횡렬로 이어서 시설한 것이 특징인데, 초기가람의 전석혼축기단과는 기술적인 방식에서 분명한 차이가 있다. 다시 말해 성주사지 초기가람의 전석혼축기단은 전술한 백제 전적기단과 비교해 기단을 구성하는 재료에서 塼을 사용한 점은 동일하지만, 쌓는 방법이나 기단의 외관을 구성하는 방식에서는 뚜렷한 차이를 보인다.

최근에 성주사지 초기가람의 전석혼축기단과 같은 방식의 기단시설이 경주 사천왕사지에서 확인되어 주목된다. 경주 사천왕사는 신라의 대표적인 호국원찰로 『三國史記』와 『三國遺事』에 의하면 문무왕 19년(679)에 절을 완성한 것이라고 한다.[120] 사천왕사지는 발굴조사 결과 금당지를 비롯해 목탑지, 회랑지, 석교, 교량 등의 많은 건축물이 확인되었는데,[121] 이 중

---

120) 『三國史記』卷七,「新羅本紀」, 文武王條 ;『三國遺事』卷二,「紀異」, 文武王法敏.

121) 國立慶州文化財研究所 編, 2012, 『四天王寺 I -金堂址-발굴조사 보고서』; 國立慶州文化財研究所 編, 2013a, 『四天王寺 II 回廊內廓 발굴조사 보고서』; 國立慶州文化財研究所 編, 2014, 『四天王寺 III 回廊外廓 발굴조사 보고서』, 國立慶州文化財研究所.

도 58 | 四天王寺址 東回廊址
(國立慶州文化財研究所 2013)

도 59 | 四天王寺址 東翼廊址 기단시설 (國立慶州文化財研究所 2013)

에서 특히 주목할 유구는 회랑지와 주변 부속건물지의 전축기단이다.[122]

사천왕사지 회랑지의 전축기단은 2~3단만이 남아 있는데, 기단 하부에 는 판석을 지대석으로 삼아 상면에 塼을 평적하여 조성하였다. 이의 기단 조성방식은 성주사지 초기가람의 전석혼축기단과 동일한 방식이며, 기단 아래에 板石을 안치 방법도 같아 기술적 동질감을 엿볼 수 있다.

전석혼축기단은 국내에서 유일하게 성주사지와 사천왕사지에서만 검 출되었다.[123] 따라서 위의 기술적 동질감은 성주사지 초기가람과 경주 사 천왕사 사이에 어떠한 형태로든 기술적 교류가 있었다는 것을 의미한다.

다만 경주 사천왕사지는 회랑지와 부속건물지만이 전석혼축기단으로 조성한 점이 특기할 만하다. 이외에 사천왕사지의 금당과 목탑 등 중요 건물은 이중의 가구식 기단을 채용하여 위계에 따른 차이를 보인다.[124]

---

122) 사천왕사지의 전축기단은 회랑지와 동회랑 동편건물지군 등에서 확인되었는데, 편평한 돌을 깔고 그 위에 무문전을 평적식의 방식으로 積石하여 축조하였다(國立 慶州文化財研究所 編, 2013, 앞의 보고서, 154쪽 사진 224 · 169쪽 사진 249).

123) 두 사원 가운데 한쪽은 최초 시도한 선구자적 역할을 한 곳이며, 다른 한쪽은 이를 모방한 것이 되므로 선후 관계는 분명히 성립될 것으로 판단된다.

124) 이는 백제에서도 쉽게 찾아지는 특성으로 부여 왕흥사지와 능산리사지의 경우 중 심건물과 외곽건물의 위계에 따라 기단의 재료와 시설방식에 차이가 나는 것을 알

즉 경주 사천왕사는 건물의 위계에 따라 기단의 재료와 시설방식에서 뚜렷한 차이가 나는 것을 알 수 있다. 반면 성주사지 초기가람의 전석혼축 기단은 강당지와 중문지, 회랑지와 같은 대부분의 건물지에서 확인된다. 성주사지 초기가람은 건물의 위계에 따라 기단에 차이를 두지 않은 것이다. 물론 이를 가정해 두 사원의 선후를 파악하기엔 무리가 따르겠지만 적어도 위계성에 차이를 두고 본다면 중앙과 지방이라는 관점에서 초기가람이 사천왕사보다 다소 늦게 조영되었을 가능성이 크다.[125] 더욱이 신라의 호국원찰인 사천왕사에서 성주사지 초기가람의 기단을 모방하였을 것으로 보기에는 납득하기 어려운 점이 있고 가능성도 매우 낮을 것으로 생각된다.

2) 주변 출토유물

성주사지 초기가람에 해당하는 유물은 기와류와 토기류가 대부분이다. 이들 유물은 가람 중심부에 대한 조사가 마무리된 이후 형식 분류에 의한 고찰이 이루어졌고, 제작기법과 관련한 선행 연구도 진행된 바 있다.[126] 이에 따라 기존의 선행 연구 성과물을 토대로 초기가람에 해당하는 유물의 형식과 분류의 기준에 따라 이를 다시 재검토해 보겠다.

(1) 팔엽단판연화문수막새

성주사 창건 이전의 초기가람과 연관된 기와류 가운데 가장 주목할 유물은 팔엽단판연화문수막새이다. 팔엽단판연화문수막새는 기본적으로

수 있다(國立扶餘博物館 編, 2000, 『陵寺扶餘陵山里寺址發掘調査進展報告書』, 國立扶餘博物館 ; 國立扶餘文化財研究所 編, 2009a, 『王興寺址』 Ⅲ, 國立扶餘文化財研究所).

125) 비슷한 시점에 조성되었다는 전제에 따라 추정한 것이다.

126) 忠南大學校博物館 編, 1998, 앞의 보고서, 107~568쪽.

둥근 자방과 주연 사이에 8개의 연판이 배치된 수막새를 말한다. 또한, 자방과 연판 사이에 꽃술대나 연판의 자엽과 같은 장식이 없으며, 주연도 소문으로만 제작한 것이 특징이다.

이들 연화문수막새는 초기가람 예불건물이 위치한 가람 중심부에서 총 141개체가 출토되었으며, 성주사지 출토 수막새 유형 중 I유형으로 분류되었다. 분류의 대별 기준은 연판부에 능선이 있는 것이 다수를 차지하므로 이 능선의 형성 유무에 따라 구분되었다.[127] 자세히는 연판부에 능선이 없는 것을 IA유형, 연판부에 능선이 있는 것을 IB유형으로 분류하였으며, 다시 연판부의 평면형 및 볼륨감과 판단의 형태에 따라 IA형은 7개, IB형은 5개 등 총 12개의 세부 형식으로 분류하였다(표 1). 이 중 IA형은 35개체(24.7%)이고, IB형은 106개체(74.6%)로 IB형의 개체 수가 월등히 많은 수를 차지하고 있다.[128]

표 1 | 聖住寺址 출토 I 유형 연화문수막새 형식 분류표 (임종태 2013)

IA						
IAa	IAb	IAc	IAd	IAe	IAf	IAg

IB				
IBa	IBb	IBc	IBd	IBe

127) 忠南大學校博物館 編, 1998, 앞의 보고서, 128쪽.
128) 이는 가람 중심부에서 출토된 수량만을 집계한 것으로 성주사지 사역 전역을 대상으로 할 경우 IA유형은 57점, IB형은 132점으로 비율은 7 : 3 정도가 된다.

유형별 연화문수막새의 특징을 살펴보면, 먼저 IA유형의 수막새는 연판의 형태에 따라 삼각반전형, 첨형, 능선형 등으로 나뉘며, 부조형의 자방에 1+4, 1+6, 1+8과 등의 연자를 배치한 속성이 확인된다. 특히 IA유형의 수막새 중 IAe유형은 구획선에 의한 경계가 없이 연판이 직접 맞닿은 것이 특징인데, 이를 IA유형 수막새 중 가장 대표적인 형식으로 분류하였다.[129]

IA유형의 대표형식인 IAe유형은 가람 중심부에서 19점이 출토되어 I유형 가운데 13.4%의 구성 비율을 보이며, IA유형 중에서는 54.3%로 가장 많은 수량이 확인되었다.[130] 이에 IAe유형이 포함된 IA유형은 오합사 창건기에 사용된 수막새로 비정하였다.[131] 문양의 속성에 따라 IA유형의 연화문수막새는 부여에서 확인된 백제 사비도읍기 단계의 연화문수막새와 비슷한 속성이 관찰되어 상대적으로 이른 시기에 제작된 것으로 볼 수 있다.

그러나 IA유형의 연화문수막새는 유구의 시간적 속성에 대입한, 즉 성주사지 초기가람의 전석혼축기단 건물 기단토에서 출토된 사례가 없어 직접적인 편년자료가 될 순 없다. 다시 말해 IA유형의 연화문수막새는 古式 문양의 속성에 따라 이른 시기로 분류는 가능하지만, 성주사지 초기가람의 전석혼축기단 건물지 내부에서 출토된 바 없기에 초기가람이 조영된 시점보다 앞선 시기에 제작된 것으로 보기는 어렵다. 아울러 출토된 위치가 대부분 불분명하여 초기가람에 실제 사용되었는지도 불분명하다(표 2).

〈표 2〉에서와 같이 IA유형은 출토된 위치가 대부분 지표층이나 성토층에서 확인되기에 사역 조성과정 중 유입되었을 가능성이 크다. 이밖에 IA유형의 수막새와 함께 동반된 유물도[132] 다양하여 이 유물이 사용된 특정

---

129) 忠南大學校博物館 編, 1998, 앞의 보고서, 128쪽.
130) 忠南大學校博物館 編, 1998, 앞의 보고서, 130쪽.
131) 忠南大學校博物館 編, 1998, 앞의 보고서, 423쪽.
132) 통일기 유형의 세판연화문수막새, 당초문암막새, 토기류 등이 함께 출토되었다.

표 2 | IA유형 연화문수막새 가람 중심부 출토위치 일람표 (임종태 2013)

번호	유형	출토 층위	번호	유형	출토 층위
1	IAa	N1E2 금당 동쪽 익랑 기단토	19	IAe	N4E2-A 3차 강당 구지표면 아래
2	IAa	N1E3 삼천불전지 기단토 下面	20	IAe	S2E2-A 암거주변 폐와층
3	IAb	N4E3-A 강동 2차 건물 외부 퇴적층	21	IAe	N1E1 3차 금당 구지표면
4	IAb	표토	22	IAe	S1E3삼천불전 기단토 上面
5	IAb	S1E3 삼천불전 기단토 上面	23	IAe	S3E2 5차 동남회랑 기단토
6	IAb	N1E4 삼천불전 기단토	24	IAe	S1E4 삼천불전 기단토 上面
7	IAc	N2W2 5차 서회랑 기단 아래	25	IAe	N1E1 2차 금당 북쪽 폐기 소토층
8	IAc	N1E4 삼천불전 기단토	26	IAe	삼천불전 남편건물 기단토
9	IAc	N3W2-A 추정 강서 2차 건물 소토층	27	IAe	N4E3-A 강동 2차 건물 기단사이
10	IAd	N4W1-A 1·2차 강당기단 주변	28	IAe	N3E3 3차 동회랑 폐기면
11	IAd	성주사 삼천불전 표토	29	IAe	S3E1-B
12	IAe	N1E2	30	IAf	S2E2 pit의 암거 위 폐와층
13	IAe	N1E3 삼천불전 기단토 下面	31	IAg	N3E2 3차 강당 기단토
14	IAe	N4W2 강서 5차 건물 기단토	32	IAg	S3E3 94-1호 폐와무지
15	IAe	금당 동남모서리 암거 上面 폐와층	33	IAg	S4E1 3차 대석수적 중문지 구지표면
16	IAe	표토	34	IAg	S1E-A 표토
17	IAe	S1E2 금당 동편 익랑 기단토 下面	35	IAg	N3E3 강당 동편 1차 건물지 동쪽기단 외부 퇴적토
18	IAe	금당~오층탑 사이 1차 금당 구지표면			

건물을 가려내기에는 사실상 부적합하다.

　다만 IA유형, 특히 IAe유형 연화문수막새는 앞서 주지하였듯이 연판부의 모양과 자방의 연자 배치 등이 백제 고토에서 확인되는 古式의 수막새와 일부 비슷한 요소가 확인되는 점을 고려할 때[133] 이를 후대 제작한 수막새로 보기는 어렵다. 더욱이 가람중심부 조사에서 초기가람 강당지(1차) 동쪽기단석 중 1매는[134] 치석된 흔적도 관찰되었는데, 반파되기

---

133) 자방의 크기가 상대적으로 작은 점과 백제 사비기 수막새에서 주로 관찰되는 삼각반전형과 첨형의 연판이 확인된다는 점은 부인하기 어렵다.

134) 보고서에는 이 기단석을 오합사 창건기에 해당하는 강당지 동쪽기단석으로 보았다(忠南大學校博物館 編, 1998, 앞의 보고서, 80쪽, 〈도면 6 참조〉).

도 60 | 1차 강당지 동쪽기단 방형석재 (忠南大學校博物館 提供)

는 하였으나 석재를 방형으로 다듬어 한쪽에 길이 12cm, 깊이 3cm의 홈
을 마련한 것이 확인되었다.[135] (도 60) 이 석재는 치석된 정도로 보아 건
물에 사용된 것은 분명한데, 實見이 어려워 뚜렷한 용도는 알 수 없다. 그
러나 분명한 점은 이전의 건축부재를 재사용하여 초기가람을 조영한 것
이며, 이에 따라 초기가람 이전에 성주사지 주변 어딘가 건물이 존재하였
을 가능성도 배제할 순 없다.

IB유형의 연화문수막새는 연판부에 능선이 있는 것이 특징인데, 편년
은 기존에 성주사지 2차 가람인 오합사 중건기로 비정되었다.[136] 이러
한 IB유형의 연화문수막새는 성주사지에서 출토된 I유형 수막새 중 가
장 많은 수량을 차지한다. 출토된 위치도 IB유형은 IA유형에 비해 비교

---

135) 忠南大學校博物館 編, 1998, 앞의 보고서, 37~38쪽.
135) 忠南大學校博物館 編, 1998, 앞의 보고서, 37~38쪽.
136) 忠南大學校博物館 編, 1998, 앞의 보고서, 423쪽.

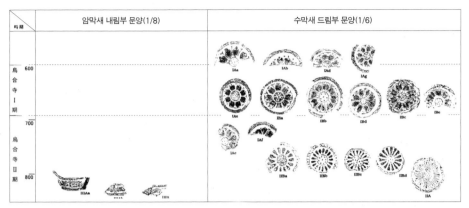

時期	암막새 내림부 문양(1/8)	수막새 드림부 문양(1/6)

도 61 | 聖住寺址 출토 수막새 문양별 편년표 (忠南大學校博物館 1998)

적 안정된 층위[137)에서 주로 확인된다. 특히 초기가람의 폐기층인 소토층
에서도 확인된 점으로 보아 건물이 소실되는 과정에서 함께 폐기되었을
가능성이 크며, 이는 초기가람에 직접적으로 사용된 것임을 추정케 한다.
이들 IB유형의 편년은 백제 말기~통일신라 초기로 비정되며, 기존의 성
주사지 2차 가람이 이에 해당한다.

  IB유형의 연화문수막새는 연판부 끝의 형태는 다르지만, 연잎에 능선
이 있는 유형이 백제의 도읍인 부여지역과 신라의 도읍이었던 경주지역
에서도 확인된다. 먼저 백제 고토는 부여 동남리 유적에서[138) 출토된 연
화문수막새가 대표적이며, 경주는 월성해자와[139) 전랑지[140) 등에서 출토

---

137) 전석혼축기단 건물의 구지표면이나 소토층, 폐기면 등지에서 확인되는 비율이 IA유
    형에 비해 상대적으로 높다(忠南大學校博物館 編, 1998, 앞의 보고서, 158~160쪽).
138) 國立扶餘博物館 編, 2010, 『기와에 담긴 700年의 숨결 百濟瓦塼』, 國立扶餘博物館,
    419번 사진.
139) 國立慶州博物館 編, 2000, 『新羅瓦塼 -아름다운 신라기와 그 천년의 숨결-』, 國立
    慶州博物館.
140) 國立慶州文化財硏究所 編, 1995, 『殿廊址·南古壘 發掘調査報告書』, 國立慶州文化
    財硏究所.

도 62 | 성주사지 출토 IBd유형 연화문수막새
(忠南大學校博物館 提供)

도 63 | 扶餘 東南里 遺蹟 출토 연화문수막새
(國立扶餘博物館 2010)

도 64 | 慶州 月城垓字 출토 연화문수막새
(國立慶州博物館 2000)

도 65 | 慶州 殿廊址 출토 연화문수막새
(國立慶州文化財研究所 1995)

된 수막새가 대표적이다. 이들 수막새는 연판 끝 부분의 형태가 약간은 다
르지만 연판부 능선이나 자방의 형태, 연자의 개수 등이 비슷하여 적어도
형태적인 측면에서 상당한 유사성을 보인다. 또한, 이들 수막새는 백제의
제작기법에 의해 제작된 것으로 인식되면서 백제계로 분류하기도 한다.

　위 수막새의 제작시점은 성주사지 출토 IBd형식의 경우 7세기 말경으로 비정되었으며,[141] 경주 月城垓字에서 출토된 연화문수막새 역시 7세기 중·후반기경으로 편년되었다.[142] 慶州 城東洞 殿廊址에서 출토된 연화문수막새도 유적의 성격을[143] 고려할 때 통일신라 초경에 제작된 수막새일 가능성이 높다.

결과적으로 이들 연화문수막새는 백제 말기~통일신라 초기(7세기 중·후반기)에 제작된 것으로 추정되며, 연판부의 능선은 연잎의 증가 또는 형태적 변화의 산물로 7세기 중·후반기경의 대표적인 수막새 유형임을 알 수 있다.

(2) 평기와

평기와는 성주사지에서 출토된 기와 중 수량적으로 가장 많은 출토사례를 보인다. 일반적으로 평기와는 제작순서에 따른 기술적 속성과 등문양 등의 양식적 속성, 그리고 각 기와의 크기나 두께 등과 같은 계량적인 속성 등으로 분류된다.[144]

기와의 세부적인 속성검토는 기술적 혹은 양식적인 측면에서 단계를 설정하여 각 기와의 편년이 정해지는 기준이 마련된다. 이 때문에 기와의 연구에서 세부 속성검토는 반드시 뒤따를 수밖에 없다.

그러나 위와 같은 연구는 각 속성이 단계별 혹은 시기적 차이에 따라

---

141) 忠南大學校博物館 編, 1998, 앞의 보고서, 132쪽.
142) 경주 월성해자 출토 연화문수막새는 백제계 속성을 지닌 D유형 중 Db4형식이 이에 속하는데, 이들 유형은 Ⅲ기(7세기 중엽~통일 초)에 주로 제작되었던 것으로 보고 있다(이선희, 2009, 「月城垓字 출토 古式수막새의 제작기법과 편년 연구」, 『考古學報』 70, 韓國考古學會, 147쪽).
143) 殿廊址는 발굴조사 이전 일제강점기에는 사지로 기록되었으나 발굴조사 결과 '宮城的' 성격을 가진 유적으로 알려지게 되면서 '殿廊址'라는 이름으로 명명되었다. 이후 殿廊址는 北宮, 聖德王 16년(717)에 창건한 新宮, 永昌宮 등과 같은 곳으로 비정되었다.
144) 忠南大學校博物館 編, 1998 앞의 보고서, 108쪽.

구분이 가능할 때 객관성을 유지할 수 있는데, 대부분 속성의 기준이 모호한 경우가 많다.[145] 이에 평기와의 연구는 배면의 문양적 속성[146]과 와통의 제작기법[147]에 치중하여 시기를 구분하는 것이 일반화되어 있다. 성주사지 출토 평기와도 위의 연구 방식에 충실히 따르고 있으며, 필자 역시 기존 연구와 동일한 범주에서 성주사 창건 이전의 초기가람기로 분류되는 평기와를 구분하여 검토할 것이다.

11차례의 정밀발굴조사로 성주사지에서는 다양한 문양의 평기와들이 출토되었다. 이들 평기와는 다음 〈표 3〉과 같이 크게는 10가지의 문양적 속성으로 분류할 수 있는데, 이 중 초기가람에 제작 · 공급된 것으로 추정되는 평기와는 무문양계와 승문계, 선문계 등으로 압축할 수 있다.[148] 비교적 이른 시기로 편년되는 무문양계와 승문계, 선문계의 평기와는 제작기법상 공통으로 통쪽와통에[149] 의해 제작된 것이 특징이다.

성주사지 출토 평기와의 제작에 사용된 와통은 두 가지 방식으로 확인된다. 첫째는 장방형의 대나무 판을 엮은 통쪽와통이고, 둘째는 통나무의 속을 파내어 일체형으로 만든 원통형와통으로 구분할 수 있다. 이들 방식은 평기와의 제작시점을 유추할 수 있는 기준이 되며, 이 중 통쪽와통은 I유형으로 백제의 제작기술에 의한 방식으로 분류된다.

성주사지에서 확인된 통쪽와통 평기와의 등문양은 무문과 승문(b), 세선문d1ⓐ, 태선문C1만이 이에 해당하며, 이를 제외한 등문양은 모두 원

---

145) 기와의 연구에서 기와의 외면 속성과 내면 속성이 서로 일치하지 않는 경우가 많아 일반적으로 평기와는 등문양에 중점을 두는 연구 경향이 강하다.
146) 서오선은 타날판의 크기에 주목하여 단판과 중판, 장판이 시기적으로 차이가 있음을 지적하였고, 이는 현재까지도 대표적으로 통용된다(서오선, 1985,「韓國 平瓦紋樣의 時代的 變遷에 대한 硏究」, 충남대학교 석사학위논문).
147) 최맹식, 1995,「百濟 平기와 製作技法 硏究」,『百濟硏究』25, 忠南大學校百濟研究所.
148) 忠南大學校博物館 編, 1998, 앞의 보고서, 303쪽.
149) 통쪽은 模骨을 우리말로 바꾸어 풀이한 것이다(최맹식, 2003,『三國時代 평기와에 관한 硏究』, 단국대학교 박사학위논문, 38쪽).

표 3 | 성주사지 출토 평기와 문양 분류표 (성정용 2012 수정)

무문양계	승문계	선문계	격자문계	어골문계
어골복합문계	능형문계	명문와계	삼각집선문계	청해파문계

통형와통으로 제작된 것이어서 와통과 등문양간에 뚜렷한 조합관계가 확인된다. 또한, 통쪽와통 암키와는 하단 측면에 백제의 평기와 제작 속성인 절단흔이 관찰되는 특징을 보인다.[150] 성주사지에서 출토된 무문양계와 승문계, 선문계 평기와는 백제의 특징적 요소가 확인된 점으로 보아 백제의 기와 장인들에 의해 제작·공급되었을 가능성이 높다. 이들 평기와가 제작된 구체적인 시점은 앞서 검토한 연화문수막새와 궤를 같이할 경우 아마도 7세기 무렵일 것으로 짐작된다.

다만 통쪽와통으로 제작된 기와는 백제가 멸망한 이후에도 백제의 영역이었던 전북지역 등지에서 통일신라 초기인 8세기 초엽까지 확인되는데, 이는 백제 멸망 이후에도 백제의 기와 제작기술 방식이 남아 있었음을 방증한다.[151] 다시 말해 삼국이 통일된 이후 각 지역의 전통적인 제작

---

150) 忠南大學校博物館 編, 1998, 앞의 보고서, 420쪽.
151) 차인국, 2014, 「전북지역 통일신라~고려시대 평기와 연구」, 『야외고고학』 20, 한국

기법과 문양 등이 원통형와통으로 일원화되는 700년을 전후한 시점까지 계승되었다는 것을 의미한다.[152] 이를 전제하면 성주사지 출토 통쪽와통 평기와도 이의 범주에서 해석할 수 있는 소지가 다분하다.

(3) 토기류

초기가람기에 해당하는 백제계 토기류는 총 29점이 확인되었다.[153] 출토된 백제 토기의 기종은 대옹편이 다수를 차지하나 소편에 불과해 애초의 기형을 파악할 수 없는 상태이다. 이 밖에 보주형 꼭지편 1점과 뚜껑편 1점, 호편 10여 점과 장경병의 경부편 3점이 있는데, 장경병은 6세기 말~7세기 중엽경으로 편년되었다.[154] 그러나 백제계 토기는 출토된 위치에 따라 초기가람 단계로 소급할 수 있는 것은 5점 정도로 매우 소량에 불과하다.

토기는 사원유적에서 기와류와 함께 가장 많은 출토량을 보이는 유물이다. 사원유적뿐만 아니라 고고유적에서 토기가 차지하는 비중은 월등하다. 그만큼 인간의 생활과 토기는 밀접한 관련이 있고 제작과 사용에 따라 보편성을 갖는 유물이기에 관심이 집중된다.

이러한 필연성으로 본다면 초기가람의 축조시점과 맞물리는 토기는 극히 소량에 해당하며, 소량의 토기 또한 제작과 사용기간, 이동에 따른 유동성이 7세기 말기 또는 그 이후로도 소급될 여지가 있어 판단 기준으로서는 모호한 점이 있다. 더욱이 오합사Ⅱ기로 분류된 인화문뚜껑편과 당삼채편은 각각 1점씩만이 확인되어 이를 근거로 가람의 조성시점을 검토하기엔 무리가 따른다.

위와 같이 초기가람기로 분류되는 백제계 토기는 남아 있는 기형만으로

문화재조사연구기관협회, 64~65쪽.

152) 최맹식, 2002, 「統一新羅 평기와 研究」, 『호서고고학보』 6 · 7, 호서고고학회, 331쪽.

153) 이 중에는 고신라 후기 양식인 인화문 뚜껑편 1점도 포함되어 있다.

154) 忠南大學校博物館 編, 1998, 앞의 보고서, 536쪽.

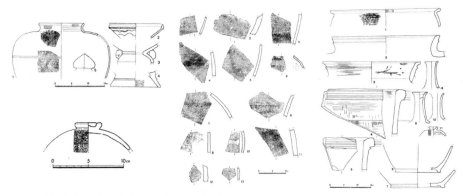

도 66 | 성주사지 1·2次 가람 출토 토기류 일괄 (임종태 2014)

정확한 제작시점과 사용시점을 분간하기 어렵고, 수량적으로 극히 소량만
이 확인되어 초기가람에 사용된 것으로 보기에는 부적합한 면이 있다.

3. 초기가람의 창건 정황

1) 초기가람의 창건시기

최초 학계에 알려진 성주사지가 주목된 배경은 이 사원지가 백제 오합
사일 가능성이 클 것이란 기대가 있었기 때문이다. 이후 성주사지 가람
중심부에 대한 조사가 마무리되면서 성주사의 전신은 오합사라는 견해가
일반화되었고, 창건주인 백제 법왕은 그 중심에 있었다.[155]

필자도 이에 주목하여 초기가람과 관련된 고고자료를 중심으로 검토를

---

155) 현재까지 오합사와 관련된 연구는 백제 법왕의 왕권강화 또는 신앙적인 측면에서
　　주로 검토되었다. 이외 오합사의 창건주를 백제 大姓八族 중 하나인 沙氏勢力으로
　　보는 견해도 있다(강종원, 2012, 앞의 논문).

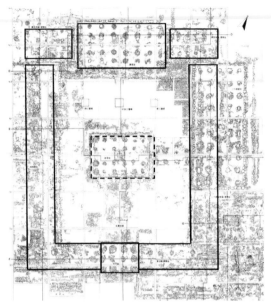

도 67 | 초기가람기 건물배치에 따른 추정 모식도
(忠南大學校博物館 1998 수정)

진행하였으며, 이에 대한 특징들을 정리하면 다음과 같다.

첫째, 기존에 알려진 1차와 2차 가람은 성주사지 전체 층위도와 해당 건물의 기단토를 검토한 결과 층위에서 구분되지 않았다. 아울러 사역의 대지조성과 맥을 같이하는 석재·와관암거가 전석혼축기단이 조성된 층위와 연결된 점을 고려할 때 전석혼축기단으로 조성된 기존의 2차 가람이 최초 조영된 가람임을 알 수 있었다. 또한, 오층석탑 하부 축기부는 건물이 건립된 흔적으로 보기는 어렵지만, 굴광된 층위가 전석혼축기단이 조성된 시점과 같아 이때의 흔적임이 추정케 한다. 결과적으로 기존에 알려진 2차 가람이 성주사보다 앞선 시기에 조영된 초기가람으로 판단된다.

위의 검토 결과를 토대로 초기가람을 구성하는 각 건물의 배치를 재설정하면 가람배치는 중문지와 금당지, 강당지가 남북 일직선으로 배치되고 주변을 회랑이 감싼 형태를 이룬다. 이러한 가람형태는 회랑을 두른 공간에 불탑 없이 금당만을 배치한 일명 '無塔式 伽藍'[156]으로 볼 수 있다

---

156) 無塔式 伽藍은 조선시대 개창되는 사원에서 주로 확인되는데, 삼국시대를 비롯해 통일신라시대 창건된 평지가람 중 무탑식 가람은 현재까지 부여 동남리 유적이 유일하다.

(도 67). 따라서 이전까지 '一塔一金堂式'의 백제식 배치형태로 알려진 초기가람을 재인식할 필요가 있다.

둘째, 초기가람을 구성하는 주요 건물들의 기단시설은 기존에 1차 부석기단, 2차 전석혼축기단으로 구분하였다. 그러나 이를 층위와 함께 검토한 결과 초기가람기에는 전석혼축기단이 주요 기단시설임을 알 수 있었다. 초기가람의 전석혼축기단과 같은 기단시설은 경주 사천왕사지에서도 확인되었다. 이는 성주사지 초기가람과 경주 사천왕사 사이에 어떠한 형태로든 기술적 교류가 있었음을 방증한다. 아울러 이를 전제로 성주사의 초기가람과 사천왕사는 비슷한 시점에 조영되었을 가능성이 매우 크다. 다만 성주사지 초기가람은 건물 대부분이 전석혼축기단을 채용해 조성하였고, 경주 사천왕사지는 회랑지와 부속건물지만이 전석혼축기단으로 조성한 점에서 차이를 보인다.

셋째, 가람 중심부에서 출토된 Ⅰ유형의 연화문수막새 중 ⅠB유형은 연판부에 능선이 있는 특징을 지녔으며, ⅠA유형에 비해 출토량도 많고 출토 위치도 비교적 안정된 층위에서 확인되어 초기가람에 사용된 수막새로 판단된다. 이러한 ⅠB유형과 비슷한 연화문수막새는 백제의 마지막 도읍인 부여와 신라의 도읍이었던 경주에서도 출토된 바 있다. 이들 연판부에 능선이 있는 연화문수막새는 연잎의 증가 또는 형태적 변화가 특징인 점을 고려할 때 7세기 중·후반기로의 편년이 가능하였다.

이상과 같이 성주사 창건 이전의 초기가람은 남아 있는 유구의 현황과 주변 출토유물을 종합한 결과, 가람이 조성된 시점을 7세기 중반 이전으로 보기에는 어려울 듯하다. 물론 치석된 석재를 재사용한 흔적과 고식의 연화문수막새, 평기와 등이 확인되어 초기가람보다 앞선 시기에 조영된 건물지가 주변에 존재하였을 가능성도 전혀 배제할 순 없다. 다만 현가람 중심부의 초기가람은 최초 대지 조성층 상면에 조영된 가람으로 중복된 흔적이 검출되지 않았다. 아울러 초기가람의 주요 기단시설인 전석혼축기단이 경주 사천왕사지에서도 확인된 점, 이들 전석혼축기단 건물에 茸

瓦된 것으로 추정되는 연화문수막새가 7세기 중·후반기 경으로 편년된 점을 고려할 때 초기가람이 조영된 중심연대는 백제 말기 또는 통일신라 초기에 해당하는 7세기 중·후반기 무렵일 가능성이 크다.

2) 초기가람의 조영주체

초기가람의 조영시점은 백제 말기 또는 통일신라 초기에 해당하는 7세기 중·후반기 경일 가능성이 크다. 이는 성주사지 초기가람이 백제 오합사로 인식되는 현시점에서 상반된 견해라 할 수 있다. 물론 고식의 연화문수막새가 사용된 건물지가 사역 주변에 존재하였을 가능성도 있지만, 구체적인 건물의 흔적이나 범위가 확인된 바 없어 단정할 순 없다.

그러나 분명한 사실은 현가람 중심부에 남아 있는 초기가람은 성주사가 창건되기 이전에 존재한 가람이며, 이는 7세기 중·후반기 경에 최초로 조영된 것이다. 다시 말해 기왕에 백제 오합사로 알려진 성주사지 초기가람을 고고자료에 근거하여 검토한 결과, 가람 중심부에서 백제 오합사로 인정할만한 적극적인 물질자료가 확인되지 않았다. 또한, 남아 있는 유구와 유물의 중심연대는 7세기 중·후반기 경일 가능성이 커 이를 백제 오합사로 인식하기에는 무리가 있다. 그렇다면 성주사의 전신이 백제 오합사로 알려지게 된 배경들은 어떤 것들이 있는지 살펴볼 필요가 있다.

먼저 『崇嚴山聖住寺事績記』는 유일하게 성주사의 전신을 백제 오합사로 지목한 사료이자 결정적인 근거 자료가 되어왔다. 『事績記』에 따르면 오합사의 창건주체는 백제 29대 임금인 법왕이라 지목하면서 創寺와 관련된 구체적인 배경까지 명시하고 있다.[157] 그러나 『事績記』는 편찬자에 대하여 전혀 알려진 바가 없다.

다만 『事績記』에서 무염과 다른 사람의 행적을 마치 문성왕이 행한 것

---

157) 최영성, 2009, 앞의 보고서, 189쪽.

처럼 기록하고 있어 이를 문성왕의 후손에 의해 작성된 것으로 추정하기도 한다.[158] 또는, 성주사의 건물 명칭과 규모 등을 비교적 자세히 서술한 점을 근거로 신분은 승려(당시 성주사 소속)일 것으로 추정한 견해도 있다.[159] 이외 편찬자를 유추할만한 결정적인 근거가 없어『事蹟記』의 편찬자를 속단하기에는 현시점에서 무리가 있다.

아울러『事蹟記』의 편찬 시기도 문제의 소지가 있음은 이전부터 제기된 사안이다.[160] 자료의 가치와 관련해 사료의 편찬 시기는 무엇보다도 중요한데, 현재로서는 두 가지 정황만으로『事蹟記』의 편찬 시기를 추정할 수밖에 없다.

먼저 첫째는『事蹟記』의 삼천불전이 9칸이라는 기록이 실제 발굴조사 결과에서 확인된 만큼 편찬 시기를 삼천불전 건립 이후로 비정하였다.[161] 둘째는『事蹟記』에서 성주사의 지리적 위치를 풍수지리설에 근거하여 설명하고 백두산에서 祖元되었음을 명시하고 있는데,[162] 이러한 지리적 인식은 늦어도 고려 중기 풍수가들 사이에 유포된 사실을 고려할 때 고려 중기 이후에 편찬된 것으로 추정하였다.[163]

주 근거 대상이 다르긴 하지만 두 견해 모두 고려 중기 이후에나『事蹟記』가 작성되었을 것이라는 의견에는 일치한다. 그러나 이 역시 직접적인 근거로는 부족해 속단할 순 없다. 이밖에『事蹟記』의 내용 중 성주사의 개

---

158) 이희관, 1998,「聖住寺와 金陽 -聖住寺의 經濟的 基盤에 대한 一檢討-」,『聖住寺』, 661쪽.
159) 양승률, 1999, 앞의 논문, 54쪽.
160) 황수영, 1968a, 앞의 논문.
161) 양승률은 삼천불전의 조성 연대를 암막새 명문을 근거로『事蹟記』의 편찬 연대를 1518~1611년경 사이로 지목하였다(양승률, 1999, 앞의 논문, 53쪽). 그러나 성주사지 10차 발굴조사에서 출토된 광명대 부속구 명문에 따라 1301년 이전에 이미 삼천불전이 존재하였으므로『事蹟記』의 편찬 연대 또한 1301년까지 소급될 가능성이 크다(임종태, 2014, 앞의 논문, 123쪽).
162) 최영성, 2009, 앞의 보고서, 190쪽.
163) 이기동, 1992,「金寬毅」,『韓國史市民講座』10, 일조각, 131~132쪽.

창과 관련된 사람들의 생몰연대가 『朗慧和尙白月葆光塔碑』, 『聖住寺碑』, 『三國史記』, 『三國遺事』, 『高僧傳』 등과 비교해 많은 오점이 있고 이에 따른 사실관계 또한 명확하지 않다.[164] 즉 『事績記』의 성주사 개창과 등장인물들에 관한 내용은 명확한 출처 없이 구전된 이야기를 토대로 작성되었을 개연성이 크다는 것을 의미한다.[165]

9세기 중반~10세기 초경인 성주사 창건기 무렵에 건립된 것으로 추정되는[166] 『聖住寺碑』와 『朗慧和尙白月葆光塔碑』에는 백제 오합사와 관련된 직접적인 기록이 전혀 확인되지 않는다.[167] 왕명에 의해 건립된 『聖住寺碑』와 『朗慧和尙白月葆光塔碑』는 金立之와 崔致遠이라는 실존 인물이 비문을 작성하였기에 사료의 신뢰성이나 가치는 무엇보다도 크다. 즉 『事績記』보다 앞선 시기임은 물론 작성자까지 분명한 『聖住寺碑』와 『朗慧和尙白月葆光塔碑』에는 백제 오합사와 관련된 기록이 없어 『事績記』 서문의 출처를 분명히 밝힐 필요가 있다.

한편 『事績記』에는 김인문에 관한 기록이 없으나 『聖住寺碑』와 『朗慧和尙白月葆光塔碑』에는 김인문의 행적을 기록하고 있어 주목된다. 예컨대 『聖住寺碑』에는 '仁問大角干'과 함께 '追者─七僧 請居此精舍'라 하여 성주사의 초기가람이 대각간인 김인문을 위한 사원이면서 이 절에 추자

---

164) 양승률, 1999, 앞의 논문, 54쪽.
165) 『事績記』의 기록 중 파괴된 건물과 남아 있는 건물의 규모, 명칭을 비교적 소상히 기술한 것은 일인칭 시점에서 직접 보고 작성하였을 가능성이 크다.
166) 『聖住寺碑』는 성주사의 창건을 기념하기 위해 제작된 사적비인 만큼 성주사 창건 시점인 9세기 중반기 무렵에 건립되었을 것으로 보인다. 『朗慧和尙白月葆光塔碑』는 무염대사가 입적한 이후 890년에 최치원이 비문을 찬술한 점, 909년 귀국한 최인곤이 비문을 篆額한 점으로 보아 10세기 초경에 건립되었을 가능성이 크다.
167) 『聖住寺碑』에는 '…韓鼎足之代 百濟國獻王太子…'라는 기록이 있는데, 여기서 지칭한 '百濟國'은 성주사가 단순히 건립되지 않고 오랜 인연이 있음과 백제 땅에 세워졌음을 염두에 둔 언급일 가능성이 크다. 특히 '韓鼎足之代'라는 구절의 내용은 佛法의 東流가 구체적으로 통일신라에서 어떻게 전개되는가를 三國時代까지 소급한 것으로 보는 것이 합당하다(양승률, 1993, 앞의 논문, 27쪽).

17승이 거주하였음을 기록하고 있다.[168] 또한『朗慧和尙白月葆光塔碑』에는 낭혜를 만난 김흔이 성주사의 주지를 청하면서 나눈 대화 중 성주사의 초기가람을 김인문의 봉지로 표현하고 있다.[169] 이는『聖住寺碑』와『朗慧和尙白月葆光塔碑』에서 성주사지 초기가람이 김인문과 깊은 관련이 있음을 암시한 것으로 보아도 무방하다.

김인문은 태종무열왕의 차남이면서 문무왕과 형제간이기도 한데, 신라가 삼국을 통일하는 과정에서 사은사와 견당사 임무를 수행하며 외교적으로 큰 역할을 하는 인물이다.[170] 백제 멸망 이후 김인문은 668년에 당 고종으로부터 '右驍衛員外大將軍臨海郡公'에 봉해지고 載初元年(690)에는 '輔國大將軍上柱國臨海郡開國公左羽林軍將軍'에 제수되었다. 이후 김인문은 延載元年인 694년에 당에서 생을 마감하였고, 이에 효소왕은 김인문에게 '太大角干'이라는 관직을 제수하였다.[171]

그런데『三國史記』에는 김인문이 임해군공에 봉해진 사실은 전하나 웅천주가 그의 봉지이자 식읍이었던 사실은 누락되어 있다. 이 사실은 오직 최치원이 찬한『朗慧和尙白月葆光塔碑文』만이 전하고 있는데, 비교적 앞선 시기에 작성된『朗慧和尙白月葆光塔碑文』의 기록임을 고려할 때 상당한 설득력을 지니고 있다. 아울러 비문에 웅천주를 김인문의 봉지이자 식읍으로 표현한 것은 김인문의 식읍으로 봉해진 이후 성주사가 창건될 무렵까지 웅천주가 김인문의 봉지이자 식읍으로 인식되었기에 그리하였던

---

168) 양승률, 1993, 앞의 논문, 27~28쪽.

169) 지금 熊川州 서남쪽 모퉁이에 절이 하나 있는데 이것은 나의 조상인 臨海公 註: 諱는 仁問이고, 당나라가 濊貊(실은 高句麗를 말함)을 정벌할 때에 공이 있어서 臨海公으로 封해졌다해서 봉토로 받은 곳입니다(有一寺在熊川州坤隅, 是吾祖臨海公 祖諱仁問唐酉壽伐獩貊功 封爲臨海君公 受封之所). 한국고대사회연구소, 1992,「朗慧和尙白月寶光塔碑文」,『譯註 韓國古代金石文』Ⅲ, 가락국사적개발연구원.

170) 권덕영, 2004,「金仁問 小傳」,『문화사학』21, 한국문화사학회, 422~423쪽.

171)『三國史記』卷第四十四「列傳」第四 金仁問傳.

것으로 보인다.

성주사지가 위치한 보령지역은 백제 멸망 이후부터 성주사가 창건될 무렵인 신라하대까지 웅천주 일대에 포함되어 '臨海郡公 金仁問'의 봉지가 되었다. 이후 김인문의 후손들은 대대로 옛 백제지역을 식읍으로 관리하였던 것으로 보이는데, 이를 추정할 수 있는 단서는 성주사에 무염대사를 주석하게 한 결정적 역할을 하는 인물이 김흔이기 때문이다.[172) 또한, 또다른 단월인 김양은 성주사 창건에 주도적인 역할을 하였는데, 이들은 공통으로 종형제간이며, 김인문→김주원→김종기를 조부로 삼는 가계의 구성원이기도 하다. 즉 성주사 창건의 단월인 김흔과 김양은 김인문을 직계 조상으로 삼는 혈연적으로 매우 밀접한 관계에 있던 인물이라는 점에서 주목해 볼 수 있다.[173) 따라서 앞선 시기의 금석문 기록인『聖住寺碑』와『朗慧和尙白月葆光塔碑文』을 신뢰한다면 성주사 창건 이전의 초기가람은 김인문의 원찰로 창건되었을 가능성이 크고, 초기가람의 창건주는 김인문을 대신해 그의 봉지를 관리하던 김인문의 자손에 의한 것으로 볼 수 있다.

한편『聖住寺碑』편에는 '載初二年'이라는 절대연대가 확인되는데,[174) 이때는 김인문이 '輔國大將軍上柱國臨海郡開國公左羽林軍將軍'에 제수된 다음 해이기도 하다.[175) 즉 '左羽林軍將軍'에 제수된 690년의 다음 해인 載初二年(691)은 김인문과 관련된 특별한 사건을 기록한 것으로 추정

---

172)『朗慧和尙白月葆光塔碑』에 이를 분명히 기록하고 있다.

173) 忠南大學校博物館 編, 1998, 앞의 보고서, 613~614쪽.

174)『聖住寺碑』의 '…載初二年…' 전 단락이 결실되어 뚜렷하지 않아 (延)載初二年으로 해석할 수도 있다. 그러나 '載' 앞의 글자 하단부에 받침이 남은 것을 알 수 있는데, 이 경우 앞의 글자는 '延'이 될 수 없다. 따라서『聖住寺碑』의 '…載初二年…'은 691년(신문왕 11)으로 보는 것이 타당하다(양승률, 1993, 앞의 논문, 28쪽).

175) 김인문은 674년 '右驍衛員外大將軍臨海郡公'에 처음 제수되며, 載初元年(690)에 '輔國大將軍上柱國臨海郡開國公左羽林軍將軍'에 다시 봉해진다(『三國史記』卷第四十四『列傳』第四 金仁問傳).

되는데, 이는 아마도 성주사지 초기 가람이 창건된 해가 아닌가 생각된 다(도 68).

이상 성주사지 가람 중심부에 실시한 발굴조사 결과를 토대로 건물의 조성방법과 전석혼축기단의 사용, 출토된 유물 등을 종합적으로 검토한 결과, 초기가람이 조성된 시점은 7세기 중·후반기 무렵으로 추정된다. 고고학적으로 도출된 견해와 사료적 가치가 있는 금석문 자료의 역사적 정황에 착안하면, 초기가람의 창건은 '臨海郡公'에 봉해지는 668년을 상한연대로 『聖住寺碑』편에 기록된 '載初二年'

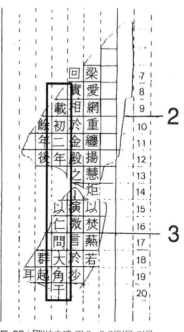

도 68 │ 『聖住寺碑』편 2·3 김인문 기록
(忠南大學校博物館 1998 수정)

인 691년을 하한연대로 설정해 볼 수 있다.

한편 초기가람은 통일신라 중대까지 존속되다가 성주사가 창건되기 이전에 화재로 한 차례 소실된 것이 층위 상에서 확인되었다. 건물이 전소하는 과정에서 형성된 소실흔적은 절이라는 특수한 공간임을 고려할 때 내부적인 요인보다 외부적인 요인에 기인하였을 가능성이 크다. 이런 외부적인 요인은 『朗慧和尙白月葆光塔碑』에 남아 있는 기록과[176] 당시 시대적 정황으로 볼 때 김인문의 후손이자 김주원의 아들인 김헌창이 웅천주를 거점으로 일으킨 반란과 깊은 관련이 있을 것으로 짐작된다.[177]

---

176) 間劫沬蕳, 金田半灰, 匪慈哲, 孰能興滅繼絶, 可强爲朽夫住持乎(『朗慧和尙白月葆光塔碑』: 한국고대사회연구소, 1992, 앞의 책, 『朗慧和尙白月寶光塔碑文』).
177) 忠南大學校博物館 編, 1998, 앞의 보고서, 614쪽.

4. 소결

보령 성주사지는 13차례의 발굴조사 결과, 성주사 창건기 가람 하부에서 앞선 시기 조영된 가람의 흔적이 확인되었다. 이러한 초기가람은 백제의 오합사가 전신으로 지목되었고, 고고학적인 견해도 이와 다르지 않았다. 그러나 필자는 고정된 관점에서 벗어나 초기가람에 대한 층위 분석과 건물의 기단시설 방식, 주변 출토유물 등에 주목하여 중점적으로 검토해 보았다.

검토 결과, 성주사지 초기가람은 현 사역 가람 중심부의 한정된 공간에 조성된 가람이며, 기존에 구분된 1·2차의 흔적이 층위에서 뚜렷하게 확인되지 않았다. 아울러 남아 있는 유구의 현황과 주변 출토유물을 종합한 결과, 성주사지 초기가람의 조성 시점은 7세기 중반 이전으로 보기에는 어려울 듯하다. 자세히는 초기가람의 주요 기단시설인 전석혼축기단이 경주 사천왕사지에서도 확인된 점, 이들 전석혼축기단 건물에 즙와된 연화문수막새가 7세기 중·후반기 경으로 편년되는 점을 고려할 때 초기가람이 조영된 중심연대는 백제 말기 또는 통일신라 초기에 해당하는 7세기 중·후반기 경일 가능성이 크다. 고고학적인 견해에 따라 도출된 창건 시점에 사료적 가치가 있는 문헌자료의 역사적 정황 증거에 착안하여 결론을 내리면, 초기가람의 창건은 '臨海郡公'에 봉해지는 668년을 상한연대로 『聖住寺碑』편에 기록된 '載初二年'인 691년을 하한연대로 설정해 볼 수 있다.

초기가람의 성격은 『聖住寺碑』에 '仁問大角干'과 함께 '追者一七僧 請居此精舍'라 한 것으로 보아 대각간인 김인문을 위한 원찰일 가능성이 크며, 이는 그의 후손들에 의해 운영·관리되었던 것으로 추정된다.

창건기의 성주사지

성주사는 신라하대부터 유행한 선종의 사상적 기반 아래 당대 유학승이자 聖人으로 추앙받던 '兩朝國師' 낭혜 무염대사가 주지를 맡아 창건되었다. 성주사의 창건은 『聖住寺碑』와 『朗慧和尙白月寶光塔碑』에 따르면 '山中宰相'으로 유명한 김흔과 '舒發翰'에 추증되어 태종무열왕의 능열에 배장된 김양이 단월로 활약한 사실을 전하고 있다. 이렇게 창건된 성주사는 문성왕부터 진성여왕에 이르기까지 신라왕실의 후원을 받으며 번창한 역사적으로도 매우 중요한 사원이다.

『朗慧和尙白月寶光塔碑』에 따르면 성주사는 김인문의 원찰인 초기가람을 재건한 가람이기도 하다.[178] 성주사 창건 이전의 초기가람은 김헌창의 반란이[179] 진압되는 과정에서 신라 중앙군에 의해 소실되었을 가능성이 크다. 그런데 초기가람의 재건이기도 한 성주사의 개창은 신라왕실과 중앙귀족의 후원을 받아 조성되었다. 즉 역모의 근원지인 옛 웅천주일대

---

178) 김흔과 낭혜의 대화에서도 유추할 수 있는 대목이다.
179) 김수태, 1998, 「烏合寺」, 『聖住寺』, 忠南大學校博物館, 614쪽.

에 새롭게 대규모의 사원을 조성한 배경과 이에 얽힌 인물들, 무엇보다도 신라왕실의 후원을 받았다는 점에서 선뜻 이해 되지 않는 부분이 있다. 결국, 성주사의 창건은 당시 정치·사회적 배경인 시대상에 대한 논의가 뒤따라야 할 것으로 보인다.

따라서 성주사 창건기 가람의 고고학적인 현황과 특징을 검출하기에 앞서 성주사가 창건된 신라하대의 시대상과 성주사의 사상적 기반을 마련한 낭혜무염을 먼저 살펴보도록 하겠다. 다음은 성주사지 발굴조사 결과를 토대로 성주사 창건기 가람의 건축·고고학적인 특징을 검출해 보고, 성주사 창건의 상징성을 내포한 금당을 집중 조명해 금당의 조성 배경과 성주사 창건의 주역들에 대해 논의해 볼 것이다.

1. 성주사 창건기의 시대상

1) 신라하대와 성주사

『三國史記』에 의하면 신라하대는 780년에 즉위한 선덕왕부터 경순왕이 고려에 투항한 935년까지 20명의 왕이 왕위를 교체하던 155년간을 이 시대로 규정하고 있다. 통일전쟁 이후 무열왕계를 중심으로 왕위가 계승되던 와중에 혜공왕이 780년에 피살되면서 무열왕계의 왕위 승계가 단절되었고, 내물마립간의 10대손인 金良相이 즉위하면서 왕통이 변하였기 때문이다. 그러나 현재 학계에서는 선덕왕의 즉위를 과도기적인 시대로[180]

---

180) 김수태, 1985, 「新羅 宣德王·元聖王의 王位繼承」, 『東亞研究』 6, 서강대학교 동아연구소, 302쪽. 이에 반해 내물왕계인 선덕왕의 즉위를 『新唐書』 신라전의 기사를 인용하여 혜공왕대 김양상을 제1골, 김경신은 제2골의 신분으로 혜공왕 10년에 발생한 김지정의 반란에 대한 진압과 왕의 시해에 공동으로 군사를 일으켜 무력으로 왕위를 계승한 것으로 보는 견해도 있다(신정훈, 2001, 「新羅 宣德王代의 政治的

보면서 원성왕 즉위 이후를 하대의 실질적인 시작으로 보는 견해가 일반적인 시각이다.[181] 원성왕 이후 그의 후손들에 의해 계속해서 왕위가 계승된 점을 고려한다면 설득력이 있다.

원성왕인 金敬信은 내물왕의 12대손으로 선덕왕이 재위할 때 상대등에 임명되어 왕위계승의 기틀을 마련하였다. 그러나 김경신의 왕위계승에는 걸림돌이 있었는데, 이가 바로 金周元이다. 김주원은 태종무열왕의 6대손이며, 김인문의 직계 후손이기도 한데, 무엇보다도 성주사 창건의 단월이었던 金昕, 金陽의 증조부가 되는 인물이다.

『三國史記』에 따르면 선덕왕이 후사가 없이 죽자 군신들이 논의하여 왕의 族子이자 무열왕의 6대손인 김주원을 추대하려 하였으나, 김주원이 입궁하던 중에 알천의 물이 불어 건너지 못하자 하늘의 뜻으로 여겨 당시 상대등이었던 김경신을 대신 추대하였다고 한다.[182] 『三國遺事』에서는 김경신이 아손 여삼의 권유에 따라 북천신에게 제사를 지내 김주원이 개울을 건너지 못하게 하고 그사이 김경신이 먼저 입궁하여 왕위에 올랐다고 전해진다.[183] 이러한 기록은 내물왕계 김경신과 무열왕계 김주원이 대립관계에 있었음을 방증하며, 이는 원성왕의 왕위계승이 순탄하지 않은 정변에 의한 것임을 암시하는 것으로 볼 수 있다.

원성왕의 즉위는 훗날 김주원의 아들인 김헌창이 반란을 일으키게 되는 결정적인 원인이 된다. 김주원 퇴거 이후 김헌창은 무진주도독, 청주도독, 웅주도독을 역임하다가 헌덕왕 14년(822)에 김주원이 왕이 되지 못

推移와 그 性格」,『대구사학』65, 대구사학회, 10쪽).

181) 신형식, 1977, 「新羅史의 時代區分」,『韓國史研究』18, 한국사연구회, 42쪽 ; 주보돈, 1994, 「남북국시대의 지배체재와 정치」,『한국사』3, 국사편찬위원회, 328쪽 ; 김수태, 1996, 『新羅中代 政治史研究』, 일조각, 158쪽 ; 이기동, 1996, 「신라하대의 사회변화」,『한국사』11, 국사편찬위원회, 18쪽.

182)『三國史記』卷第十,「新羅本紀」第十.

183)『三國遺事』卷第二,「紀異」第二.

한 것을 빌미로 거병하게 된다. 그리고 웅천주를 중심으로 국호를 장안이라 하고 연호를 경운이라 하여 나라를 건국하였다. 김헌창의 반란에는 무진주 · 완산주 · 청주 · 사벌주와 국원경 · 서원경 · 금관경 등을 포함한 옛 백제지역이 호응하였다. 그러나 완산주장사 최웅이 신라 중앙에 이를 고변하면서 김헌창의 난은 중앙군에 의해 진압되었다.[184] 이후 김헌창의 아들인 김범문이 헌덕왕 17년인 825년에 북한산주에서 수신과 함께 재차 반란을 시도하였지만, 이 역시 진압당하였다.[185] 결국, 무열왕계는 이로 인해 신라하대 왕위계승을 둘러싼 서열에서 완전히 배제된다.

김헌창의 난에 대한 평가는 김주원계와 원성왕계의 왕위쟁탈 연장으로서 양대 친족공동체 세력 사이의 두 번째 대결로 보기도 한다.[186] 이와 함께 지방에 새로운 왕조를 건국함으로써 종래 무열왕계 왕통을 복구하고 나아가 신라왕실의 정통성을 회복하려 한 무열왕계의 왕위부흥운동으로 보는 견해도 있다.[187] 또는, 당시 대외적인 정세를 파악하고 있던 중앙귀족이 지방의 분립적 동향을 활용하여 일으킨 반란으로 보면서, 9세기 말엽부터 전개된 후삼국의 분립은 이미 김헌창의 난에서 예고된 것으로 보기도 한다.[188]

김헌창의 난은 신라 골품제에 기반을 둔 신라 지배체제 자체에 대한 지방민의 오랜 거부감 표출로[189] 사회 전반적으로는 중앙 귀족의 지방분립

---

184) 『三國史記』卷第十,「新羅本紀」第十 憲德王 14年. 이때 성주사지 초기가람이 소실된 것으로 보이며(김수태, 2001, 앞의 책, 31쪽), 소실 주체는 김헌창의 반란을 진압한 신라의 중앙군일 가능성이 크다.

185) 『三國史記』卷第十,「新羅本紀」第十 憲德王 17年.

186) 최병헌, 1976,「新羅 下代社會의 動搖」,『韓國史』3, 국사편찬위원회, 464~465쪽.

187) 김창겸, 1994,「신라 하대 왕위찬탈형 반역에 대한 일고찰」,『한국상고사학보』17, 한국상고사학회, 241~242쪽.

188) 주보돈, 2008,「新羅 下代 金憲昌의 亂과 그 性格」,『韓國古代史研究』51, 한국고대사학회, 255~265쪽.

189) 하일식, 2010,「신라 말, 고려 초의 지방사회와 지방세력」,『한국중세사연구』29,

을 가속하는 한편, 이들이 정치세력화 되는데 중요한 계기가 되었다. 또한, 신라하대에 이르러 骨 또는 族의 개념이 약화되고 특정 유력자를 중심으로 한 家의 성장으로 인해 '豪族'이 등장하는 하나의 요인으로 보기도 한다.[190] 이 역시 훗날 성주사의 창건에도 적지 않은 영향을 끼쳤을 것으로 생각되는데, 중앙정계의 정적관계였던 김흔과 김양이 성주사의 창건을 후원하고 지대한 관심을 표출하였던 까닭도 이와 무관하지는 않을 것으로 생각된다.

한편 원성왕 사후 왕위는 원성왕의 장자 혜충태자 김인겸의 아들인 소성왕(김준옹)과 손자인 애장왕(김중희)에게 이어지지만, 애장왕 10년(809)에 소성왕의 동생 김언승(헌덕왕)이 반란으로 왕위를 찬탈하게 된다.[191] 헌덕왕 사후에는 차기 왕위 계승자의 지위에 있던 김수종(흥덕왕)이 즉위하게되는데, 흥덕왕 사후 836년 12월부터 839년 1월까지는 희강왕, 민애왕, 신무왕으로 이어지는 왕위계승 분쟁에 휘말리고 만다.[192]

흥덕왕 사후 왕위쟁탈전이 벌어지게 된 배경은 당시 정국운영 방식의 특징 때문이다. 하대의 실질적 개창자인 원성왕은 즉위 후 왕권의 안정화를 위해 왕과 태자를 정점으로 한 극히 좁은 범위의 근친 왕족들에게 상대등과 병부령, 재상, 시중 등의 고위직을 이들에게 독점시켜 권력이 집중되게 하였다. 이 과정에서 직계후손들은 서로 비슷한 세력을 유지하였기 때문에 지속적인 왕위분쟁이 일어난 원인이 되었다.[193] 이러한 원성왕계 후손들의 정국운영 방식은 김헌창의 난으로 더욱 결속하게 되었고, 흥덕왕의 치세 기간에는 극도로 심화하여 표출되기에 이른다.

한국중세사학회, 59쪽.
190) 변태섭, 1964, 「廟制의 變遷을 通하여 본 新羅社會의 發展過程」, 『역사교육』 8, 역사교육연구회.
191) 『三國遺事』 卷第日, 「王曆」 第四十 哀莊王.
192) 『三國史記』 卷第十, 「新羅本紀」 第十.
193) 안주홍, 2010, 「신라 하대 문성왕대의 정국」, 『신라사학보』 19, 신라사학회, 88쪽.

836년 12월에 흥덕왕이 후사가 없이 죽자, 김균정과 김제륭이 왕위계승을 위한 무력대결을 벌이게 된다. 이 과정에서 김명과 이홍, 배훤백 등의 지지를 받은 김제륭(희강왕)이 결국 왕위에 오른다.[194] 그리고 838년 정월에는 희강왕이 자진하면서 김명(민애왕)이 즉위하였는데, 이듬해(839) 청해진에 피신해 있던 김우징(신무왕)이 장보고의 병력을 빌려 김예징, 김양 등과 함께 궁중을 장악하고 민애왕을 죽인 후 왕위를 찬탈하게 된다.[195]

이 과정에서 성주사의 창건주이자 단월이 되는 김흔과 김양은 서로 다른 정치노선을 걷게 된다. 김양은 김우징의 편에 서서 그가 왕위에 오르는데 큰 공을 세우고 소판 겸 창부령, 다시 시중 겸 병부령에 전임하는 등 권력의 정점에 오른다. 반면, 김흔은 민애왕을 지지하면서 김우징이 이끄는 반군에 맞섰으나, 크게 패하고 소백산에 은둔하여 후일을 도모하게 되지만 47세의 나이로 사망하게 된다.[196]

그런데 이때 김흔이 민애왕을 지지하면서 조력자를 자청하였는지 분명하지 않다. 희강왕을 옹립하기 위한 정변과 민애왕이 즉위하는 과정에서 김흔의 활동 기록이 전혀 보이지 않기 때문이다. 단지 839년에 대장군이 되어 대구에서 군사 10만을 이끌고 김우징과 김양의 반군에 대항한 기록만 찾아진다. 이때 김흔은 전쟁에 패하고 죽지도 못한 자신을 부끄럽게 여겼다고 한다.[197] 이 같은 기록으로 보아 김우징과 김양은 전쟁에서 패한 김흔을 살려주었던 것으로 생각되며, 이는 김흔이 민애왕의 심복이 아닐 것이라는 판단에 의한 것임을 짐작하게 한다. 왕위계승 서열에서 완전

---

194) 『三國史記』卷第十, 「新羅本紀」第十.

195) 『三國史記』卷第十, 「新羅本紀」第十.

196) 『三國史記』卷第四十四, 「列傳」第四, 金陽傳.

197) 開成己未閏正月 爲大將軍 領軍十萬 禦淸海兵於大丘 敗績 自以敗軍 又不能死綏 不復仕宦 入小白山(『三國史記』卷第四十四, 「列傳」第四, 金陽傳).

히 배제된 김흔은 흥덕왕 사후 내물왕계의 왕위계승 분쟁에 관여하지 않고 방관하였을 것이고, 김우징의 정변에도 깊게 개입할 의사가 없었던 것은 아닐까 생각된다.

한편 흥덕왕 사후 벌어진 왕위계승 분쟁은 신무왕과 문성왕이 즉위하면서·일단락된다. 신무왕 急死 후 즉위한 문성왕의 지지기반은 공신집단에 한정되어 있었는데, 이러한 공신집단은 김예징을 필두로 한 중앙귀족과 장보고의 지방세력이 부친인 신무왕을 구심점으로 연합하고 있었다. 그러나 이들은 이해관계에 따라서는 언제든지 이합집산이 될 소지가 있었다.[198] 따라서 문성왕은 이들 세력을 병합하여 어떻게든 왕권을 안정시키고 정국을 주도해 나아가야만 했다.[199]

이에 문성왕은 즉위 후 공신들에게 관직을 수여하여 관계를 공고히 하고 시중에 임명된 김의정을 필두로 지지기반을 확대하였다. 그러나 840년 장보고가 일본과 독자적인 교섭을 시도하게 되고, 이는 신라 중앙에 위협이 되었다. 결국, 문성왕은 841년 중앙귀족과 연합하여 장보고를 암살하고 851년에는 청해진을 폐쇄하기에 이른다.[200] 이는 왕권의 안정과 지방 세력의 억제를 위한 것으로, 이때부터 중앙의 통제력이 강화되고 지방통제에 대한 정부의 대응이 완전히 변화되었음을 의미한다.[201] 이러한 문성왕의 재위기는 성주사가 창건되는 시점과 맞물리기에 중요한 의미를 담고 있다. 즉 지역 변방이나 반란의 근원지에 중앙의 통제력이 미칠 수 있는 거점이 필요하였을 것이고, 이의 과정에서 성주사가 창건된 것은 어쩌면 당연한 수순이었을 것이다.

---

198) 실제 문성왕 즉위 이후 841년 홍필의 모반과 846년 장보고의 반란, 847년 이찬 양순과 파진찬 흥종의 반란, 849년 이찬 김식, 대흔의 반란 등이 있어 상당히 불안정한 시국이었음을 알 수 있다.

199) 안주홍, 2010, 앞의 논문, 93~94쪽.

200) 『三國史記』卷第十一, 「新羅本紀」第十一, 文聖王 十二年 春正月.

201) 안주홍, 2010, 앞의 논문, 120쪽.

신라하대의 왕위계승 분쟁은 신무왕 즉위 이후부터 경순왕이 고려에 투항하는 시점까지 표면적으로는 무력분쟁 없이 이어지게 되는데, 이는 신무왕 이후 신라 귀족들에게 일반적으로 공인되는 왕위계승 원칙이 세워진 것을 의미한다.[202] 왕위계승이 안정된 후 헌안왕과 경문왕, 헌강왕, 정강왕까지는 왕실의 고유 신앙에 대한 경사와 신성한 왕실혈통이 더욱 강조되는데, 사실상 경문왕 이후에는 왕위계승 분쟁이 종결되어 신라사회는 번영된 모습을 보이기도 하였다.[203]

그러나 신라는 진성여왕 3년인 889년부터 시작된 잦은 농민 봉기로 전국이 동요하는 정치·사회적 대혼란기로 전환되어 정국이 급격히 변화하면서 쇠퇴하기 시작하였다.[204] 진성여왕은 결국 정국을 수습하지 못하고 조카이자 헌강왕의 庶子인 김요(효공왕)에게 선위하게 되고, 효공왕이 후사가 없이 죽자 왕위승계는 朴氏인 신덕왕으로 이어지게 된다. 이후 신라는 후삼국으로 분열되어 국력이 급격히 저하되는데, 이 와중에 경애왕이 견훤에 피살되면서 신라사회는 더욱 큰 혼란에 휩싸이게 된다. 다음에 즉위한 경순왕은 고창전투를 계기로 親 고려 정책을 펴며 왕통을 유지하려 하였으나 후당 외교에서 정통성을 인정받는 데 실패하게 된다. 이후 견훤이 고려 태조(왕건)에게 歸附하자 경순왕 김부도 친왕건파와 함께 고려에 歸附하면서 신라왕조는 막을 내린다.[205]

이상과 같이 성주사가 창건될 무렵인 신라하대의 정치적·사회적 정세는 빈번한 왕위교체와 무력분쟁을 통한 왕위계승, 중앙귀족과 지방세력 간의 마찰, 농민봉기 등 극심한 혼란기였다. 신라하대 중앙은 지방 호족세

202) 이기백, 1974, 『新羅政治社會史研究』, 일조각, 124쪽.

203) 전기웅, 2005, 「憲康王代의 정치사회와 ´處容郎望海寺´條 설화」, 『新羅文化』 26, 동국대학교 신라문화연구소, 78쪽.

204) 권영오, 2007, 「진성여왕대 농민 봉기와 신라의 붕괴」, 『신라사학보』 11, 신라사학회.

205) 조범환, 1994, 「新羅末 敬順王의 高麗歸附」, 『李基白先生古稀紀念 韓國史學論叢』 上, 일조각.

력이 대두할 원인을 제공하였고, 이를 통제할 능력이 상실하면서 왕조가 교체되는 절차를 밟게 된 것이다.

이러한 시국에 창건된 성주사는 당시 최고 권력자인 김양과 문성왕을 비롯해 진성여왕에 이르기까지 신라왕실의 전폭적인 지원을 받았다. 특히 김입지가 찬한 『聖住寺碑』는 성주사 창건의 記念碑인데, 이는 경주 『四天王寺碑』, 『皇福寺碑』, 『崇福寺碑』, 그리고 실물은 존재하지 않으나 신라 헌강왕이 찬 했다는 『深妙寺碑』[206]와 함께 총 5기만이 통일신라시대에 건립되었다고 전해진다.[207] 신라에 의해 삼국이 통일된 이후 활발한 사원 건립이 진행되었음에도 불구하고 위 5곳만이 사비가 전해지는 것은 해당 사원의 중요성이 얼마만큼 큰 것인지 짐작할 수 있는 대목이다.

이 중 실체를 알 수 없는 『深妙寺碑』를 제외한 4곳의 寺碑 가운데 3기는 당시 도성인 경주에 건립된 반면 지방에 사비가 세워진 사례는 성주사가 유일하다. 이는 당시 성주사의 위상과 직결되며, 성주사의 창건이 단순한 지방사원으로서 개창된 것이 아닌 신라하대 왕실과 중앙귀족이 의도한 목적에 의해 창건된 것임을 시사한다. 결국, 성주사의 창건은 신라하대의 정치적·사회적 정세와 무관하지 않음을 알 수 있다.

성주사가 창건된 보령지역은 당시 웅천주로 앞서 822년경에 김헌창이 대대적인 반란을 일으킨 지역이기도 하다. 김헌창의 반란 명분은 표면적으로 김주원이 왕이 되지 못한 것을 구실 삼았지만, 내재적으로는 이 지역의 김인문계 세력을[208] 규합하여 무열왕계 왕통을 복구하고 신라왕실의 정통성을 회복하려 한 무열왕계의 왕위 부흥운동으로 볼 수 있다. 결

---

206) 深妙寺가 어디에 위치하지 알 수는 없으나 이 절에 寺碑가 존재하였다는 사실은 『朗慧和尚白月寶光塔碑』에 기록되어 있다.

207) 이외 寺碑를 발견하지 못하였을 가능성도 배제할 순 없다.

208) 웅천주 일대는 金仁問의 受封之所로서 김인문의 직계후손들이 낙향해 지방 세력화되었고, 이들은 김헌창의 난과 연결된다. 난의 후에는 해체되지 않고 성주산문 개창의 사회적·경제적 기반이 되었다 한다(崔柄憲, 1972, 앞의 논문, 106쪽).

국, 김헌창의 난은 신라하대 지방 세력이 정치세력으로 부상하게 되는 계기가 되었고, 이로 인해 신라왕실과 중앙에서는 웅천주 일대를 잠재적 불안감을 조성하는 불손한 지역으로 보았을 것이다.

따라서 이를 중앙에서 효과적으로 통제하고 관리하기 위해서는 이 일대에 거대사원의 조성이 필연적일 수밖에 없었고, 이의 관리자는 문성왕 집권기 중앙권력의 핵심인 김양과 당대 고승이자 무열왕계 후손인 낭혜무염이 적임자였을 것이다.

2) 낭혜화상과 성주사

낭혜화상 무염대사의 행적은 최치원이 찬한 『朗慧和尙白月寶光塔碑』에 자세히 기록되어 있고, 이런 무염대사의 사상적 토대인 선법과 선사상에 대한 연구는 상당한 진척을 이루었다.[209] 따라서 본고에서는 기왕에 연구된 낭혜무염의 행적과 선사상을 간단히 정리하여 살펴보겠다.

신라 불교는 통일기를 전후하여 攝論-唯識-紀信-華嚴 敎學이 중심이었으나 점차 唯識-紀信과 華嚴이 교학의 중심으로 자리 잡게 되었다. 신라사회는 경덕왕과 혜공왕 이후 더욱 귀족화되어 가면서 골품귀족과 두품사족 사이에서 잦은 왕위쟁탈 사건이 일어났음은 주지하는 바와 같다.

---

209) 신라하대와 고려 초 확산한 선종의 사상과 가람의 창건에 대해서는 현재까지 많은 논의가 이루어졌다. 이 중에서도 특히 성주사와 낭혜화상의 선사상은 1970년대부터 검토하기 시작하였으며(김두진, 1973, 앞의 논문), 1990년대 들어서는 성주사지에서 출토된 『聖住寺碑』를 연구한 것이 고무적이다(양승률, 1993, 앞의 논문). 이밖에 정성본과 최현각은 무염의 선사상을, 최인표는 무염의 현실의식, 근동호일은 성주사를 통한 왕경인 교역거점 확보에 대해 연구하였다(鄭性本, 1995, 『新羅禪宗의 硏究』, 民族社 ; 崔玄覺, 1995, 「大朗慧無染의 無舌土論」, 『普照思想』 9 ; 崔仁杓, 1996, 「朗慧無染의 現實認識과 指向社會」, 『大丘史學』 51 ; 近藤浩一, 2006, 앞의 논문). 2000년대에는 조범환이 무염과 성주산문을 대상으로 深度있게 논의하였으며(曺凡煥, 2001, 앞의 책, 일조각), 김수태 · 남동신 등과 함께 공동연구도 출간하였다(김수태 외, 2001, 앞의 책).

왕권을 둘러싼 주도권 다툼은 통치체제의 이반을 불러왔고 지방호족의 발호를 부추기게 되었다.

당시 정계 왕족들은 권력을 독점하며 불교계와 긴밀한 관계를 형성하였기에 방계 왕족과 두품귀족 출신 자녀들은 새로운 사상과 탈출구를 모색하게 된다. 이때 이들에게 접목된 새로운 사상은 선종이었고, 새로운 탈출구는 唐이었다.[210] 정계 왕족에게 밀려난 방계 왕족들과 두품 귀족들은 자신의 능력을 인정받는 출사와 자기 면목을 찾기 위한 출가를 결심하게 되는데, 성주사 창건의 주역이었던 김흔과 무염대사 역시 그리하였다.[211]

신라하대 낭혜화상 무염이 주지로 있던 성주산문은 낭혜의 사상이 집약된 곳으로 성주사에서 그는 생각과 행동을 실천으로 옮김으로써 제자들을 양성하였던 곳이다. 이는 곧 낭혜의 사상이 성주산문과 불가분의 관계에 있었다는 사실을 의미한다. 이렇게 성주산문 형성에 사상적 지주가 되었던 낭혜 무염대사는 소성왕 3년(800)에 출생하였는데, 姓은 金氏로 태종무열왕의 8대손이다. 그의 조부인 김주천은 眞骨(韓粲)이었으나 父인 김범청 때에 족강되어 範淸(六頭品)이 되었다고 한다.[212]

낭혜 무염대사는 13세에 설악산 오색석사에 출가하여 법성선사에게 능가선을 배우게 된다. 낭혜의 출가는 九流를 비루하게 여겼기 때문이라고 하는데, 여기서 九流는 불교를 제외한 당시의 여러 학문을 말한다.[213] 낭

210) 고영섭, 2014, 「신라 중대의 선법 전래와 나말여초의 구산선문 형성 -북종선과 남종선의 전래와 안착-」, 『신라문화』 44, 동국대학교 신라문화연구소, 191쪽.

211) 長慶(821~824) 초에 김흔과 무염대사는 唐恩浦에서 당으로 갔다(泊長慶初, 朝正王子昕 艤舟唐恩浦, 請寓載, 許焉. 한국고대사회연구소, 1992, 앞의 책, 『朗慧和尙白月寶光塔碑文』).

212) 俗姓金氏, 以武烈大王爲八代祖. 大父周川, 品眞骨, 位韓粲. 高曾出入皆將相戶知之. 父範淸, 族降眞骨一等 曰得難(『朗慧和尙白月寶光塔碑』 中). 한편 南東信은 無染碑의 '得難'조와 관련해 得難과 六頭品을 별개의 신분으로 보았다(南東信, 2002, 앞의 논문, 196쪽).

213) 중국 漢나라 때 학문을 아홉 가지로 나누어 일컫는 말로 儒家, 道家, 陰陽家, 法家,

혜가 어려서부터 불교에 뜻을 두었다는 것은 관계 진출을 포기하는 것으로 이는 당시 사회적 상황과 밀접한 관련이 있다.[214] 사회적 상황은 당시 진골귀족의 수가 증가하여 근친 왕족조차도 관계 진출에 제약을 받았기에[215] 그 이하 품들은 더욱 진출하기 어려웠을 것이고, 이러한 사정으로 낭혜는 출가를 결심한 것으로 보인다.

법성선사에게 북종선에 대한 기본적인 소양을 갖춘 뒤 낭혜는 부석사에 들어가 석등대덕에게 화엄을 배우게 된다.[216] 이는 북종선 뿐만 아니라 화엄도 함께 공부하여 불교 전체로 관심을 확대해 나가겠다는 낭혜의 의도가 담겨있다. 이후 낭혜는 중국 당나라로 유학을 결심하게 되고 국사의 배에 올라 항해하게 되는데, 이때 폭풍에 휘말려 고초를 겪게 된다. 『朗慧和尙白月寶光塔碑』에는 이때가 언제였는지 구체적으로 기술되어 있지 않지만, 헌덕왕 9년(817)에 김장렴이 당에 사신으로 가던 도중 폭풍을 만나 고초를 겪었다는 기록이 있어[217] 아마도 이때일 가능성이 크다. 결국, 낭혜는 822년 12월에 다시 당은포에서 김흔과 함께 당나라로 유학을 떠나게 된다.

한편 낭혜가 중국으로 유학을 떠난 822년에는 웅천주에서 큰 사건이 발생하게 되는데, 金憲昌의 亂이 그것이다. 앞서 전술하였듯이 김헌창의 반란은 성주사지 초기가람인 김인문의 추성원당이 소실되는 직접적인 원인이 되었고, 이 과정을 낭혜와 김흔은 목격하였을 가능성이 매우 크다. 물론 김헌창의 난에 낭혜가 관여하였는지는 알 수 없으나, 진압된 그해에

名家, 墨家, 縱橫家, 雜家, 農家로 구성되어 있다.

214) 曹凡煥, 2001, 앞의 책, 23쪽.

215) 李基東, 1990, 『新羅骨品制社會와 花郎徒』, 일조각, 178~179쪽.

216) 尋迻去 問驃訶健拏 于浮石山釋登(燈?)大德, 日敵三十夫, 藍茜沮本色. 顧坳盃之譬曰 東面而望, 不見西墻(한국고대사회연구소, 1992, 앞의 책, 『朗慧和尙白月寶光塔碑文』).

217) 權惠永, 1997, 『古代 韓中外交史 -견당사연구-』, 일조각, 84쪽〈표 1-7〉참조.

중국으로 유학을 떠났다는 사실로 보아 전혀 무관하지는 않은 듯하다. 결국, 낭혜가 당나라로의 유학을 결심하게 된 계기에는 김헌창의 난이 적잖은 영향을 끼쳤던 것으로 짐작된다.[218]

중국 당나라에 도착한 낭혜는 장안에 있는 종남산의 화엄종 사찰인 지상사로 갔는데, 이곳은 화엄종의 2조인 智嚴(577~654)이 주석하던 사찰이었다. 그러나 낭혜는 지상사의 화엄이 부석사와 다를 바 없음을 깨닫고 선종으로 눈을 돌려 불광사에서 여만에게 도를 물었다.[219] 여만은 마조도일의 제자로 훗날 낭혜에게 법을 전해준 마곡보철과 같은 문하생이다. 여만을 떠난 낭혜는 마곡보철에게로 가 남들이 어렵다고 하는 것을 스스로 쉽다고 하면서 수행을 하였고, 이에 마곡보철의 문도들은 그를 선문의 庚黔婁[220]라고 하였다. 이는 당시 낭혜가 좌선만을 한 것이 아니라 힘든 수행도 병행하였음을 시사하며, 이는 곧 낭혜가 실천 수행을 근본으로 하였다는 것을 의미한다.[221]

마곡보철이 열반에 든 이후 낭혜는 여러 불교의 유적과 선지식을 찾아다니며, 보시행을 수행하는 여정을 시작하게 된다.[222] 낭혜의 여정은 두 가지 목적을 두고 시행한 것인데, 전자는 고아나 가난한 사람을 돌보아주는 보시를 목적으로 참선에서 벗어나 실천을 통해 수련한 것이다. 후자는 당시 중국 불교계의 동향을 파악하기 위한 것으로 생각된다.[223] 이러한 낭혜의 여정은 845년 중국에서 강제로 추방될 때까지[224] 그치지 않았

---

218) 曺凡煥, 2001, 앞의 책, 31쪽.

219) 한국고대사회연구소, 1992, 앞의 책, 『朗慧和尙白月寶光塔碑文』.

220) 『梁書』卷47, 庚黔婁.

221) 曺凡煥, 2001, 앞의 책, 35쪽.

222) 한국고대사회연구소, 1992, 앞의 책, 『朗慧和尙白月寶光塔碑文』.

223) 曺凡煥, 2001, 앞의 책, 35쪽.

224) 唐 武宗의 廢佛政策에 의한 것이다(권덕영, 1994, 「唐 武宗의 廢佛과 新羅 求法僧의 動向」, 『정신문화연구』 54, 한국학중앙연구원).

고, 이때의 경험은 그의 사상 형성에 지대한 영향을 끼치게 되며 동방의 대보살로 이름을 날리게 되었다.[225]

845년 중국에서 귀국한 낭혜는 국인들의 환영을 받았지만, 곧 종신토록 몸 붙일 곳을 찾아다니게 된다.[226] 이의 배경에는 당시 신라의 불교계 동향과 밀접한 관련이 있다. 신라하대 선종은 전국적으로 교세를 확장하고 있었지만, 수도인 경주는 중앙 진골 귀족들의 후원으로 교종의 세가 강하여 선종이 자리 잡기 힘들었을 것이다. 이에 낭혜는 지방으로 눈을 돌려 종신토록 몸 붙일 곳을 찾아다니게 된 것으로 생각된다.[227] 결국, 낭혜는 경주를 떠나 소백산에서 김흔을 만나게 되고, 이 인연으로 성주사의 주지를 맡게 된다.

성주사의 주지가 된 낭혜는 대중들에게 깨달음을 얻는 방법을 알려주고 불성을 깨닫는 것과 신분은 별개임을 지적하였다.[228] 낭혜의 지적은 산문 내에서 신분에 차별을 두지 않고 모든 사람이 평등하다는 원칙을 세움으로써 민중들에서 커다란 환영을 받게 된다. 또한, 낭혜는 자활을 강조하면서 자신부터 스스로 실천하는 모습을 보였다. 이는 산문의 경제적인 성장을 가속하면서 산문의 독립성을 유지하려는 의도에서 비롯된 것으로 짐작된다. 아울러 낭혜는 禪과 敎가 다르지 않음을 주장하면서 불교와 유교의 사상적인 통합을 꾀하기도 하였다.[229]

당시 낭혜의 태도는 산문을 형성하는 사상적 토대를 마련하였고, 이는 곧 민중의 호응으로 직결되었으며, 이로 인해 많은 사람이 그의 문하에

---

225) 曺凡煥, 2001, 앞의 책, 35~36쪽.
226) 한국고대사회연구소, 1992, 앞의 책, 『朗慧和尙白月寶光塔碑文』.
227) 이는 朗慧보다 앞서 귀국한 禪僧인 道義, 洪陟, 體澄 등이 중앙에 머물지 않고 지방에서 활동하게 된 배경과도 일치한다(曺凡煥, 2001, 앞의 책, 44쪽).
228) 한국고대사회연구소, 1992, 앞의 책, 『朗慧和尙白月寶光塔碑文』.
229) 曺凡煥, 2001, 앞의 책, 81~82쪽.

들어오길 원하였다.[230] 이렇게 신분을 막론하고 많은 사람이 성주사를 찾게 된 것은 낭혜를 바라보는 신라인들의 시선을 짐작하게 하는 대목이기도 하다.

다만 이상의 낭혜 행적은 『朗慧和尙白月寶光塔碑』에 기록된 내용을 근거로 살펴본 것이며, 이를 사실 그대로 받아들일 수 있는가는 다양한 검증이 필요하다. 그러나 왕조교체기 직전의 정치적·사회적 혼란기에 지역 변방 거찰의 주지를 지내면서 신라 중앙과 지방세력, 지역민 모두에게 호응을 받았다는 사실은 당시 신라사회에서 낭혜의 존재가 갖는 영향력이 어느 정도였는지를 짐작하게 한다.

낭혜는 성주사의 주지를 지내면서 신분에 차별을 두지 않고 많은 사람에게 선법을 가르치는 동시에 교종을 배척하지 않음은 물론 불교와 유교를 통합하려는 사상적 포용력을 지닌 인물이었다. 낭혜의 사상은 생각에 그치지 않고 몸소 실천하는 모습을 보여 많은 사람에게 신뢰를 얻을 수 있었고, 이는 곧 성주사가 번영할 수 있었던 원동력이 될 수 있었다. 결론적으로 낭혜는 신라 왕실부터 반정부적·반신라적 경향을 지닌 지역민에[231] 이르기까지 모든 사람에게 존경을 받았고, 이 같은 낭혜의 행적은 곧 성주사가 발전하게 된 계기가 되었을 것이다.

2. 창건기 가람의 건축·고고학적 특징

지난 11차례의 정밀발굴조사를 통해 확인된 성주사 창건기 가람은 대규모 토목공사에 의해 조성된 사실이 밝혀졌다. 또한, 성주사 창건기 가람

---

230) 한국고대사회연구소, 1992, 앞의 책, 『朗慧和尙白月寶光塔碑文』.
231) 남포의 도적들이 낭혜에게 교화되어 그의 제자가 되었다는 대목에서 알 수 있다 (한국고대사회연구소, 1992, 앞의 책, 『朗慧和尙白月寶光碑文』).

은 현가람 중심부에만 한정하였던 초기가람에 비해 그 영역이 광범위하게 확장된다. 이는 성주사가 당대 거찰로서 낭혜의 사상적 영향 아래 많은 신도를 배출하였다는 것을 방증하는 고고학적 사례로, 이렇게 거대사원을 조성할 수 있었건 것은 성주사의 창건에 신라왕실과 중앙권력의 핵심이었던 김양이 후원하였기에 가능한 것이었다. 신라 중앙의 후원으로 성주사의 창건에는 수많은 건축 기술자가 동원되었을 것이며, 이는 곧 다양한 건축기법에 의해 사원이 조영되었을 것이다. 이러한 양상은 지난 발굴조사를 통해 여러 형태의 건물지가 확인되면서 실견이 가능하게 되었다.[232]

따라서 여기에서는 발굴조사 내용을 토대로 당대 선종계 거찰이었던 성주사의 건물 배치양상과 특징, 그리고 각 건물의 기단시설이 어떠한 방식에 의해 축조되었는지 건축·고고학적인 관점에서 검토해 보도록 하겠다.

1) 가람배치의 정황

성주사지에 실시한 지난 11차례의 발굴조사로 밝혀진 성주사 창건기 가람의 대략적인 범위는 약 26,000m²로 7차 조사지역에 해당하는 가람의 동쪽 일대를 제외한 모든 지역이 이에 포함된다. 아울러 2009년에 현 사역의 경계를 이루는 담장 외곽지역에 실시한 시굴조사에서 성주사 창건기의 것으로 추정되는 건물지 기단시설과 적심석 등이 확인되었는데,[233] 이를 포함하면 성주사 창건기 가람의 범위는 더욱 확대될 소지가 있다. 이러한 면적을 대략 추정하면 성주사의 전체 범위는 약 45,000m²에 이른다.

최치원이 撰한 『朗慧和尙白月寶光塔碑』에 따르면 낭혜 생전의 문도 제자들이 2,000여 명에 달하였다고 한다.[234] 물론 이를 그대로 믿기는 어렵

---

232) 임종태, 2015a, 앞의 논문, 291쪽.
233) 百濟文化財研究院 編, 2009, 앞의 약식보고서.
234) 門下의 제자로서 이름을 들 수 있는 사람이 거의 2천여 명이 되고, 따로 떨어져 있

겠지만, 적어도 발굴조사 결과에 따라 확인된 실제 성주사가 광범위한 것으로 보아 위 기록은 사실일 가능성이 크다. 또한, 이는 당시 성주사가 많은 인원을 수용할 수 있는 거찰이었음을 증명한다.

사적으로 지정된 성주사지의 전 지역에 실시한 발굴조사는 성주사 창건기 가람을 구성한 건물의 대략적인 배치양상 등을 밝히는 계기가 되었다. 아울러 가람 중심부에서는 사원의 중심을 이루는 금당과 불탑, 강당이 초기가람의 있던 자리에 그대로 건립된 것도 확인되었다. 또한, 사역 전 지역에서는 사역의 범위가 확장된 만큼 이에 비례하여 회랑의 범위가 늘어난 것도 확인되었다. 확장된 회랑의 범위 안에는 여러 건물이 건립된 것이 확인되었는데, 이들 건물은 정형성을 갖추면서 배치된 것이 특징이다. 따라서 성주사는 개창되는 단계부터 사역의 범위와 공간 구성 등을 염두에 두고 계획적으로 가람을 설계하여 조성한 것을 알 수 있다.

성주사 창건기 건물의 배치양상 중 가장 특징적인 점은 금당과 불탑, 강당으로 구성된 가람의 예불건물이 사역 동쪽에 치우쳐 조성된 점이다(도 69). 그동안의 다른 사원유적에는 금당과 탑지, 강당 위주로 조사가 진행되어 주변지역에 대한 현황 등이 구체적으로 밝혀진 사례가 많지 않았다. 다만 익산 미륵사지와 경주 황룡사지 같은 유명한 사원지는 사역 전 지역에 대한 조사가 실시되기도 하였는데, 이때 상징성이 강한 금당과 불탑 등의 예불건물은 사역의 중앙에 배치되는 것이 일반적인 양상이다. 그러나 성주사지는 상징적이고 중요도가 높은 건물이 사역 동쪽에 치우쳐 있어 상대적으로 이질적인 모습들이 관찰된다.

이는 성주사 창건기에 신축한 중문과 금당, 강당이 이전의 초기가람 건

으면서 사찰을 주재하는 이는 僧亮, 普愼, 詢乂, 心光 등이다. 그리고 문하의 손자에 해당하는 자들은 수를 헤아릴 수 없이 많아 무리가 번성하니 실로 마조도일이 용의 새끼를 길렀고, 東海(新羅)가 西河(중국)를 능가한다고 말할 수 있을 것이다(門弟子名可名者, 厪二千人, 索居而稱坐道場者, 曰僧亮, 曰普愼, 曰詢乂, 曰心光. 諸孫詵詵, 厥衆濟, 實可謂馬祖毓龍子, 東海掩西河焉. 한국고대사회연구소, 1992, 앞의 책, 『朗慧和尙白月寶光塔碑文』).

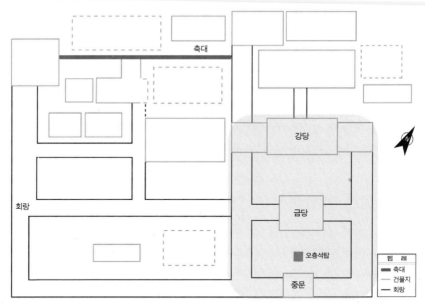

도 69 | 성주사 창건기 가람배치 추정 모식도

물지 상면에 조성한 점을 고려할 때 성주사와 초기가람의 상관관계에 의
한 것으로 풀이된다.[235] 즉 초기가람 범위가 현가람 중심부를 벗어나지
않는 한정된 공간에 선축되어 있었으므로 성주사 창건기 중심건물 또한
그 상면에 다시 재건한 것이다. 이로보아 성주사의 창건주와 건축 기술자
들은 초기가람의 금당, 강당 등과 같은 중심건물의 위치를 인지하였던 것
으로 생각되며, 이 일대를 새롭게 정지한 후 본래 위치에 예불건물을 재
건축한 것으로 보인다.

성주사 창건기 가람의 예불건물 위치는 초기가람의 위치를 그대로 계
승하였다는 점에서 매우 중요한 의미를 담고 있다. 이는 고고학적인 관점
에서 화재에 의한 소실흔적이 초기가람 폐기층에 관찰되지만, 완전히 폐

---

235) 忠南大學校博物館 編, 1998, 앞의 보고서.

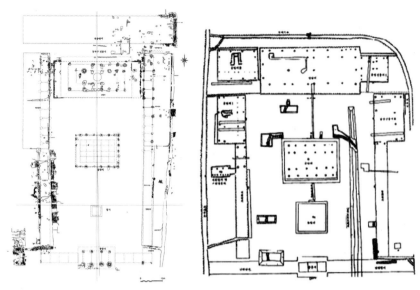

도 70 | 정림사지 가람배치도
(國立扶餘文化財研究所 2011)

도 71 | 능산리사지 가람배치도 (國立扶餘博物館 2000)

사된 것이 아닐 수도 있다는 단서가 될 수 있다.[236] 역사적으로는 초기가
람의 상징성이 성주사로 계승된다는 측면에서 의식적 동질감을 느끼게
한다. 결국, 성주사 창건기 가람의 예불건물 위치로 보아 성주사의 개창의
주된 목적은 초기가람의 재건에 초점을 둔 건축행위로 볼 수도 있다.[237]
아울러 성주사 창건기의 중심건물은 개창 계획 당시부터 그 위치가 내정
되었음을 짐작하게 한다.

다음으로 성주사 창건기의 중심건물 배치는 '一塔一金堂式'으로 조성
되어 있다. 일탑일금당식 배치형태는 중문부터 탑, 금당, 강당이 일직선
상에 위치하고 회랑이 이를 둘러싼 형태를 말하는데, 이는 일반적으로 백

---

236) 김헌창의 난에 의해 소실된 초기가람은 폐기된 이후 방치되었을 것으로 보았다(임
종태, 2014, 앞의 논문).

237) 『朗慧和尙白月寶光塔碑』에 기록된 낭혜무염과 김흔의 대화에서도 짐작된다(한국
고대사회연구소, 1992, 앞의 책, 『朗慧和尙白月寶光塔碑文』).

제의 가람배치로도 널리 알려져 있다.[238] 백제의 일탑일금당식 가람 배치 형태는 부여 정림사지[239]와 능산리사지[240]가 대표적이다.

백제의 일탑일금당식 가람배치 성립은 북위 영녕사의 영향에 의한 것으로 보는 견해가 일반적이지만,[241] 백제의 사원이 모두 일탑일금당식만을 고집한 것은 아니다. 익산 미륵사지나 부여 동남리유적과 같이 '三塔三金堂式', '無塔一金堂式'으로 조성된 사례도 있기 때문이다.

성주사 창건 이전의 초기가람은 앞서 발굴조사 내용을 토대로 가람배치 형태를 자세히 검토한 결과, 탑이 존재하지 않는 '無塔式(無塔一金堂式)' 가람배치일 가능성이 크다고 보았다. 목탑이 존재하였다면 위치도 협소할뿐더러 건물의 흔적인 凹構가 전혀 검출되지 않았기 때문이다. 이에 반해 성주사 창건기 가람은 중문과 오층석탑, 금당, 강당이 일직선 상으로 배치되는 일탑일금당식으로 조성되어 초기가람과는 분명한 차이를 보인다.

성주사의 일탑일금당식 가람배치는 초기가람의 배치 형태를 계승한 것으로 보는 견해가 일반적이었다.[242] 성주사 창건기의 중문과 금당, 강당 등이 초기가람의 범위와 이를 구성하는 건물의 위치를 인지하고 조성한 점을 고려할 때 충분히 납득할만한 견해이다. 그러나 초기가람의 불탑이 존재하였는지에 대한 논란이 있고, 게다가 초기가람 역시 백제 사찰로 보기 어려운 측면이 있어 섣불리 단정할 순 없다. 즉 성주사 창건기의 일탑

---

238) 忠南大學校博物館 編, 1981, 『定林寺址發掘調査報告書』, 忠南大學校博物館.

239) 國立扶餘文化財研究所 編, 2011, 『扶餘定林寺址發掘調査報告書寺役中心部』, 國立扶餘文化財研究所.

240) 國立扶餘博物館 編, 2000, 『陵寺扶餘陵山里寺址發掘調査進展報告書』, 國立扶餘博物館.

241) 정림사지에서 출토된 도용이 북위 영녕사지에서 출토된 도용과 동일 계통으로 추정되어 가람의 배치형태도 영녕사에서 기원한 것으로 보았다(忠南大學校博物館 編, 1981, 앞의 보고서).

242) 忠南大學校博物館 編, 1998, 앞의 보고서, 101~102쪽

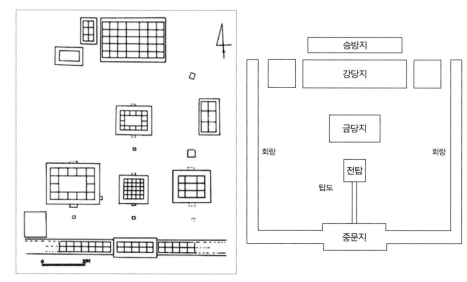

도 72 | 남원 만복사지 가람배치 (全北大學校博物館 1986)   **도 73** | 안양 중초사지 가람배치 추정도 (양정석 2012)

일금당식 가람배치는 창건기 예불건물의 위치로 보아 초기가람의 배치
형태를 계승한 점은 인정되나, 이를 백제의 가람배치 양식을 수용한 것으
로 볼 순 없다는 것이다.

  일탑일금당식 가람배치의 기원은 북위 영녕사에서 찾을 수 있고, 이를
수용한 백제는 가람 조영 시 일탑일금당식의 배치형태가 주류를 이루었
음은 주지한 바와 같다. 그러나 평지형 일탑일금당식 가람배치의 형태는
비록 후대이기는 하나 남원 만복사지와[243] 원주 거둔사지,[244] 안성 봉업
사지,[245] 안양 중초사지(안양사지)[246] 등에서도 확인된다. 따라서 일탑일

243) 全北大學校博物館 編, 1986,『萬福寺』, 全北大學校博物館.
244) 翰林大學校博物館 編, 2000,『居頓寺址發掘調査報告書』, 翰林大學校博物館.
245) 京畿道博物館 編, 2002,『奉業寺』; 京畿道博物館 編, 2005,『高麗 王室寺刹 奉業
    寺』, 京畿道博物館.
246) 양정석, 2012,「九山禪門 伽藍 認識에 대한 考察」,『新羅文化』40, 동국대학교 신라

금당식의 가람배치는 백제에서 그 起源을[247] 찾을 수도 있겠지만, 이는 백제시대로 한정한 시간적 범주에서만 통용되어야 할 것이다. 결과적으로 성주사 창건기의 가람배치는 공간적 특성에 따른 초기가람의 배치형태를 계승한 것일 뿐 시간성에 기인한 계통적 특성으로 인식할 수는 없을 듯하다. 다만 선종 구산문으로 창건된 성주사는 당시 유행한 신라의 기본적인 가람배치 형태인 '쌍탑일금당식'[248]이 아닌 '일탑일금당식'으로 조성된 사실은 분명 특기할 만하다.

2) 회랑과 공간구성

고대로부터 회랑은 건축학적으로 안쪽에는 기둥을 세우고 바깥쪽에는 벽과 창을 두어 외부와 차단하여 조성한다.[249] 일반적으로 회랑의 주칸은 一間으로 이를 單廊이라[250] 하는데, 회랑의 폭이 증가하는 특수한 경우에는 二間으로 된 複廊이[251] 조성되기도 하였다. 또한, 회랑은 복도 또는 통로와 같은 기능성에 따른 것도 있지만, 가람에서 금당과 불탑 같은 예불건물이 있는 신성한 지역(불계)과 俗界를 구분하기 위한 경계 시설물이기도 하다. 이런 사상적 경향으로 인해 고대 교종 가람에서 회랑은 범위가 극히 제한적이고 계획성 있게 조성하려 한 흔적을 쉽게 살필 수 있다.

성주사 창건기의 예불건물이 있는 가람 중심부는 오층석탑과 금당, 강

문화연구소.

247) 柳炯均, 2011,『高麗 寺院 木塔址 硏究』, 東國大學校 博士學位論文, 254쪽.
248) 대표적인 예로 경주 감은사지와 사천왕사지를 들 수 있으며, 성주사가 창건된 신라하대에는 남원 실상사가 이에 해당한다.
249) 벽을 두지 않고 공개하여 통행이 자유롭게 조성한 경우도 있다.
250) 고대 가람부터 일반적으로 확인되는 회랑구조로 특히 백제, 신라, 일본의 사원유적에서 주로 나타난다.
251) 익산 미륵사지 회랑지가 이에 해당한다.

도 74 | 성주사 창건기 남회랑의 범위와 문지 (百濟文化財研究院 2012a 수정)

당이 남북 일직선으로 배치되었는데, 그 둘레에 회랑을 건립하여 독립된
공간으로 마련하였다.

그런데 중문지와 연결된 남회랑은 8차와 9차 조사에서 서쪽으로 확장
되는 것이 확인되었고, 확장된 남회랑은 현 사역 서쪽 담장 부근에서 꺾
여 북쪽으로 이어진다. 이렇게 확인된 성주사지 회랑은 가람 중심부를 포
함한 8차 · 9차 조사지역 사역 범위를 모두 감싸는 형태를 이룬다.[252] 즉
성주사 창건기 가람은 사역의 남쪽과 서쪽 경계를 회랑으로 둘러쌓아 구
획한 것이다.

성주사 창건기 가람의 경계를 회랑으로 조성한 근거는 중복으로 조성
된 담장지와 남회랑 남쪽 전면의 문지(출입시설)를 통해서도 뚜렷하게 알

---

252) 9차 조사에서 확인된 고려시대 17호, 19호, 21호 건물지가 이에 해당한다.

수 있다(도 74). 먼저 담장지는 남회랑지의 중앙과 외곽에서 2~3기가 확인되는데, 이들 담장지의 기저석은 남회랑의 기단토를 굴착하고 조성한 것이다. 이에 따라 남회랑과 담장은 선후관계가 명확한 것을 알 수 있으며, 먼저 조성된 남회랑이 폐기된 이후 담장을 후축하여 기능을 대신하였던 것으로 보인다.

남회랑지의 문지(출입시설)는 규모가 약 4m가량이며, 남회랑 남쪽 전면부에서 확인되었다. 확인된 출입시설은 3단 정도의 계단이 마련되어 있는데, 계단 정면으로는 평평한 박석을 부석한 것이 특징이다. 계단 전면의 부석 상면에서는 '咸雍六年'銘 암키와[253]와 元符通寶[254]가 출토되어 이를 통해 남회랑과 출입시설의 조성연대가 성주사 창건기 무렵일 것으로 추정하였다.[255] 결과적으로 남회랑은 성주사 창건기 무렵에 조성된 사역의 남쪽 경계 시설물이며, 출입시설은 외부에서 사역으로 진입하는 통로로서 기능한 것임을 알 수 있다.

한편 남회랑은 현 사역 서쪽 경계에서 북쪽으로 꺾이어 서회랑으로 이어지는데, 이가 곧 서쪽 사역의 경계를 이룬다. 9차 조사에서 확인된 고려시대 17호, 19호, 21호 건물지는 상·하로 중복되어 확인되었는데, 이 중 하층 유구인 선행건물은 남북으로 세장한 평면형을 이루고 있어 구조적으로 이들 건물이 회랑으로서 기능하였을 가능성이 매우 크다(도 75). 특

---

253) 遼 興宗 6년, 1070년.

254) 宋 哲宗, 1098~1100년.

255) 보고자는 '咸雍六年'銘 암키와와 元符通寶를 출입시설 상면의 부석시설과 남회랑 기단토 내부에서 출토된 것으로 이해하였다. 그러나 유적 조사 사진에서는 이들 유물의 정확한 출토위치가 출입시설 양 측벽에 후대 중복으로 조성된 담장시설 조성층에서 출토된 것이므로 편년에 오류가 있기에(百濟文化財研究院 編, 2011, 앞의 보고서, 237쪽) 이들 시설은 성주사가 창건된 무렵에 조성된 것으로 보아야 한다. 게다가 남회랑지 출입시설의 부석 상면에서 출토된 '咸雍'銘 암키와와 元符通寶으로 보아 적어도 元符通寶가 유통된 1100년 이후에 남회랑이 폐기된 것임은 분명하다.

도 75 | 성주사 창건기 가람의 사역 서쪽 경계 (百濟文化財研究院 2013 수정)

히 고려시대 17호 건물지는 건물 너비가 남회랑의 너비와 거의 같아 서쪽 사역 경계인 서회랑으로 기능한 건물임에는 분명해 보인다.

한편 앞의 〈도 33〉과 같이 사역 서쪽 일대에 조성된 건물지 중 고려시대 2호와 4호 건물지는 고려시대 17호 건물지 동쪽 기단부와 연결되는 것이 확인되었는데, 다시 고려시대 2호 건물지의 동쪽에는 고려시대 6호와 8호, 9호 건물지가 'ㅓ'자 형태로 맞닿아 조성되어 있다. 이들 건물은 배치와 단축의 규모로 보아 모두 회랑으로 기능하였을 가능성이 크다. 이에 따라 이들 건물은 성주사 창건기 가람에서 행랑으로 기능한 것이며, 이 중 'ㅓ'자 형태로 배치된 건물은 성주사에서 사역의 공간을 구획하는 동시에 中行廊으로서 기능한 것임을 알 수 있다.

결국, 이를 통해 성주사 창건기에는 회랑을 조성하여 가람 중심부를 기점으로 서편부에 최소 3개의 공간을 구획하였던 것으로 보인다. 그러나 이들 공간은 성주사 창건기에 어떻게 활용되었는지 알 수 있는 구체적인 흔적이 드러나지 않아 정확하지는 않다. 다만 성주사가 창건되면서 사역이 확장함에 따라 공간을 구획할 필요성에 의해 계획적으로 회랑을 조성한 것이라면, 이는 당시 성주사가 사원으로서 기능한 것만이 아닌 복합적인 기능도 함께 수행할 수 있는 공간을 창출하기 위함으로도 해석해 볼

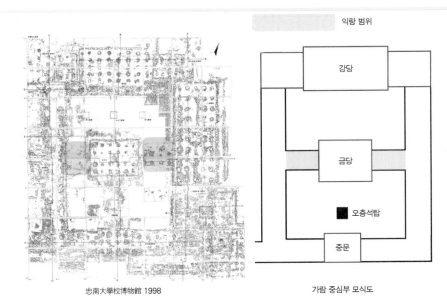

忠南大學校博物館 1998 　　　　　　　　　　　　　　가람 중심부 모식도

도 76 | 성주사 창건기 가람의 익랑 평면도와 모식도

수 있다.[256)

한편, 성주사 창건기 가람 중심부에서 확인된 또 다른 특징은 금당의 좌우에 익랑이 조성되고 이는 동·서회랑과 연결된 것이다. 〈도 76〉에서 금당지 좌우(동서)에는 익랑이 시설된 것을 알 수 있는데, 보고서에서는 이를 5차 가람 조성기(삼천불전지 중건기)에 해당하는 조선시대에 마련된 회랑의 흔적으로 이해하였다.[257) 그러나 금당과 삼천불전이 같은 시

---

256) 필자의 소견으로는 성주사 창건기의 공간 분할에서 가람의 중심을 이루는 禮佛建物이 동쪽에 치우치고 서쪽에 별도의 공간을 구성한 점으로 보아 성주사는 寺院의 기능뿐만이 아닌 官衙 혹은 客舍와 같은 地方官廳의 기능도 함께 수행하는 複合的인 장소로 사용한 것이 아닌가 추정된다. 그러나 이를 사실로 받아들일 만한 결정적인 근거가 없어 이는 추후 자세히 논의할 것이다.

257) 보고서에서 금당 좌우의 익랑에 대한 자세한 설명은 없고 〈도면 15〉의 변천 모식도에서 이를 5차 가람기로만 구분하였다(忠南大學校博物館 編, 1998, 앞의 보고

기에 존재하였을 경우 금당
동쪽의 익랑은 삼천불전 전
면의 출입시설과 중복될 가
능성이 커 같은 시기에 존
재한 것으로 보기에는 여
려울 듯 하다.[258] 또한, 금
당 익랑의 기단토 하층에
서 IAe, IBb, ⅡBa 유형과
같은 이른 시기 연화문수막
새가 출토된 점으로 보아
익랑은 삼천불전보다 앞선
시기에 조성된 건물일 가능
성이 크다.

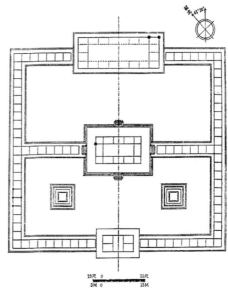

도 77 | 경주 감은사지 창건기 가람배치도
(國立慶州文化財硏究所 1997)

게다가 금당 좌우에 익랑
을 조성한 사례는 통일신라시대에 조영된 사찰지에서 주로 확인된다. 실
제 경주 감은사지[259]와 사천왕사지[260]에서 성주사지 익랑과 유사한 구조
의 건물이 금당지 좌우에서 확인되기도 하였다(도 77 · 78). 이에 따라 성

서, 93쪽).

258) 금당의 익랑과 삼천불전지가 연결될 경우 이와 관련된 진입시설이 삼천불전지 기
　　단 전면에서 확인되어야 하지만, 이는 전혀 확인되지 않았다. 아울러 현재까지 조
　　사된 조선시대 사원유적 중 금당 좌우에 익랑이 시설된 사례가 없어 이를 충분히
　　고려해야만 한다.

259) 감은사지는 사적 제31호로 경상북도 경주시 양북면 용당리에 있다. 『三國遺事』에
　　서의 초창연대는 681년으로 신문왕이 부왕인 문무왕의 뜻을 이어 창건하였다고
　　한다. 발굴조사 된 감은사지는 남에서부터 中門, 雙塔, 金堂, 講堂이 일직선상에 배
　　치된 '雙塔式伽藍'으로 조성되었으며, 주변 사방에는 回廊을 두고 금당과 좌우 동
　　서 회랑 사이에 翼廊을 조성한 점이 특징이다(國立慶州文化財硏究所 編, 1997,
　　『感恩寺 發掘調査報告書』, 國立慶州文化財硏究所).

260) 國立慶州文化財硏究所 編, 2012 · 2013a · 2014, 앞의 보고서.

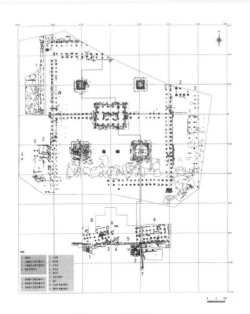

도 78 | 경주 사천왕사지 가람배치도
(國立慶州文化財硏究所 2012)

주사 창건기 금당의 좌우에 설치된 익랑은 신라 가람배치의 영향을 받은 것으로 생각되며, 이는 조탑방식과 함께 신라적 요소가 가장 많이 투영된 흔적으로 볼 수 있다.

이상과 같이 성주사 창건기 가람의 회랑은 사역의 경계를 설정하면서 공간을 구획하는 기능도 함께한 것으로 보인다. 이는 회랑의 기능을 최대한 활용함과 동시에 체계적이고 계획적으로 가람을 조성한 것으로 볼 수 있는 중요한 근거가 된다. 아울러 성주사 창건기 가람은 예불건물들의 배치가 일탑일금당식으로 조성되면서 금당 좌우에 익랑을 설치한 점으로 보아 신라 가람의 영향을 받아 가람을 조성한 것을 알 수 있다.

3) 기단축조 방식

성주사 창건기 건물지의 대표적인 특징은 건물의 기단시설이다.[261] 앞

---

261) 건물의 구조에서 기단은 토대를 세우고 단을 쌓은 건물의 기초시설을 의미한다. 기단의 시설 목적은 상부로부터 礎石으로 전달되는 하중을 받아 지반에 전달하기 위한 것으로 빗물이나 해충으로부터 건물을 보호하는 데 있다. 이러한 기단은 외장의 축조재료에 따라 土築基壇, 石築基壇, 瓦積基壇, 塼積基壇, 塼石混築基壇, 塼土混築基壇 등으로 나뉜다. 또한, 기단은 외관상의 층수에 따라 다시 單層基壇과

통일신라시대~고려시대 1호 건물지 북측기단

통일신라시대~고려시대 축대 전면기단

고려시대 9호 건물지 전면기단

고려시대 14호 건물지 전면기단

도 79 | 성주사 창건기 건물지 대석기단 (百濟文化財研究院 2012a · 2014a)

서 성주사 창건 이전 초기가람의 주요 기단시설은 塼과 石을 혼합한 塼
石混築基壇이었다. 그러나 성주사가 창건되면서 이전의 기단시설 방식은
제외되고 새로운 기단 축조방식이 도입되는데, 바로 수직횡렬식 대석기
단[262]이 그것이다(도 79).

　수직횡렬식 대석기단은 길이 60~120cm의 화강암 장대판석을 수직으
로 세워 넓은 면이 전면을 향하도록 조성한 것인데, 이 같은 대석기단으

二重基壇으로도 구분된다.
262) 수적기단 또는 대석기단이라고도 한다.

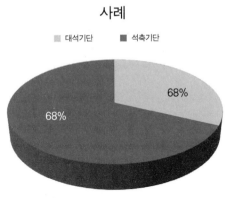

사례

■ 대석기단 ■ 석축기단

68%

68%

도 80 | 성주사 창건기 건물지의 기단 축조방식에 따른
비율

로 축조된 건물은 사역 북동쪽에서 노출된 1차 축대를 비롯해 통일신라시대~고려시대 1호 건물지와 고려시대 9호, 12호, 14호 건물지 등이 이에 해당한다. 아울러 가람 중심부에서는 금당지와 강당지 등이 포함된다.

그러나 성주사 창건기의 건물지가 모두 대석기단으로 조성된 것은 아니다. 남회랑지와 서회랑지, 그리고 몇몇 건물지는 중·소형 할석을 쌓은 석축기단으로 조성하였다.

성주사 창건기에 조성된 건물지의 기단 축조방식에 따른 비율은 석축기단이 대석기단에 비해 2배 정도 많은 수치를 보인다(도 80). 다만 이 수치는 발굴조사에서 확인된 건물지가 후대 건물지와 중복되어 이를 분간하기 어려운 경우도 있어 큰 의미를 두기는 어렵다.

이렇게 확인된 수직횡렬식 대석기단 건물지는 공통으로 독립된 공간에 건립된 점으로 보아 건물의 위계에 따라 차이를 두기 위한 것으로 짐작된다. 또한, 대석기단 건물지 폐기층에서 출토된 유물은 세판연화문수막새와 당초문암막새, 격자문 위주의 삼구분복합문 암키와가 주로 확인되는데,[263] 이들 유물을 통해서도 해당 건물의 위계를 가늠해 볼 수 있다(도 81).

이상과 같이 성주사 창건기 가람을 구성한 건물은 수직횡렬식 대석기단과 석축기단으로 기단을 조성하였다. 이 중 수직횡렬식 대석기단은 상대적으로 규모가 크거나 독립된 공간에 축조된 위계가 높은 건물에 한정

---

263) 성정용, 2012, 앞의 논문, 216쪽.

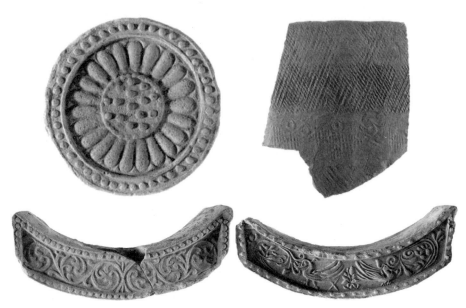

도 81 | 통일신라시대~고려시대 1호 건물지 1차 건물 폐기층 출토유물 (임종태 2014)

하여 채용한 것을 알 수 있다. 이에 반해 석축기단은 비교적 규모가 작은 건물이나 회랑지 같은 비중이 적은 건물에 주로 채용한 것을 알 수 있었다. 즉 성주사 창건기에는 건물의 위계와 규모에 따라 기단의 축조방식을 달리한 것으로, 이는 건물의 장엄을 기단으로 표현한 것으로 해석해 볼 수 있다.

한편, 성주사 창건기 건물 중 금당은 성주사를 대표하는 건물로 볼 수 있는데, 현재 남아 있는 금당은 3차에 해당하는 고려시대 무렵에 개축된 것이다. 확인 가능한 금당의 기단은 치석된 가공석을 이용한 가구식 기단[264]으로, 이는 성주사지에서 검출된 건물의 기단 중 유일한 것이다. 즉 유일

---

264) 지대석, 면석, 갑석으로 이루어진 기단의 유형으로 석재를 가공해야 하는 수고로 인해 비교적 위계가 높은 건물에만 가구식 기단을 채용한다.

하게 가구식 기단으로 건립된 금당은 성주사에서 가장 위계가 높았던 건물이 분명하다. 그러나 가구식 기단이 채용된 3차 금당은 고려시대 무렵의 것인데, 성주사 창건기에도 이와 동일한 기단시설의 건물이었는지는 불분명하다.

다만 고려시대에 개축된 금당의 기단시설이 가구식 기단을 채용해 시설한 만큼 성주사 창건기 기단 역시 이에 버금가는 기단으로 축조되었을 가능성이 높다. 아울러 기단을 지탱한 내부의 기단토 범위를 파악한다면, 이때의 기단시설을 대략적으로나마 알 수 있을 것으로 판단된다. 따라서 다음 절에서는 성주사 창건기 금당을 비교적 자세히 살펴보도록 하겠다.

3. 창건 금당의 조성과 배경

金堂[265]은 사원에서 불상(금인)을 봉안하기 위해 조성된 건물로 가람을 구성하는 건물 중 가장 대표적인 건물이다. 성주사 창건기 금당도『聖住寺碑』와『朗慧和尙白月葆光塔碑』에 금당의 건립과정과 동원된 기술자, 경비조달과 같은 세부적인 내력을 기록한 점으로 보아 성주사를 대표하던 건물임을 알 수 있다. 게다가『聖住寺碑』편에는 완성된 금당 내부에 丈六世(尊像)을 주조하여 봉안하였던 사실도 기록하고 있다.[266] 이때 장육

---

265) 1103년 北宋의 宗賾禪師가 편찬한『禪院淸規』에서는 大殿과 法堂을 따로 구분하였다(자각종색선사 · 최법혜 역주, 2001,『고려판 선원청규 역주』, 가산불교문화연구원, 37쪽). 즉 大殿은 부처님을 모신 공간으로 敎宗寺刹의 금당과 같은 건물을 지칭하며, 법당은 敎宗寺刹의 강당과 같은 일산의 住持가 說法을 하는 곳으로 구분한 것이다. 그러나 우리나라 불교는 여러 종파와 교리가 혼합된 通佛敎的 성격이 강하여 佛殿과 法堂을 따로 구분하지 않고 혼용하여 부른다. 성주사지 발굴조사에서도 '聖住寺金堂瓦'銘 銘文瓦와 '聖住金堂'銘 靑銅光明臺 초반침이 출토되었기 때문에 선종 가람인 성주사에 금당이 존재하였던 것은 분명하다.

266) 양승률, 1993, 앞의 논문.

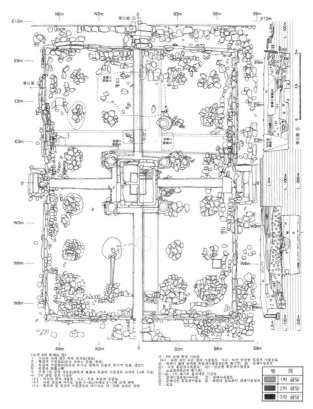

도 82 | 금당지 평면도 및 동서 층위도 (忠南大學校博物館 1998)

세존상은 신라의 皇龍寺[267]와 靈妙寺[268] 등과 같은 극소수의 국영사찰에
만 봉안하던 불상으로, 이는 왕실의 비호와 충분한 경제력, 기술력 등이
뒷받침되지 않으면 봉안할 수 없었다. 또한, 『崇嚴山聖住寺事蹟記』에는
성주사의 금당을 '五層重閣'으로 표현하고 있어 흥미롭다.[269]

---

267) 『三國遺事』第三「塔像」第四 皇龍寺丈六.
268) 『三國遺事』第三「塔像」第四 靈妙寺丈六.
269) 『崇嚴山聖住寺事蹟記』에서는 이를 法堂으로 명시하였다.

성주사는 지방사원임에도 불구하고 대규모 인력과 경제력이 동원되어 조영되었다. 그 중에서도 금당의 조성은 당시 성주사를 대표하는 상징물로서 상당한 공력을 들여 조성한 것으로 보인다. 『聖住寺碑』에 금당의 건립과정과 장육세존상을 봉안한 사실을 구체적으로 기록한 점만 보더라도 알 수 있으며, 창건기에 화려한 금당이 존재한 것은 분명한 듯하다.

따라서 이번 절에서는 성주사를 대표하던 창건기 금당을 고고학적으로 검토해 특징을 살펴보고, 성주사에서 금당이 차지하던 비중과 이를 통한 성주사의 조성배경, 창건주에 관해 추론해 보겠다.

1) 성주사 창건기 금당의 현황

앞서 Ⅱ장에서 검토한 것처럼 성주사지 금당지는 각 가람기에 해당하는 3차례의 변천 양상이 확인되었다. 이를 요약하면, 1차 금당은 흔적이 미비하여 건물의 평면형이나 규모, 구조 등과 같은 세부적인 현황을 찾을 수가 없다. 다만 금당 내부시설로 추정되는 적심토 3기가 확인되어 대략적으로나마 여기에 금당이 존재하였던 것으로 추정한 것이다. 그러나 1차 금당의 흔적인 적심토는 주망에 따른 배열이 일정하지 않아 적심토로 기능을 하였는지는 면밀히 검토할 필요가 있다.

한편, 2차와 3차 금당은 그 흔적이 뚜렷하게 확인되고 있다. 먼저 2차 금당은 기단토를 포함한 지대석 일부가 남아있어 당시 금당의 기단토 조성기법과 규모 등을 대략적으로 알 수 있다. 3차 금당은 2차 금당의 기단토를 그대로 재사용하면서 기단의 범위만을 확대한 것인데, 최종 단계인 3차 금당의 기단시설이 대부분 남아있기에 기법과 규모 등을 상세히 알 수 있다. 3차 금당의 조성시점은 금당의 확장 기단토에서 청자편과 Ⅳ형의 유단식수키와편이 출토되어 삼천불전이 조성될 무렵인 성주사 중건기(삼

천불전 창건기)에 改築된 것으로 추정된다.[270]

그런데 문제는 2차 금당의 조영시점이 불명확하다는 것이다. 금당지 조사결과에 따르면 2차 금당의 조성시점은 성주사 창건기 무렵으로 暫定하고는 있지만, 2차 금당의 소토 폐기층에서 성주사 창건기 시점보다 이른 시기의 유물이 출토되어 유구와 유물간의 矛盾됨이 확인된다.(도 83)[271] 2차 금당의 폐기면인 소토층에서 출토된 유물은 성주사가 창건되기 이전 시기의 것들이 대부분으로, 이들 유물은 2차 금당의 조성과 폐기가 성주사 창건 이전에 이루어진 사실을 방증한다.

도 83 | 2차 금당 폐기면 출토유물 (忠南大學校博物館 提供)

더구나 2차 금당의 구지표면 또는 폐기면에서 확인되는 소토층은 건물이 전소되는 과정에서 형성된 층위임이 분명한데, 이는

도 84 | 2차 금당 폐기면 소토층 (忠南大學校博物館 提供)

---

270) 忠南大學校博物館 編, 1998, 앞의 보고서, 77쪽.
271) 忠南大學校博物館 編, 1998, 앞의 보고서, 77쪽.

도 85 | 금당지 남쪽외곽 층위 (忠南大學校博物館 提供)

『朗慧和尙白月葆光塔碑』에 언급된[272] 대화재가 원인일 가능성이 크다. 심지어 소토 폐기층은 2차 금당 폐기면 뿐만 아니라 강당지와 강당 동편 건물지, 중문지, 동·서회랑지 등을 포함한 가람 중심부 전역에서 동일 높이로 확인되었다. 결국, 이 소토폐기층은 초기가람이 화재로 소실됨에 따라 형성된 흔적임이 분명하다(도 84·85). 또한, 2차 금당 폐기면에서 출토된 유물은 통쪽와통의 승문 암키와편과 원통형와통의 선문 암키와편, 세판연화문수막새가 동반되어 유물의 편년이 성주사 창건기 보다는 상대적으로 앞선다.

이상과 같이 고고학적으로 확인된 층위와 출토유물의 편년을 종합해 볼 때, 2차 금당의 조성과 폐기 시점은 성주사가 창건되기 이전일 수밖에 없다는 결론에 이른다. 그러나 이를 수용하면 성주사 창건기 금당은 존재 자체가 불분명하게 되며, 3차 금당이 조성될 때까지 공백기가 존재하게 된다. 『聖住寺碑』와 『朗慧和尙白月葆光塔碑』에 금당의 건립과 존재를 분명히 밝히고 있어 창건기 무렵에 금당이 존재한 것은 부정할 수 없는 사실이나, 이를 고고학적으로 명쾌하게 밝힐 수 없다는 것이 문제가 된다.

현재 금당이 있는 가람 중심부는 발굴조사가 종료됨에 따라 금당에 대한 추가적인 자료의 확보가 불가능하여 명확한 근거나 해답을 제시하는

---

272) 間劫沛罍 金田牛灰 匪慈哲 孰能興滅繼絶 可强爲朽夫住持乎(한국고대사회연구소, 1992, 앞의 책, 『朗慧和尙白月葆光塔碑文』).

데 어려움이 있다. 금당지에 실시한 발굴조사에서 금당지 상면에 남아있는 유구가 대부분 잘 보존된 상황이었기에, 이를 무리하게 제거하면서 하층유구를 조사하기에는 당시 상황이 여의치 않았다. 이에 동서남북 사방으로 탐색트렌치를 설치하여 층위에 따른 유구의 선후관계와 주변에서 출토되는 유물만으로 금당의 변천 양상을 파악하고자 한 것이다. 트렌치 설치 결과, 선대금당의 폐기와 밀접하게 관련된 소토폐기층은 3차 금당 내부에서 한 차례만이 검출되었고, 이 소토 폐기층은 2차 금당 기단의 지대석 전면에 수평적으로 퇴적되어 지대석과 연결된 것이 확인됨에 따라 이는 2차 금당의 폐기면이 분명한 것으로 확인되었다.[273]

결국, 성주사지 금당지는 2차 금당을 기점으로 1차 금당은 형적이 구체적이지는 않지만 남아있는 적심토가 금당의 흔적임을 가정할 때, 이는 층위적으로 2차 금당의 하부에 존재함으로써 2차 금당보다 앞선 시기에 조성된 유구가 분명하다. 3차 금당은 확장된 기단토 내부에서 출토된 유물로 보아 후대 개축된 것으로, 개축된 시기는 삼천불전이 건립되는 고려시대 무렵으로 추정된다. 정리하면 1차 금당은 성주사가 창건되기 이전에 조성된 것이며, 3차 금당은 성주사 창건된 이후에 개·보수된 것이므로[274] 고고학적인 관점에서 유구의 변천 단계 정황상 2차 금당이 성주사 창건기 가람의 금당일 수밖에 없는 결론에 이른다.

한편 2차 금당의 기단토 상면에는 불상을 안치하였던 불대좌가 남아있다. 금당지 중앙에 있는 불대좌는 하부에 부석과 다짐층을 번갈아가며 다져 별도의 축기부를 조성하였는데, 이는 불대좌 상면의 무게를 견딜 수 있도록 견고하게 조성한 흔적이다. 또한, 다짐층 내부에는 원형의 대형 석재를 정치시켜 상부의 하중을 분산시키도록 마련해 놓은 것이 특징이다

---

273) 忠南大學校博物館 編, 1998, 앞의 보고서, 77쪽.
274) 이는 유구의 주변에서 출토되는 유물의 편년을 통해서도 쉽사리 구분된다.

도 86 | 금당지 불대좌 내부 (百濟文化財研究院 2014a)

도 87 | 금당지 하부 할석 (忠南大學校博物館 提供)

(도 86).[275] 이는 석재를 안치하기 위한 굴광흔이 내부에서 확인되지 않는 점을 고려한다면, 금당 기단토를 조성할 때 불대좌의 위치를 염두에 두고 한 번의 공정으로 시설한 것일 가능성이 크다. 이러한 불대좌의 조성시점은 축기부가 2차 금당 기단토와 단절되지 않은 점, 2차 금당의 기단토 조성방법이 동일한 점을 근거로 2차 금당의 건립시점에 함께 시설된 것으로 보인다(도 87).

이처럼 성주사 창건기 금당은 유구의 중복과 층위로 확인된 선후관계, 구조 등으로 판단할 때, 2차 금당은 성주사 창건기 유구가 분명하다. 다만 2차 금당 폐기층에서 출토된 유물의 편년이 문제가 되었다. 이러한 모순점으로 인해 조사자는 이전에 제작된 기와를 재활용하여 2차 금당에 사용한 것으로 보았다.[276] 그러나 이전의 금당을 말끔히 정지하고 새롭게

---

275) 百濟文化財研究院 編, 2014a, 앞의 보고서, 245쪽.
276) 忠南大學校博物館 編, 1998, 앞의 보고서, 77쪽.

도 88 | 성주사지 금당지 사자상 석계단
(東國大學校博物館 提供)

도 89 | 성주사지 금당지 사자상 석계단
(東國大學校博物館 提供)

금당을 신축하면서 지붕을 단장하는데, 오래된 기와를 재사용한 것은 쉽사리 이해하기 어려운 측면이 있다. 게다가 새롭게 대 가람을 조성하는 과정에서 금당은 상징성이 강한 건축물이기에 화려한 치장은 당연한 것이다. 앞서 살펴본 금석문 기록에서도 이를 유추할 수 있는 대목이 분명히 존재하는 것을 상기할 필요가 있다.

이상과 같이 성주사 창건기 금당은 『聖住寺碑』에 '金殿'이라 하여 건립과정과 비용, 내부에 장육존상을 안치한 사실 등을 기록할 만큼 대단히 높은 비중을 차지한 건물이다. 당대 금석문이 이를 기록한 것만 보아도 창건기 금당은 분명 존재하였을 것인데, 고고학적으로는 그 실체가 불분명하다. 그러나 조사 자료에 의한 유구 변천단계의 정황상 2차 금당은 성주사 창건기 가람의 금당으로 인정할 수밖에 없다. 다만 문제는 2차 금당 주변에서 출토된 유물의 편년인데, 추후 이에 대한 재고가 필요하다.

2) 창건기 금당의 건축 · 고고학적 특징

성주사 창건기 금당은 당대 금석문인 『聖住寺碑』편과 『朗慧和尙白月葆光塔碑』에 자세히 기록되어 있으나 고고학적으로는 명확하게 그 존재가 확인되지 않았다. 그러나 금당지 조사과정에서 확인된 2차 금당은 유구의 중복과 층위에 따른 선후관계, 구조로 보아 유구의 변천단계 정황상 성주사 창건기 금당으로 보아도 무방할 듯 하다.

고고조사로 확인된 성주사 창건기 금당은 주변 건물과는 전혀 다른 방식에 의해 조성된 기단토 흔적이 확인되었다. 2차 금당의 기단토는 자연 성토층 상면에 천석 등을 약 80~100cm의 높이로 채우고 그 상면에 무른 흑갈색 점질토를 깔아 아래부터 마사토와 점질토를 교대로 얇게 판축하여, 최고 150cm 높이에 맞추어 조성하였다. 최대 100cm에 이르는 할석층과 상면의 판축층은 주변 건물에 비해 상당히 높게 조성한 것인데, 이는 건물을 높여 다른 건물들과 차이를 두기 위한 것일 수 있다. 그러나 성토가 아닌 부석과 판축을 결합하여 기단토를 높인 까닭은 기능성에 따른 것일 가능성도 배제할 순 없다.

이처럼 성주사 창건기 금당의 기단토는 주변 건물들과는 다르게 상당히 이질적인 방식에 의해 조성되었다. 이 같은 기초공법은 분명한 목적에 따른 것으로 추정되는데, 이런 기반 조성사례는 앞선 시기인 백제와 신라 사원유적에서도 검출되어 흥미롭다.

7세기 전반 무렵에 조영된 것으로 알려진 백제의 익산 미륵사지[277] 목탑지 하부에서는 할석층과 판축이 혼용된 축기부가 확인되었다. 목탑지 축기부는 최대 343cm의 깊이로 되 파기한 후 상부의 1.5m 지점까지 크기 20~25cm의 할석을 수평으로 적층하고 상면에 적갈색 또는 황갈색 마사토나 모래 섞인 점토를 2~3단으로 다져 조성하였다. 판축은 이 과정을 3차례 반복하여 총 46층에 이르는 193cm의 높이로 기초를 마련하였다 (도 90). 이러한 미륵사지 목탑지의 축기부 조성방식은 성주사 창건기 금

---

277) 2009년 1월 서석탑 해체과정 중 1층 탑신 심주석 내부에서 己亥年(639)명 사리 봉안기가 확인되어 대략적인 조성연대가 밝혀졌다(國立扶餘文化財研究所 編, 2009b, 앞의 보고서, 56쪽).

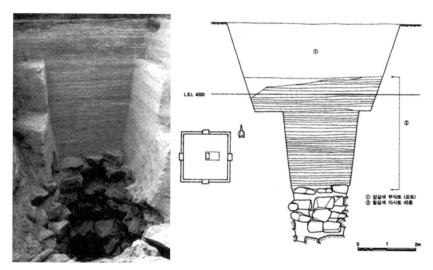

도 90 | 益山 彌勒寺址 木塔址 축기부 사진과 단면도 (國立扶餘文化財研究所 2009b)

당의 기단토와 비교해 굴광 판축한 점에서 차이는 있지만, 세부적인 할석
층과 판축의 조합양상은 동일한 것을 알 수 있다.

　신라는 경주 황룡사지 목탑지와 사천왕사지 목탑지에서 찾을 수 있다.
먼저 경주 황룡사지 목탑은 古新羅 선덕여왕 재위기인 645년경에 처음
조탑되었다고 하는데, 공교롭게도 이는 백제의 공장 아비지에 의해 건립
된 것이다.[278] 이러한 황룡사지 목탑지의 기반은 목탑이 세워질 대지에
동서 32.42m, 남북 30.6m를 터파기한 후 하층부터 자갈과 적갈색 점토를
번갈아 쌓아 기초를 마련하였다. 목탑의 기단토는 깊이 372.6cm까지 자
갈층과 적갈색점토를 번갈아가며 층을 이루도록 조성하였는데, 자갈층은
최고 20여 층까지 확인되었다(도 91).[279] 황룡사지 목탑지의 기초공법은
터파기를 제외한 내부 할석층과 판축의 조합양상이 앞서 살펴본 익산 미

---

278) 『三國遺事』 卷第三 「塔像」 第四 皇龍寺九層塔條. '前後所將舍利條'.
279) 國立扶餘文化財研究所 編, 2009b, 앞의 보고서, 62쪽.

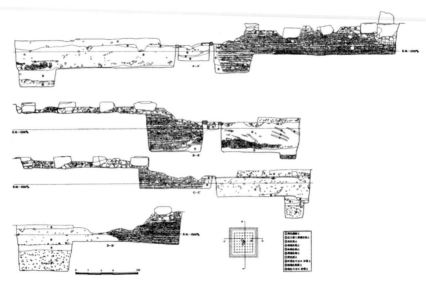

도 91 | 慶州 皇龍寺址 木塔址 층위도 (國立扶餘文化財研究所 2009b)

룩사지 목탑지와 성주사지 금당지에서 확인된 양상과 거의 동일하다. 그
리고 황룡사지는 위의 기초공법이 목탑지 뿐만 아니라 세 곳의 금당지에
서도 동일하게 확인되었다.

경주 사천왕사지는 삼국통일 직후인 679년에 세워진[280] 신라의 호국
사찰로 앞서 성주사지 초기가람의 전석혼축기단과 동일한 기단양식이 확
인된 곳이다. 사천왕사지에는 목탑이 쌍탑으로 건립되었는데, 이 중 서탑
지는 대지를 정지한 후 큰 할석과 천석을 하층부터 쌓고, 그 상면에 풍화
암반이 섞인 사질 점토를 다져 편평하게 깔아 조성하였다. 이런 다짐층은
동일한 과정을 반복하여 11단(기단 8단, 축기부 3단)을 쌓은 것으로, 구지
표면부터 확인되는 탑지의 기단토는 성주사지 금당지와 동일한 성토판축
에 의해 조성된 것이다. [281]

---

280) 『三國史記』卷第七「新羅本紀」第七 文武王 十九年條.
281) 國立慶州文化財硏究所 編, 2012, 앞의 보고서, 71쪽.

경주 사천왕사지의 서탑지도 앞서 살펴본 미륵사지나 황룡사지와 동일한 기초공법이 확인되며, 특기할 사항은 터파기와 성토 판축이 동시에 이루어진 것이다. 이 같은 방식은 시기적으로 앞선 미륵사지와 황룡사지에 비해 방식이 다양

도 92 | 慶州 四天王寺址 西木塔址 (國立慶州文化財研究所 2012)

해지는 것을 알 수 있는 사례로, 이는 오히려 가장 늦은 시기에 건립된 성주사지 금당지와 상당한 유사성을 보인다. 또한, 위의 기반 조성법은 일찍이 중국의 항토기초 방식을 백제가 수용하면서 판축으로 발달시킨 것인데, 백제시대 건물지의 기초가 대부분 판축에 의해 기초를 마련한 점이 이를 방증한다. 결국, 백제 판축기법은 신라나 일본으로 전파되어 당대 권위건축에 상당한 영향을 끼친 것으로 보인다.[282]

이 과정에서 통일기 이전인 고신라 단계에는 백제의 건축기술을 수용한 것이 통일기에 들어서면서 다양한 방식으로 응용되고, 이러한 건축술은 후대 성주사 금당 조성에 영향을 끼친 것으로 해석된다.

한편 판축과 성토를 조합한 기초 조성법은 안정되고 내구성이 강한 기초를 마련하기 위함으로 특기할 사항은 판축토 아래에 할석층이 존재한다는 사실이다. 기존에 할석층은 원지형의 지반이 약한 것을 고려해 배수가 잘되도록 보완하고자 시설한 것으로 추정하였는데,[283] 성주사지는 단

---

282) 조원창, 2011, 『백제의 토목건축』, 서경문화사.
283) 미륵사지나 황룡사지는 본래 저습한 지형에 사역을 조성하였기에 최하층에 할석

순히 배수를 위해 할석층을 시설한 것만은 아닌 것으로 보인다.[284] 아울러 위의 기반 조성은 미륵사지 목탑지와 황룡사지 목탑지, 사천왕사지 탑지에서 주로 관찰되므로 多層建物에 적합한 기반시설임을 알 수 있다.

탑은 多層式 구조의 건물로 이를 건립하기 위해서는 무엇보다도 견고한 지반을 마련해야만 한다. 또한, 탑은 공통으로 평면 방형을 이루는 특성을 보이는데, 방형구조는 다층 목조건물에서 층간 연결에 가장 적합할 뿐더러 비율에 따른 안전성이 돋보이기에 방형의 형태를 고수하는 것이다. 그러나 앞서 목탑의 기초방식으로 마련된 성주사지 2차 금당의 기단토는 탑과 같은 다층식에 적합한 평면 형태가 아니어서 어떠한 이유로 이 같은 기초방식에 의해 기단토를 마련하였는지 의문스럽다.

해답은 비록 성주사지 3차 금당과 관련된 기록이긴 하지만『崇嚴山聖住寺事蹟記』에 의해 찾을 수 있었다.『崇嚴山聖住寺事蹟記』에 따르면 성주사지 3차 금당을 '五層重閣'으로 표현하고 있다.[285] 물론 이를 전제하여 성주사 창건기 금당인 2차 금당도 오층중각이었는지는 확실치 않다. 다만 앞서 지적한 것처럼 3차 금당의 기단토는 2차 금당의 기단토를 그대로 재사용한 것이 고고학적으로 분명히 확인된 점을 상기할 필요가 있다. 즉 2차 금당의 기단토와 공유한 3차 금당이 오층중각으로 건립되었다면, 2차 금당 역시 이와 동일한 오층중각이었을 개연성이 크다.

결국, 성주사 창건기 금당인 2차 금당은 다층건물에 적합한 기초시설이

을 적층한 것일 수도 있지만, 성주사지는 원지형이 하천퇴적층에 황갈색사질점토와 흑갈색점질토가 차례대로 퇴적되어 기본적으로 자연배수가 용이한 지리적 이점이 있다. 그런데도 성주사지 금당지는 원지형 상면에 할석을 쌓고 판축을 하였던 것은 단순히 배수만을 위한 시설로 보기에는 어렵다. 게다가 성주사지에서 할석과 판축을 조합해 기초를 마련한 건물은 금당이 유일하여 상당히 이질적인 것을 알 수 있다.

284) 성주사지에서는 건물의 하중을 분산시키기 위한 補講施設로 추정하고 있다(忠南大學校博物館 編, 1998, 앞의 보고서, 76쪽).

285) 改創選法堂五層重閣(황수영, 1968a, 앞의 논문).

고고학적으로 증명되었고, 이를 공유한 3차 금당이 오층중각으로 건립된 점을 고려한다면 2차 금당도 오층중각으로 건립되었을 가능성이 매우 크다. 또한, 이는 현재 금당지 상면에 남아있는 주열배치가 건축학적으로 그에 맞는 중층가구와 층간연결 구조체계가 가능할 수 있다는 것을 의미한다.

한편 重層이란 '중첩 重'과 '켜 層'의 복합적인 의미로 건축학에서는 전통목조 건축에서 바닥구조의 적재에 의해 수직적으로 높아지는 구조 또는 형태를 말한다. 아울러 중층목조건축은 복층 이상의 공간이 수직으로 연결된다는 점에서 단층과는 차이가 있고, 이에 따라 층의 수직적 연결과 관련되는 건축기법이 요구되는 건축물이다.[286] 다만 중층건축은 바닥구조가 중첩되어 층수가 많음을 뜻하는 다층건축의 의미로 해석할 수도 있는데, 중층건축의 형태와 기능에 따른 명칭은 중국, 일본, 한국에서 다소 다름으로 이를 염두에 두어야 할 것이다.[287]

중층목조건축의 형식은 고대로부터 기능 상의 차이 또는 평면 상의 규모와 입면 상의 높이에 따라 전각과 탑으로 구분되었다. 중층목조건축에서 층을 구분하는 기준은 바닥구조 이외에도 지붕의 수, 건축물의 높이 등 여러 가지 요인이 있다. 아울러 중층목조건축의 의미에 따라서는 기능적인 측면과 형태적인 측면으로 나누어 개념을 생각해 볼 수 있다. 이를 전제하면 중층목조건축은 첫째, 건축물의 내부에 상하층을 구획하는 바닥구조가 설치되어 각 층을 사용할 수 있는 경우와 둘째, 두 층 이상의 높이를 하나의 층으로 구성하여 내부공간을 수직으로 확대하고 외부에 두

---

286) 權鍾湳, 2004, 『한국고대목탑의 구조와 의장, 皇龍寺, 九層塔』, 미술문화, 48~49쪽.
287) 重層建築과 多層建築은 의미상 차이가 있다. 먼저 전자인 중층건축은 지붕이 수직으로 중첩되어 외관상 두 개의 층을 이루는 건축물을 뜻하지만, 후자인 다층건축은 내부의 층이 수직으로 중첩되어 복층을 이루는 건축물을 뜻한다(신웅주 · 박강철, 2010, 「보림사 대웅보전의 조영에 관한 연구 -柱間設定과 上層遞減의 기법을 중심으로-」, 『대한건축학회지』 26, 대한건축학회, 188~198쪽).

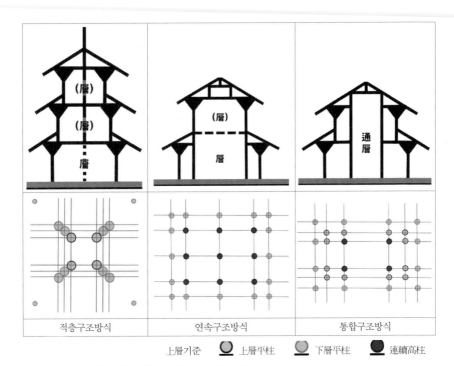

| 적층구조방식 | 연속구조방식 | 통합구조방식 |

上層기준   上層平柱   下層平柱   連續高柱

도 93 | 중층목조건축 유형의 개념도 (신웅주 · 박강철 2010)

개 이상의 지붕을 상하로 설치한 경우로 나눌 수 있다.[288]

　단층의 목조건축에 비해 다양한 결구형태로 건립되는 중층목조건축의 구조방식은 중첩된 층의 수직적인 연결방법에 따라 세 가지 유형으로 분류할 수 있다(도 93).[289] 먼저 첫째는 각 층이 독립된 구조체계를 가지면서 단층의 가구가 적층되는 積層構造方式이다. 이는 상하층을 구획하는 바닥구조가 설치되어 단층의 단위 가구가 적재되는 방식으로 각 층을 사용할 수 있도록 하는 기능적인 요구와도 관련이 있다.

---

288) 신웅주 · 박강철, 2010, 앞의 논문, 189쪽.
289) 신웅주 · 박강철, 2010, 앞의 논문, 189~190쪽.

둘째는 각 층의 바닥구조가 따로 있지 않고 두 개 층 이상의 높이가 통층으로 구성되어 내부 공간이 수직으로 확대되고 하층의 內陣 주위 사방에 각 1칸이 첨부되어 칸을 에워싼 連續構造方式이다. 이 방식은 건물 내부의 상하층 전체가 高柱로 연속되고 더 낮은 지붕을 갖는 副階에 의해 외관으로만 층이 나뉜다.

셋째는 적층구조방식과 연속구조방식이 혼합된 折衷構造方式으로 현존하는 반수 이상의 중층목조건축이 이에 적용된다. 이 방식은 상층의 외진이 하층의 외진 또는 고주열과 단면상에서 수직으로 일치하지 않고, 하층의 退樑에 세워짐으로써 연속구조방식 보다는 상층의 체감율이 낮다. 또한, 부계로 구성된 하층의 퇴칸이 상층에서 분할되어 협소한 퇴칸이 상층에도 형성되는데, 이에 따라 하층의 협칸 폭이 조절되어 주칸 배열을 자유롭게 적용할 수 있는 점이 특징이다.

성주사지 금당은 위의 방식 중 남아있는 초석 및 적심의 주열배치와 불대좌의 위치로 보아 連續構造方式에 의한 通層形[290) 중층건물로 조성되었을 가능성이 크다.

한편 重層式 金堂(佛殿)의 조성은 고대로부터 조선 후기에 이르기까지 많은 사례가 문헌기록에서 확인된다.[291) 이처럼 고대부터 불사 조영에 중

---

290) 김봉건은 중층불전의 통층형 가구법을 외형에 따라 크게 온칸통층형과 반칸통층형으로 구분하였다. 반칸통층형 구조는 다시 귀고주의 유무에 따라 반칸통층형 1형식과 2형식으로 분류하였다(김봉건, 1994,『傳統 重層木造建築에 關한 硏究』, 서울대학교 박사학위논문, 76~114쪽).

291) 고구려 정릉사지를 비롯해 백제 미륵사지, 신라 분황사지와 황룡사지 등이 이에 해당하는 것으로 알려졌으며, 통일신라시대에는 법광사지 금당과 화엄사 장육전, 인용사지 금당이 대표적이다. 고려시대에는 춘궁리 동사의 금당지와 만불사지 금당지 등이 이에 속하며, 조선시대에는 법주사 대웅보전과 무량사 극락전, 금산사 미륵전, 마곡사 대웅보전, 화엄사 각황전 등이 중층식으로 건립되었다. 이 중 조선 후기에 건립된 법주사 대웅보전과 무량사 극락전, 금산사 미륵전, 마곡사 대웅보전, 화엄사 각황전은 전란으로 소실된 것을 그대로 재건한 것이다(오세덕, 2013, 「조선후기 중층불전에 관한 연구」,『석당논총』56, 동아대학교 석당학술원).

도 94 | 성주사지 금당지 불대좌 실측도
(忠南大學校博物館 1998)

층불전이 출현하게 된 배경에는 두 가지 설이 있다. 먼저 전자는 삼국시대 불교가 전래한 이후 단층구조의 금당에 비해 중층불전은 상대적으로 권위건축에 속하기 때문에, 이를 불전 장엄의 최상위 단계로 인식하면서 선호한 것이라는 견해이다.[292] 후자는 고대로부터 현재까지 많은 사원의 금당에 봉안된 불상이 대형불상인 丈六尊像이라는 사실에서 짐작할 수 있듯이 금당 내부에 봉안하는 불상의 대형화에 따른 것으로 보는 견해이다.[293] 두 견해는 상징적 성격과 기능적 성격에 중점을 둔 것이어서 차이는 있지만, 공통으로는 금당이 변천되는 과정에서 기술의 발전이 곧 위계를 표현한다는 점에서 맥을 같이 한다.

『聖住寺碑』편에는 성주사의 金殿(金堂)을 '化樂天宮'에 묘사하였다. 게다가 비편에는 김양이 금당에 불상이 없음을 한탄하며 家財를 시주하고 왕명을 받들어 丈六世(尊像)을 주조하여 봉안하였다고 한다.[294] 이를 전

---

292) 오세덕, 2013, 앞의 논문, 237쪽.

293) 김봉건, 1994, 앞의 논문, 19~22쪽.

294) …似入化樂天宮 若對…金殿 歎無佛像 頓捨家財…租稻充入 鑄像工價 魏昕伊湌…
    □奉鑄丈六世(尊像)…端嚴睟容 歧嶷靑…盤 紺絲之髮 紅掌展瑞印之…文紫磨 金色
    臨寶座 以益光玉…『聖住寺碑』片(양승률, 1993, 앞의 논문, 29~30쪽).

제하면 성주사 창건기 금당은 내부에 거대한 장육세존상을 봉안할 수 있도록 連續構造方式의 通層形 중층건물로 건립된 것을 알 수 있으며, 남아 있는 금당의 기초가 탑과 같은 중층건물에 적합한 할석과 판축으로 조성된 사실이 이를 증명한다.

한편 성주사 금당에 봉안하였던 것으로 추정되는 불상의 존재는 불분명하다. 그러나 성주사지 인근에 사는 高老의 전언에 따르면 금당에 봉안하였던 주존불은 거대한 철불 좌상이었으며, 이는 경술국치(韓日合邦) 무렵까지 성주사지에 존재했다고 한다.[295] 그러나 『聖住寺碑』에는 김양이 시주한 존상을 '金色臨寶座以益光玉'이라 표현하고 있어 금동불일 가능성도 배제할 순 없다.[296]

3) 중층금당의 조성배경

성주사 창건기에 건립된 중층금당은 丈六世尊像을 봉안하기 위한 기능성과 성주사를 대표하는 상징성을 지닌 성주사의 대표건물이다. 당시 중층금당의 건립에는 고급기술력과 막대한 자금은 물론이고 상당한 노동력도 뒤따랐을 것이다. 이처럼 성주사 창건기 가람의 조성과 화려한 금당의 건립은 상당한 기술력과 경제력, 노동력이 동원되었음을 의미하는데, 이는 당시 막강한 권력을 지닌 중앙귀족이나 신라왕실 세력이 성주사 창건에 개입된 정황적 증거가 될 수 있다. 또한, 이들 세력은 성주사 창건을 후원하면서 분명한 목적과 의도가 있었음을 짐작하게 한다.

통일신라 하대에 중국으로부터 유입된 선종사상의 영향에 의해 형성된 9개의 산문[297] 중 하나인 성주사는 낭혜화상 무염대사가 당나라 유학을

---

295) 이은창, 1962, 앞의 논문, 236쪽.
296) 남동신, 2001, 앞의 책, 67쪽.
297) 朗慧의 聖住山門, 道義의 迦知山門, 洪陟 實相山門, 惠哲의 桐裏山門, 道允의 獅子

마치고 돌아와 주석하기 시작한 大中(847~859) 초경에 개창되었다.[298] 성주사가 창건된 시점은 문성왕의 재위기로 이전 흥덕왕 사후 3년간 반복된 왕위쟁탈의 혼란을 수습하고 지배집단 간의 화합이 모색되던 중요한 시기였다. 또한, 이 시기는 정치적 · 사회적으로 왕조와 지배세력이 교체하는 급격한 전환기로서 고대에서 중세로 연결되는 과도기적인 이행기로 보기도 한다.[299] 사상적으로는 선종이 수용되면서 확산되고, 이에 따른 변화가 감지되는 사회적 변동기에[300] 해당한다. 더구나 성주사가 위치한 보령지역은 지리적으로 옛 백제의 고토로서 왕경인 경주에서 멀리 떨어진 지방이었는데, 이 지역은 822년에 김헌창이 반란을 일으킨 불손한 지역이기도 하였다.

이처럼 정치적 · 사회적으로 극심한 변화기에 옛 반란의 거점 지역인 웅천주에 성주사와 같은 거대 사찰이 창건될 수 있었던 배경에는 그 동안에 많은 논의가 이루어졌다. 이 가운데 공통으로 일치하는 견해는 성주사 창건의 단월로서 강력한 영향력을 행사한 인물로 김흔과 김양이 그 중심에 있다.[301]

성주사 창건의 단월로 유명한 김흔과 김양은 김인문→김주원→김종기를 조부로 삼는 가계의 구성원이며, 종형제간이다. 즉 이들은 혈연적으로 매우 가까운 사이에 있던 사촌지간이면서 왕위계승에서 완전히 배제된 무열왕계의 직계 후손이기도 하다. 그러나 이들은 혈연적으로 매우 가까운 사이임에도 불구하고 정치적 성향이 달라 정적인 관계에 있었다.

山門, 梵日의 闍崛山門, 智證의 曦陽山門, 玄昱의 鳳林山門, 利嚴의 須彌山門을 말한다.

298) 한국고대사회연구소, 1992, 앞의 책, 『朗慧和尙白月寶光塔碑文』.

299) 김갑동, 1994, 「新羅 · 高麗의 王朝交替와 郡縣制의 變化」, 『韓國古代史硏究』 7, 韓國古代史學會.

300) 김두진, 2007, 『신라하대 선종사상사 연구』, 일조각.

301) 조범환, 1998, 앞의 논문 ; 조범환, 2001, 앞의 책 ; 김수태 외, 2001, 앞의 책.

그러다 김흔은 김우징의 왕위찬탈로 소백산중에 머무르게 되고, 이때 무염대사를 만나 성주사의 주지를 맡아 달라고 요청하게 된다.[302] 이를 수락한 무염대사는 大中 초경에 성주사에 머물기 시작하면서 본격적인 창건이 이루어진다. 그러나 김흔이 849년에 사망하면서[303] 성주사의 창건은 김양이 주도하게 된다. 언제부터 김양이 성주사의 창건에 개입되었는지 정확히 알 순 없지만,[304] 家財를 희사할 만큼 매우 공들여 성주사를 창건하였던 것은 분명하다.

그런데 낭혜 무염에게 성주사의 주석을 제안하며 김인문원찰(초기가람)의 재건을 추진한 인물은 분명 김흔으로,[305] 이는 곧 성주사의 실질적인 창건주가 된다. 그러나 김흔 사후에 정적관계에 있던 김양이 이를 대신한다는 점에서 상당히 어색한 상황이 연출된다.[306]

이때의 김양은 平東將軍이 되어 민애왕을 제거하고 신무왕을 옹립한 반정공신으로서 당대 소판 겸 창부령에 제수되고 다시 시중 겸 병부령에

---

302) 大師答曰 有緣則住(한국고대사회연구소, 1992, 앞의 책).

303) 『三國史記』卷第四十四「列傳」第四 金陽傳.

304) 『聖住寺碑』편의 '金殿建立' 시기에 주목하여 김흔 사후인 849년 이후일 것으로 추정하였다(임종태, 2015a, 위의 논문, 각주 68).

305) 한국고대사회연구소, 1992, 앞의 책, 『朗慧和尙白月寶光塔碑文』.

306) 이와 관련해 성주사의 창건을 주도한 인물을 낭혜로 지목하면서, 이의 의도에 따라 김흔과 김양이 성주사의 단월로 활약하였다는 견해도 있다(曹凡煥, 2001, 앞의 책, 45~55쪽). 즉 낭혜를 정치적 입지의 인물로 추정한 것이다. 『朗慧和尙碑』에 따르면 낭혜의 행적과 관련해 북쪽으로 이동하면서 오래도록 거처할 곳을 찾았다는 사실로 보아 설득력 있는 견해이다.
    그러나 혈연적 배경이라면 김주원이 '溟州郡王'으로 있던 강릉도 후보지였을 터인데, 굳이 정치적으로 고립된 김흔을 찾아간 점에서 의문이 든다. 또한, 김흔을 만난 이후 낭혜는 다시 김양에게 성주사의 후원을 요청하였다고 보았는데, 이를 김인문계 후손들의 지지를 받아 정치적 기반을 강화하기 위한 목적이 있어 성주사를 후원한 것으로 보았다. 그러나 김양은 중앙권력의 정점에 있던 자로 정치적 기반이 약하였다고 볼만한 근거가 없으며, 설령 정치적 기반을 강화하기 위한 목적이라면 굳이 경주에서 멀리 떨어진 성주사를 선택하였는가에 대해서는 좀 더 신중할 필요가 있다.

전임되었을[307] 정도로 중앙에서 막강한 영향력을 행사하던 인물이다. 이런 김양이 말년에 家財를 희사하면서까지 불전과 불상을 조성하는 등 성주사의 개창에 적극적이었던 까닭이 사뭇 궁금하다. 즉 김양은 뚜렷한 명분이나 실리도 없이 성주사의 개창에 갑작스레 개입한 점이 어색하고, 더구나 성주사의 개창은 정치적으로 정적관계에 있던 김흔이 추진한 사업이었기에 의문은 더욱 가중된다. 결국, 성주사 개창에 김양이 개입한 것은 분명한 정치적 의도가 내재되어 있었을 것이다.

김양이 성주사의 개창에 개입한 배경을 살피기에 앞서 먼저 이를 최초로 추진한 김흔의 행적에 주목할 필요가 있다. 당시 김흔은 정치적으로 몰락하여 소백산중에 은둔하면서 재기의 발판을 마련하고자 하였을 것이다. 이에 김흔은 자신의 조상인 김인문의 봉지였던 웅천주가 최적의 대상지였을 것이고, 이 지역은 김헌창의 반란으로 신라 왕실에게 적대감을 느끼고 있었기에 상대적으로 이들을 규합하기 수월하였을 것이다. 다시말해 김흔은 김헌창의 난 이후에 명맥만 유지하던 초기가람을 재건하여 자신이 김인문의 적통임을 증명하고, 웅천주 지역에 자신의 영향력을 행사하면서 이 지역을 정치적 재기의 발판으로 삼으려 한 것이 아닌가 생각된다. 아울러 재건하고자 하는 김인문 사원의 주지를 혈연적 또는 동일가계 후손이면서 당대 선승으로 유명한 무염 대사에게 요청하여 이를 명분으로 삼으려 했던 것으로 추정된다.

결론적으로 김흔은 자신의 정치적 재기의 발판으로 웅천주 지역을 선택하면서 자신을 정점으로 한 김인문계의 결집을 도모하는데, 이에 대한 시작은 김인문 사원인 초기가람의 재건이었을 것이다. 그러나 초기가람의 재건은 김흔의 사망으로 인해 단절될 위기에 봉착되는데, 후에 김양이 이를 재추진함으로써 완성하게 된다.

---

307) 追錄功, 授蘇判兼倉部令, 轉侍中兼兵部令, 唐聘問, 兼授公檢校衛尉卿(『三國史記』卷第四十四「列傳」第四 金陽傳).

『聖住寺碑』에 따르면 성주사의 최종적인 창건주는 김양임을 분명히 하고 있다.[308] 성주사의 창건 과정에서 김양이 단월이 될 수 있었던 배경은 당시의 시대상이 적잖은 영향을 끼친 것으로 보인다.

성주사가 창건될 무렵인 신라하대에는 잦은 왕위 교체와 반란으로[309] 정국이 어지러운 시기였음은 주지된 사실이다. 이러한 시국에 반정으로 왕위를 찬탈한 문성왕과 김양에게는 빈번한 반란을 최소화하고 사회적 안정을 도모하는 것이 국정운영의 최대 현안이었을 것이다. 김양은 이러한 과업을 수행하기 위해 김흔을 위시한 김인문계의 결집을 막는 것이 급선무였을 것이다. 즉 김양은 웅천주 지역이 갖는 잠재적 반란의 요소를 원천적으로 봉쇄하고 이 지역에 영향력을 행사하기 위해 성주사의 창건을 주도한 것이며, 성주사는 곧 김양이 지역민을 통제하기 위한 수단으로서 기능한 것이 아닌가 추정된다.

결국 김양의 성주사 창건 목적은 개인의 정치적 세력 확보가 아닌 문성왕의 국정운영과 나라의 안정을 圖謀하려는 방편이었을 가능성이 크다. 성주사의 창건으로 김양은 김인문 사원인 초기가람을 재건함으로써 자신이 김인문계의 정점이 되어 웅천주를 통제하고 관리하여 이 지역이 갖는 불안감[310]을 해소하고자 하였던 것이며, 이의 배경에는 문성왕의 국정운영에 도움이 되고자 한 것으로 해석해 볼 수 있는 것이다.[311] 이 같은 김

---

308) 김양의 주요 행적 등이 『聖住寺碑』에 자세히 언급된 사실만 보아도 짐작할 수 있다.
309) 841년 홍필의 모반과 846년 장보고의 반란, 847년 이찬 양순과 파진찬 흥종의 반란, 849년 이찬 김식, 대흔의 반란 등이 대표적이다(『三國史記』卷第十一, 「新羅本紀」第十一 文聖王).
310) 822년에 이 지역을 중심으로 봉기한 김헌창의 난과 관계가 있다(忠南大學校博物館 編, 1998, 앞의 보고서, 614쪽).
311) 성주사의 창건에 문성왕과 김양이 깊게 개입된 것은 백제유민을 비롯한 지방 세력을 통제하기 위한 것과 김양 자신을 중심으로 무열왕계의 연합을 추구하려는 정치적 의도에 의한 것으로 보는 견해가 있는데(김수태, 2001, 앞의 책, 41쪽), 필자 역시 이에 동의한다.

양의 노력은 그가 사망하자 서발한에 추증하고, 부의와 장사를 김유신의 전례에 따른 것만 보아도 짐작할 수 있다.[312]

한편 성주사 창건의 단월은 김양 이외에 새로운 인물들도 찾아진다. 바로 允興伊湌과 宜化夫人이다.[313] 이들 역시 김양과 함께 성주사의 창건에 경제적인 지원을 하여 성주사의 단월이 되는데, 어떠한 사연으로 성주사와 관련되었는지 알 순 없다. 다만 윤흥이찬은 866년에 아우인 숙흥, 계흥과 함께 반란을 모의한 윤흥과 동일인으로 추정되는데,[314] 이 역시 중앙정계에서 활약한 인물이다. 즉 윤흥이찬과 의화부인은 김양을 중심으로 한 성주사 후원세력 중 하나로 이들 역시 김인문계 후손일 가능성이 크다. 결국, 이들은 문성왕을 지지한 김인문의 후손으로 중앙정계에서 활동한 인물들인데, 이들 역시 김양의 의도와 동일한 목적에 의해 성주사의 창건을 후원하였던 것으로 짐작된다.

이상과 같이 성주사의 창건에 김양이 단월로 활약할 수 있었던 배경에는 김인문의 후손인 김양이 김인문 원찰이었던 초기가람을 재건함으로써 자신을 중심으로 한 김인문계의 결집을 유도하기 위한 것으로 추정해 보았다. 구체적으로는 지역민들에게 실추된 김인문계의 위상을 되찾고자 하는 것을 보여주는 것이 표면적인 목적이었을 것이고, 내재적인 목적은 이 지역이 갖는 불안감을 해소하여 정국을 안정시켜 문성왕의 치세에 도움이 되고자 하였던 것으로 보인다. 아울러 성주사의 창건과 금당 건립에 중앙의 고급기술력을 보유한 장인들이 참여할 수 있었던 배경에는 김양, 문성왕과 같은 당대 실권자의 지원이 있었기 때문에 가능하였을 것이다.

---

312) 大中十一年八月十三日 薨于私第 享年五十 訃聞 大王哀慟 追贈舒發翰 其贈賻殮葬
　　一依金庾信舊例 以其年十二月八日 陪葬于太宗大王之陵(『三國史記』卷第四十四
　　「列傳」第四 金陽傳).

313) 『聖住寺碑』片 中. 양승률, 1993, 앞의 논문.

314) 冬十月 伊湌允興與弟興叔興季興謀逆 事發覺 走岱山郡 王命追捕斬之 夷三族(『三國
　　史記』卷第十一「新羅本紀」第十一 景文王6年條).

4. 소결

성주사는 당시 서발한에 추증되고 태종무열왕의 능열에 배장된 김양과 '산중재상'으로 유명한 김흔이 단월로 활약하였고, 유학승이자 성인으로 추앙받던 '양조국사' 낭혜 무염대사가 주지를 맡은 당대 거찰이다.

성주사는 대략 45,000m²의 부지에 조성된 대규모 가람으로 발굴조사 결과가 이를 증명하고 있다. 고고조사에 의해 밝혀진 성주사 창건기 가람의 특징은 첫째, 가람 중심부의 예불건물들이 사역의 동쪽에 치우쳐 조성되었다는 점이다. 이는 초기가람을 구성하던 중요 건물의 배치를 그대로 답습한 것으로, 이를 통해 성주사 창건기 가람은 초기가람을 계승하기 위한 목적에 의해 조성된 것임을 알 수 있었다.

둘째, 성주사 창건기 가람은 회랑으로 사역의 경계를 설정한 것이 확인되었다. 구체적으로는 가람 중심부를 기점으로 서편부에 최소 3개의 구역이 존재하였다는 사실을 알 수 있었다. 아울러 성주사 창건기 금당의 좌우에는 익랑이 조성되었는데, 이는 신라 가람의 영향을 받은 것으로 추정된다.

셋째, 성주사 창건기 중요 건물의 기단은 수직횡렬식 대석기단이며, 이는 주변 건물과 위계에 차이를 두기 위한 것으로 보인다.

마지막으로 성주사 창건기를 대표하는 중층식 금당은 장육세존상을 봉안하기 위한 機能性과 성주사를 대표하는 象徵性을 갖춘 건물로, 이를 통해 성주사의 창건에 막대한 경제력과 노동력은 물론 중앙의 고급기술력이 투입되었음을 짐작하게 하였다.

성주사의 창건 배경은 두 가지로 압축해 볼 수 있는데, 먼저 전자인 표면적 배경은 지역민들에게 실추된 김인문계의 위상을 되찾고자 하는 것을 보여주기 위함이고, 후자인 내재적 배경은 이 지역이 갖는 불안감을 해소하여 정국을 안정시키기 위한 것으로 해석되었다. 이는 결국 김양, 문성왕과 같은 당대 실권자의 의도가 결합하여 성주사의 창건으로 이어진 것으로 해석된다. 즉 통일신라 하대에 선종 가람으로 창건된 성주사는 사상성보다 김양을 중심으로 한 가문의 원찰적 성격과 지역민을 통제하기 위한 기능적 성격이 짙게 배여있는 것을 알 수 있었다.

중건기의 성주사지

성주사의 중건을 암시한 『崇嚴山聖住寺事蹟記』에 따르면 '改創選..'이라 하여 이전의 건물들을 고치거나 새로 건립한 사실을 밝히고 있는데, 이 가운데 주목해 보아야 할 사실은 성주사 창건을 기념하기 위해 건립한 『聖住寺碑』가 파괴되었다는 것이다.[315] 게다가 『事蹟記』에 기록된 중건기 건물은 사역의 전 지역에 분포한 건물을 대상으로 한 것이어서 성주사가 재건되는 시점에 대대적인 토목공사가 이루어졌음을 짐작하게 한다.

이에 본 장에서는 성주사의 중건기 가람을 집중적으로 검토해 보고자 한다. 검토의 주요 대상은 중건기 가람을 대표하는 삼천불전지와 가람의 변화이다. 아울러 가람 중심부와 사역 주변에 실시한 발굴조사에서 확인된 중요 건물의 현황과 출토유물, 문헌상의 기록을 토대로 성주사의 재건을 도모한 세력과 배경에 대해 논의해 보겠다.

---

315) 『崇嚴山聖住寺事蹟記』에 따르면 '改創選法堂五層重閣 … 생략 … 翰林郎阿湌金立之所撰碑一破'라 기록하였는데, 이를 해석하면 '고치거나 새로 지은 것들을 뽑아 보면, 법당이 5층 중각이고 … 생략 … 한림랑으로 아찬인 김입지가 찬한 비 1기는 파괴되었다'고 한다(황수영, 1968a, 앞의 논문).

1. 성주사 삼천불전의 조영과 중건

성주사 중건기 가람은 창건기 가람이 한 차례 소실된 이후 조영된 것으로, 앞서 Ⅱ장에서 검토하였듯이 성주사지 전역에서 확인되는 소결층(폐기층)을 기준으로 이러한 구분이 가능하다. 또한, 가람 중심부를 대상으로 실시한 조사에서도 고려중기 무렵을 기점으로 가람에 대대적인 변화가 일어나는 것이 확인되기도 하였는데, 이는 바로 동회랑의 폐기와 삼천불전의 건립이 그것이다.

기존에는 고려시대 성주사의 변화를 '삼천불전 창건기'와 '삼천불전 중건기'로 구별하였다.[316] 이 중 삼천불전 창건기는 동회랑의 자리에 삼천불전이 건립된 시기로 구체적인 시점은 11세기 말~12세기 무렵으로 비정되었다. 삼천불전 중건기는 삼천불전이 중건된 시점으로 이는 16세기 무렵인 조선시대 중반으로 보았다.

즉 성주사가 창건된 이후에 삼천불전을 중심으로 가람의 변천이 2차례 정도 진행되었으며, 시기는 고려시대 중반 무렵과 조선시대 중반 무렵으로 비정한 것이다. 그러나 이를 사역 전체로 확대할 경우 성주사가 운영될 시점에 한 차례 소실되어 가람이 변화된 것은 사실이지만, 구체적인 변화양상이 삼천불전의 변천과는 부합되지 않는 측면도 있었다.

따라서 기왕에 발굴조사 된 삼천불전지를 대상으로 삼천불전이 조성된 시점과 이를 창건기와 중건기로 구분이 가능한지를 집중적으로 검토해 보겠다. 검토 이유는 삼천불전이 성주사 중건기 가람의 핵심을 이루기도 하거니와 삼천불전의 조성이 곧 성주사의 중건을 의미하는 것이기 때문이다.

---

316) 忠南大學校博物館 編, 1998, 앞의 보고서, 99~100쪽.

1) 삼천불전지 검토

삼천불전은 삼천불을 봉안하기 위한 불전이며, 삼천불은 과거장엄겁과 현재현겁, 미래성수겁으로 대표되는 과거세의 일천불과 현재세의 일천불, 미래세의 일천불로 신앙적 기원은 천불신앙에서 기인한 것이다. 천불신앙은 시간과 공간을 초월하여 무수히 많은 부처가 존재한다는 대승불교의 불타관에 바탕을 두며, 현재현겁의 천불 중 29번째 부처인 因現義佛로 조성된 고구려의 '延嘉七年'銘 금동여래입상이 이러한 사실을 대변하고 있다.[317]

삼천불을 봉안한 삼천불전은 현재 많은 사찰에서 찾아볼 수 있는 불전 가운데 하나이다.[318] 삼국시대에 불교가 전래한 이후 수많은 사찰이 창건되는데, 그 중에는 분명 삼천불전 또는 천불전도 함께 조성되었을 것이다. 실제 『三國遺事』에 따르면 고신라 선덕여왕 재위기에 활동했던 良志는 작은 탑 하나와 삼천불을 벽돌에 새겨 절 안에 모셔두고 공경하였다고 한다.[319] 이를 통해 적어도 삼국시대부터 삼천불에 대한 인식이 성립되었음을 알 수 있다.[320] 또한, 1313년에는 旻天寺에 아미타삼천불상을 조성하였다는 기록도 있다.[321] 그러나 현존하는 사찰을 제외하고 삼국시대부터 고려시대까지 조영된 사원 중 삼천불상과 삼천불전에 대한 문헌기록과 고고학적 자료가 일치하는 사례는 성주사지가 유일하여 매우 중요한 가치를 지닌다.

성주사지 삼천불전은 『崇嚴山聖住寺事蹟記』에 법당 다음으로 삼천불

---

317) 忠南大學校博物館 編, 1998, 앞의 보고서, 581쪽.
318) 봉원사 삼천불전, 기림사 삼천불전, 송림사 삼천불전 등이 대표적이다.
319) 『三國遺事』 卷第四 「義解」 第五, 良志使錫.
320) 고려 후기 일연에 의해 『三國遺事』가 작성된 점을 고려한다면 이때의 신앙관이 유사에 적용되었을 가능성도 배제할 순 없다.
321) 『高麗史』 世家, 卷第三十四, 忠肅王 卽位年.

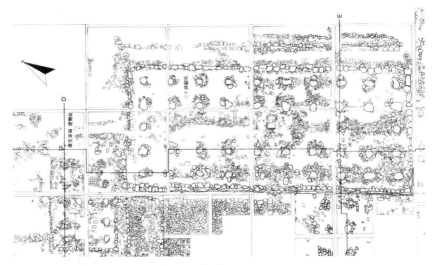

도 95 | 성주사지 삼천불전지 평면도 (忠南大學校博物館 1998)

전을 언급한 점으로 보아 당시 성주사에서도 삼천불전의 위상은 매우 높았던 것으로 짐작된다. 이러한 삼천불전은 현재 가람 중심부에서 금당을 기점으로 동쪽에 자리하며, 건물 내부에는 비로자나불 일대존상을 안치하였던 불대좌도 남아있다.

삼천불전지에 대한 조사는 1974년 동국대학교 박물관에 의해 처음으로 실시되었는데, 이때는 부분적인 발굴에 지나지 않았다. 발굴조사로 밝혀진 것은 新羅層에서 '千佛當草'銘 기와가 출토되어 통일신라 내지 고려시대에 천불전이 존재하였을 것으로 추정하였다. 이후 고려시대에 삼천불전으로 대대적인 初築이 이루어지며, 1548년경에 이를 다시 改造한 것으로 보았다.[322] 아울러 삼천불전지 주변에서 출토된 소조불상을 10가지 양식으로 분류하여 편년 안을 제시하고 이를 삼천불전의 단계적 변화와

---

322) 文明大, 1974, 앞의 보고서, 30쪽.

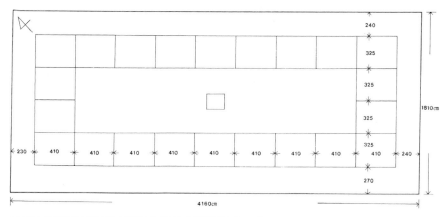

도 96 | 성주사지 삼천불전지 평면 복원도 (忠南大學校博物館 1998)

일치한 것으로 추정하였다.[323]

　이후 성주사지는 1991년도부터 충남대학교 박물관에 의해 정밀조사가 본격적으로 진행되었고, 조사결과 5차례에 걸쳐 성주사가 변천된 것으로 보았다. 이 중 고려~조선 때 성주사는 삼천불전지 창건기와 중건기로 구분하였다. 특히 삼천불전이 조영된 '삼천불전지 창건기'는 대규모 건물지군이 성주사의 동·서에 집중 조성된 시기로 보았는데, 이는 2000년대 들어 실시한 발굴조사에서 구체적으로 드러났다.[324]

　조사된 삼천불전지의 현황을 검토해 보면,[325] 삼천불전지는 금당지에서 동쪽으로 약 14m가량 떨어져 있는데, 이곳은 본래 동회랑지가 있었으나 이를 폐기하고 삼천불전을 조성한 것이다. 삼천불전지의 규모는 전면이 41.6m이고 측면이 18.1m이며, 내부 면적은 753m²에 이르는 대형건

---

323) 文明大, 1974, 앞의 보고서, 20~27쪽.

324) 百濟文化財研究院 編, 2011, 앞의 보고서 ; 百濟文化財研究院 編, 2012a, 앞의 보고서 ; 百濟文化財研究院 編, 2013, 앞의 보고서.

325) 忠南大學校博物館 編, 1998, 앞의 보고서, 68~70쪽.

물이다. 삼천불전지의 내부 구조는 남아있는 초석과 적심의 배열로 보아 정면 9칸×측면 5칸으로 밝혀졌다. 또한, 삼천불전지 내부에는 남북 중앙 칸에 적심렬 7개가 생략된 것이 특징이다. 이는 건물 내부에 남북길이 18.7m, 동서너비 7.5m의 넓은 공간을 만들기 위한 것이며, 이곳의 적심이 생략된 대신 그 자리에는 소형 할석렬이 150~200cm의 너비로 길게 이어진 것이 확인되었다. 적심 대신 시설된 소형 할석렬은 중앙 불대좌 뒤편(동쪽)으로 소조불을 안치하였던 시설의 기초로 추정된다.[326]

삼천불전지의 기단은 오석 또는 화강암의 전면을 치석하여 세운 수직 횡렬식 대석기단으로, 면석 상면에 갑석이 올려진 점을 고려한다면 가구식 기단으로 볼 수도 있으나 정형성은 떨어진다(도 97). 이 중 서쪽기단은 오석을 사용하여 이전 기단보다 서쪽으로 약 40cm 정도 이어 증축한 흔적이 확인되었고, 남쪽기단은 이전 기단에 얇은 판석을 덧대어 보강한 흔적이 확인되기도 하였다. 삼천불전이 조성될 당시 함께 건립된 것으로 추정되는 건물은 통일신라시대~고려시대 1호 건물지(2차 건물)와 고려시대 23호, 26호 건물지 등이 이에 해당한다.

도 97 | 삼천불전지 동쪽기단 전면 (忠南大學校博物館 提供)

한편 가람 중심부에 실시한 1~6차 발굴조사와 사역 동쪽에 실시한 7차 조사에서 삼천불전에 봉안하였던 것으로 추정되는 다량의 소조불상편이 출토되었다 (도 98). 이들 소조불

---

326) 忠南大學校博物館 編, 1998, 앞의 보고서, 69쪽.

상은 삼천불전지 주
변에서만 출토되는
특징을 보이며, 이외
지역에서는 출토되지
않아 현 삼천불전지
가 성주사 운영 당시
의 삼천불전과 동일
한 것은 확실하다. 또
한, 삼천불전지 동쪽

도 98 | 성주사지 출토 소조불상편 (百濟文化財研究院 提供)

담장 폐기층에서 다량의 소조불상편이 출토된 점으로 보아 소조불상은
삼천불전과 함께 폐기된 것으로 보인다.[327]

출토된 소조불상은 원래 머리 부분이 12~15cm, 전체높이가 대략 30~
40cm로 크기가 거의 일정하여 동일 규격 내에서 제작된 것으로 추정된
다. 이러한 특징은 성주사지 출토품으로써 국립부여박물관과 동국대학교
박물관에 소장된 소조불상들과 일치한다. 따라서 이들 세 개의 그룹은 본
래 같은 제작방식에 의해 만들어진 하나의 그룹이었음을 알 수 있다. 이
런 성주사지 소조불상은 양식적인 속성에 따라 분류하여 연대를 추정하
기도 하였다.[328]

소조불상이 봉안된 삼천불전의 건립연대는 4차 강당 구지표면에서 12
세기 무렵의 양각 청자 대접과 분청사기, '千佛殿'銘 암키와 등이 출토된

---

327) 百濟文化財研究院 編, 2011, 앞의 보고서.
328) 이때 소조상을 모두 열 가지 형으로 나누고 다시 다섯 가지 양식으로 분류하였으
나, 이 중에서 제5양식으로 분류된 제9형은 납석제 불상이므로 이를 제외한 아홉
가지 형을 네 가지 양식으로 분류하였다. 이 중 제4양식(제10형)은 고려불의 특
징을 표현하고 있다고 하였으나, 제1양식(제1, 2, 3형)은 통일신라까지 연대가 올
라갈 것으로 보았다(文明大, 1974, 앞의 보고서, 20~27쪽 ; 忠南大學校博物館 編,
1998, 앞의 보고서, 569~581쪽).

것을 근거로 11세기 말~12세기 무렵에 조성된 것으로 비정하였다. 또한, 이때는 대규모 건물지들이 들어서는 소위 '삼천불전지 창건기'로 규정하면서 성주사에 대대적인 가람의 변화가 일어났던 것으로 보았다.[329]

성주사 삼천불전을 창건기와 중건기로 구분한 기준은 크게 기단의 확장에 따른 개·보수 흔적과 중국 明나라 연호가 새겨진 암막새에 삼천불전의 지붕을 改瓦한 기록을[330] 근거로 하였다.

그러나 삼천불전지 기단에 개·보수된 흔적은 그 시점이 분명하지 않으며,[331] 삼천불전지 내부에 설치한 트렌치에서 건물이 증·개축된 흔적은 전혀 검출되지 않았다. 더구나 건물 내부에 남아있는 초석과 적심의 배열이 건립 당시 그대로 유지되고 있는 것을 간과해서는 안된다. 즉 기단의 증·개축과 改瓦의 기록을 제외하고는 삼천불전이 변화된 것을 증명할 어떠한 적극적인 자료가 없다.

결과적으로 성주사의 삼천불전은 동회랑이 폐기된 이후 건립된 것이며, 성주사가 폐사될 때까지 존속한 건물로 보아야 할 것이다. 또한, 건물이 유지되면서 부분적으로는 유실된 기단을 덧대어 보수하고 지붕을 수리한 것으로 이해하는 것이 합당할 듯하다.

한편 성주사 삼천불전의 건립은 곧 성주사의 중건을 의미하는 것이라 해도 과언이 아닐 만큼 대대적인 변혁이었다. 삼천불전을 조성하기 위해 사역의 동쪽을 개발하고 이로 인해 그동안 유지해 온 가람 중심부의 배치

---

329) 忠南大學校博物館 編, 1998, 앞의 보고서, 76쪽.

330) 이 외에 '正德十三年戊寅'명 암막새에 「…千佛殿改瓦」가 새겨져 있다(忠南大學校博物館 編, 1998, 앞의 보고서, 217쪽).

331) 삼천불전지 남서쪽 기단 모서리의 경우 약 3m가량 석축기단 전면에 얇은 판석을 세운 흔적이 관찰되는데, 이는 건물이 증축된 것이 아닌 전면부와 이어진 모서리 구간에 내구성을 강화하고자 덧댄 것으로 보인다. 즉 건물이 확장되는 과정에서 증축이 이루어졌다면 남쪽기단 전체에서 흔적이 관찰되어야 하지만 이러한 흔적은 전혀 확인되지 않으며, 기단의 축선 상 어긋나는 구간이 발생하지 않은 점을 보아도 그러하다.

형태가 바뀌게 되는 등 이전 가람에 비해 여러 면에서 변화가 나타났기 때문이다. 아울러 성주사의 중건은 삼천불전지 하층과 사역 서쪽, 북쪽 일대에서 화재로 인한 소결된 흔적이 확인된 점으로 보아 전대가람의 소실로 재건된 것임을 알 수 있다. 이는 어떠한 사건에 의해 성주사 창건기 가람이 소실된 후 가람을 재정비한 것으로 해석되는데, 이때 성주사에는 새로운 불전이 조성되는 등 사상적으로도 많은 변화가 일어났던 것으로 보인다.

2) 중건 가람의 조영시기

성주사의 중건은 삼천불전의 조성과 맥을 같이한다. 아울러 성주사 중건기 가람에 포함된 것으로 추정되는 신축 또는 증·개축된 건물지도 발굴조사를 통해 확인되었다. 그러나 이들 건물지를 모두 분석하기에는 제약과 오차가 뒤따르기에 검토 대상을 삼천불전지로 한정하여 비교적 자세히 검토하는 것이 합리적일 듯하다. 또한, 이와 함께 삼천불전과 관련된 문헌기록, 명문자료 등을 종합하여 더 정확한 시점을 추정해 보도록 하겠다.

삼천불전지에 실시한 조사가 완료된 이후 삼천불전의 조성 시기는 4차 강당(중건기 강당) 구지표면에서 출토된 12세기 무렵의 陽刻 청자 대접과 분청사기, '…千佛殿…'銘 암키와 등을 근거로 11세기 말~12세기 무렵에 삼천불전이 조성된 것으로 비정하였으나, 이들 유물만으로 삼천불전이 건립된 시기를 판단하기에는 부족하다. 이에 삼천불전과 관련된 다른 유물과 중건기 직전에 형성된 소결층에서 수습한 목탄시료의 연대측정 자료를 더해 정확한 중심연대를 설정할 필요가 있다.

1990년대 삼천불전지를 조사하면서 출토된 유물 중 가장 주목할 유물은 銘文瓦이다. 성주사지에서 출토된 銘文瓦는 약 19종류로 총 365점 가

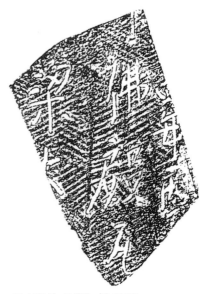

도 99 | '甲辰年聖(住)千仏當草'銘 암키와
(忠南大學校博物館 1998)

도 100 | '…千佛殿…'銘 암키와
(忠南大學校博物館 1998)

량이 확인되었다.[332] 이 중 삼천불전과 동시기에 조성된 것으로 추정되는
4차 강당(重建期 講堂) 구지표면에서 '…千佛殿…'銘 암키와가 출토되었
는데, 공교롭게도 삼천불전지 기단토 내부에서 干支를 알 수 있는 '甲辰
年聖(住)千仏當草'銘 암키와도 함께 출토되었다(도 99·100).

이 중 삼천불전지 기단토에서 출토된 '甲辰年聖(住)千仏當草'銘 명문
와에는 삼천불전 이전에 千仏當(堂)이 존재한 사실을 전하고 있다.[333] 물

---

332) 1~11차 발굴조사가 완료 후 명문와에 대한 전체적인 수량을 파악한 결과, 암·수
키와만을 대상으로 총 365점이 출토되었다.

333) 삼천불전 기단토에 '甲辰年聖(住)千仏當草'銘 명문와가 출토되었기에 삼천불전과
천불당은 전혀 다른 건물로 보아야 한다. 文明大 교수 역시 이를 지적한 바 있다
(文明大, 1974, 앞의 보고서).

론 성주사에 千佛當(堂)과 (三)千佛殿이 공존했을 가능성도 있다. 그러나 '…千佛殿…'銘 기와는 성주사 창건기와 중건기로 구분되는 소결층 하층 에서 출토되지 않고 중건기 이후의 층위에서만 출토되었다. 따라서 성주 사 창건기에는 천불당이 존재하였고, 이후에 불당이 불전으로 변화된 것 으로 해석함이 마땅하다.

'甲辰年'銘 명문와가 출토된 소결층에서는 또 다른 간지가 새겨진 명문 와도 확인되었다. 바로 '一(乙)巳年聖住千佛當草'銘 기와인데, 이 명문와 의 배면은 중앙 방곽을 3구획하여 左書로 명문을 타날한 것이다.[334] '一 (乙)巳年'銘 기와는 성주사지에서 출토된 명문와 중 가장 많은 수량을 차 지하는데, 이는 세부적으로 외면의 문양과 글자 수가 달라 2개의 유형으 로 분류할 수 있다. 다만 이 명문와도 간지는 기록되어 있으나 이때가 언 제인지는 불분명하다.

한편 10차 발굴조사에서 확인된 통일신라시대~고려시대 1호 건물지는 성주사 창건기에 건립된 건 물인데, 이 건물 서쪽과 북쪽 기단 외부 1차 폐기층에서 '(咸)雍'銘 명문와가 출토되 었다(도 101). 이 명문와에 는 삼천불전을 명시하진 않 았지만 '咸雍'이란 연호가 기 록되어 절대연대를 알 수 있 다. 명문와에 기록된 '咸雍' 은 거란이 세운 遼나라 道宗 의 두 번째 연호로 정확히는

도 101 | '(咸)雍銘 암키와(百濟文化財研究院 2014a)

---

334) 忠南大學校博物館 編, 1998, 앞의 보고서, 122쪽.

도 102 | '大德五年'銘 靑銅光明臺1 (저자 촬영)　　　도 103 | '大德五年'銘 靑銅光明臺2 (저자 촬영)

서기 1069년에 해당한다.

이를 통해 주목할 점은 성주사 창건기 무렵에 건립된 통일신라시대~고려시대 1호 건물지에 1069년에 제작한 기와가 사용되었으며, 적어도 이때까지는 성주사 창건기 가람이 유지되었다는 결정적 근거가 된다. 이에 따라 성주사 창건기와 중건기로 구분되는 소결층의 상한연대는 위의 명문와로 보아 1069년 이후가 되는 11세기 말경으로 보아도 무방할 것이다.

통일신라시대~고려시대 1호 건물지 내부 매납층에서는 삼천불전의 하한연대를 추정할 수 있는 또 다른 유물이 출토되었다.[335] 이 유물은 靑銅光明臺 부속구의 초받침으로 형태는 원반형에 지름은 대략 17cm이고, 가운데 간주와 결합하기 위한 1.2cm가량의 구멍이 뚫려있다(도 102 · 103). 이 광명대 부속구에는 원반 테두리에 2.8cm의 너비로 해서체의 명문이 31자[336]가 새겨져 있는데, 명문은 서로 간에 글자 수에서 약간의 차이가 있지만, 전체적인 글귀는 같은 내용을 담고 있다.

고려시대 광명대는 송나라 사신 徐兢이 기술한 『宣和奉使高麗圖經』에 자세히 묘사되어 있는데,[337] 현존하는 유물은 한독의약박물관이 소장한

---

335) 百濟文化財研究院 編, 2014a, 앞의 보고서, 34~38쪽.

336) '大德五年辛丑二月日聖住三千佛殿造排此樣七 棟梁心長 施主前將軍朴 璘(百濟文化財研究院 編, 2014a, 앞의 보고서, 38쪽).'

337) 光明臺 繋燈燭之具也 下有三足 中立一幹 形狀如竹 逐節相承 上有一盤 中置一甌 甌中有可以然燭 若然燈則易以銅釭 貯油立炬 鎭以小白石 而絳紗籠之 高四尺五寸

原州 法泉寺址 출토 '戊子'銘光明臺와 연세대학교박물관이 소장한 釋迦前得主銘光明臺(安城 奉業寺址), 국립청주박물관이 소장한 淸州 興德寺址 출토 光明臺, 경북대학교 박물관과 경기대학교 박물관이 소장한 光明臺 등 비교적 많은 수가 확인되고 있다.

광명대는 고려시대 등촉기구로서 초와 기름등잔을 함께 사용할 수 있도록 제작한 것인데, 주로 국가나 사찰의 중요한 행사에서 의식용 기구로 사용하였다(도 104).[338]

그런데 10차 조사에서 출토된 청동광명대에는 뜻하지 않은 정보가 기록되어 있다. 바로 '三千佛殿'의 언급이다. 광명대에 새겨진 명문의 구성 및 내용을 자세히

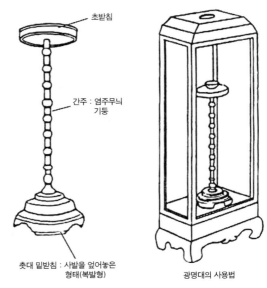

초받침

간주 : 염주무늬 기둥

촛대 밑받침 : 사발을 엎어놓은 형태(복발형)

광명대의 사용법

도 104 | 고려시대 광명대 사용법 추정도 (韓國博物館研究會 2005)

盤面 闊一尺五寸 罩高六寸 闊五寸(『宣和奉使高麗圖經』 卷第二十八 供張[一]). 광명대는 등불과 촛불을 받치는 제구다. 아래에 발이 셋 있고 가운데에 줄기가 하나 있는데, 대나무처럼 마디로 이어져 있다. 위에는 쟁반이 하나 있고, 그 가운데 사발 하나가 놓여 있다. 사발에는 받침이 있어 촛불을 켤 수 있게 하였다. 등불을 켜려면 구리 항아리로 바꿔서 기름을 담고 심지를 세워 작은 흰 돌로 눌러 놓고서, 붉은 사포로 덮어씌운다. 높이는 4척 5촌이고, 쟁반의 너비는 1척 5촌이다. 삿갓은 높이가 6촌이고 너비가 5촌이다(서긍 · 민족문화추진회, 2005,『고려도경-송나라 사신, 고려를 그리다』, 서해문집, 218쪽).

338) 민병근, 2011, 「촛대[燭臺]-청동촛대,광명대(光明臺)」,『전기저널』, 420권 대한전기협회.

하면, '大德五年辛丑(1301)'이라는 절대연대를 가리키면서 대상이 되는 물품(造排此樣七)을 만들어 보관한 장소(聖住三千佛殿)까지 기록하였다. 이와 함께 棟梁한 이(心长)와 광명대를 施主한 특정인(朴璘)의 신분(前將軍)까지 기록하였는데, 여기서 결정적인 사실은 1301년에 이미 성주사에 삼천불전이 존재하였다는 사실이다.

이를 토대로 1301년 이전인 13세기 말경을 성주사 중건의 하한연대로 볼 수 있으며, 명문와로 검토한 1069년 이후인 11세기 말경을 상한연대로 볼 수 있다. 즉 이를 전제하면 11세기 말경~13세기 말경 사이인 약 200년 사이에 창건기 가람이 소실되고 성주사가 중건되었다는 것이다. 그러나 이에 따른 시간 폭이 약 2세기가 넘어 이의 범위를 좁힐 필요가 있다.

성주사 중건시점을 유추할 수 있는 또 다른 정보는 성주사 창건기와 중건기로 구분되는 소결층에서 찾을 수 있다. 검토 대상은 소결층에서 수습한 목탄으로 이를 放射性炭素年代測定法(C14 dating)으로 측정하여 더 정확한 상한연대와 하한연대를 제시하는 것이다.

2000년대 이후 실시된 발굴조사에서 성주사 중건기 무렵 또는 이전에 폐기된 것으로 추정되는 유구에서 목탄이 수습되었다. 수습된 목탄은 중심연대를 추정하고자 방사성탄소연대측정법에 의해 과학적인 분석이 시행된 바 있어 이를 참고하였다. 유구는 7차 조사에서 확인된 고려시대 1호 수혈유구와 11차 조사에서 노출된 축대시설이 대상이다.

먼저 7차 조사에서 확인된 고려시대 1호 수혈유구는 고려시대 기와가마의 조성과 밀접한 관련이 있는 흔적으로 추정되는데,[339] 수혈유구 내부에서 다량의 통일신라시대 유물과 고려시대 유물이 뒤섞인 채 확인되었

---

339) 앞서 전술하였듯이 성주사지 사역 내 기와가마는 2기가 확인되었는데, 가마 주변으로 수혈유구와 구상유구 등이 약 10m 안에 조성되어 있다. 이로보아 수혈유구와 구상유구는 기와가마의 조성에 필요한 토양을 채취하고 다시 복토한 흔적으로 추정된다.

다. 이 중 목탄도 3점을 채취하여 방사성탄소연대측정을 하였는데, 측정된 값은 〈표 4〉와 같이 95.4%의 신뢰구간에서 1180~1230년이 측정되었다.[340] 여기서 활용할 수 있는 시간적 범위는 1180년으로 이를 성주사 중건기 가람의 상한연대로 설정할 수 있다.[341]

표 4 | 성주사지 7차 발굴조사 출토 목탄 BJ-020B(고려시대 1호 수혈유구)에 대한 방사성탄소연대측정결과 (百濟文化財硏究院 2011)

충북대 시료번호	연륜번호 (수→수피)	C14 연대값(보정전)		위글매치 전 개별시료의 95.4% 신뢰구간 (보정연대 : A.D.)	위글매치 후 95.4% 신뢰구간 (보정연대 : A.D.)
		중심연대 (BP)	표준편차 (YP)		
TRS11-A1	1-8th	864	18	1550(1.1%) 1080 1150(94.3%) 1230	1160~1215
TRS11-A2	9-16th	847	17	1155(94.2%) 1225 1230(1.2%) 1240	1170~1220
TRS11-A3	17-24th	831	19	1165(95.4%) 1260	1180~1230

다음으로 11차 조사에서 노출된 축대는 전면의 기단이 대석으로 조성된 점, 생토층 상면에 최초로 건립된 점을 근거로 성주사 창건기에 조성한 것을 알 수 있다.[342] 축대는 2차례에 거쳐 조성하였는데, 축대 사이의 채움토에서 목탄이 다량으로 검출되어 이를 분석한 결과 다음 〈표 5〉와 같은 1220~1290년이라는 중심연대가 산출되었다.[343]

---

340) 百濟文化財硏究院 編, 2011, 앞의 보고서, 247쪽.
341) 방사선탄소연대측정에 의해 산출된 값 중 이른 시기의 값만을 상한연대로 설정한 까닭은 성주사 창건기 가람의 소실에 중점을 두었기 때문이다. 즉 수혈유구에서 수습한 목탄은 성주사 창건기 가람의 소실과 밀접한 관련이 있기에 이른 시기의 값을 성주사 중건의 상한연대로 설정한 것이다.
342) 百濟文化財硏究院 編, 2014b, 앞의 약보고서.
343) 이병철, 2015, 「보령 성주사지 정비사업부지 내 유적(11차)의 방사성탄소 연대측정 최종 보고서」, 공주대학교 공동실험실습관, 8쪽.

표 5 | 보령 성주사지 11차 조사의 방사성탄소연대측정 결과 (공주대학교공동실험실습관 2015 수정)

유적	측정유구	Lab No.	시료	δ¹³C(‰)	Conventional ¹⁴C yr BP.	Calibrated age(BC/AD)	
						1 σ SD (68.2%)	2 σ SD (95.4%)
보령 성주사지 (11차) 유적	축대시설 채움토	KCL14-108	charcoal	-25.74	750±30	1,250AD (68.2%) 1,285AD	1,220AD (95.4%) 1,290AD
	축대시설 채움토	KCL14-109	charcoal	-23.26	740±30	1,255AD (68.2%) 1,290AD	1,220AD (95.4%) 1,290AD

도출된 측정값은 앞서 명문자료로 추정한 상·하한연대 내에서 산출되어 이를 통하여 보다 정확한 성주사의 중건시점을 유추할 수 있게 되었다.

이상의 내용을 정리하면 성주사 창건기 무렵에 조성된 통일신라시대~고려시대 1호 건물지 폐기층에서 '(咸)雍'銘 명문와가 출토되었는데, 이를 통해 성주사 중건의 상한연대를 11세기 말경으로 추정하였다. 아울러 같은 건물 내부에서 출토한 '大德五年'銘 청동광명대 부속구를 통하여 성주사 중건의 하한연대를 13세기 말경으로 추정하였다. 여기에 성주사 창건기와 중건기로 구분되는 소결층에서 수습한 목탄을 방사성탄소연대측정법으로 측정한 결과, 1180~1290년이라는 중심연대가 산출되어 12세기 말경~13세기 말경 사이에 성주사 창건기 가람이 소실되고 성주사가 중건된 사실을 알 수 있었다.

2. 성주사 창건가람의 소실 원인과 중건세력

성주사 중건기 가람은 12세기 말경~13세기 말경인 약 100년 사이에 조성된 것으로 추정된다. 이를 바꾸어 말하자면 성주사 창건기 가람은 이 사이에 소실된 것이 된다. 성주사 창건기 가람이 화재로 소실된 것은 앞서 고고학적으로 나타난 흔적에서도 충분히 살필 수 있다. 자세히는 성주사지 사역 전역에서 확인되는 2차 소결층이 이에 해당하는데, 이는 대화재에 의한 것으로 볼 수 있다.

사원 내 소결흔적은 쉽게 형성될 수 없는 흔적으로 이는 특정 사건에 의한 것일 가능성이 매우 크다. 물론 자연 재화로 인해 가람이 소실될 여지도 있겠지만, 성주사와 같은 광범위한 사역을 갖춘 가람에는 이런 흔적이 검출될 가능성은 매우 낮다. 왜냐하면, 자연 재화에 의해 건물이 화를 입었을 경우 사원 내 거주민 혹은 승려들이 이를 신속히 진압하였을 것이고, 이에 따른 즉각적인 재건이 이루어질 가능성이 크기 때문에 부분적인 소결흔적만이 검출될 것이다. 그러나 성주사지 사역 전역에서 확인된 광범위한 소결흔적은 자연 재화가 아닌 인위적인 사고에 의해 가람이 화를 입었던 것을 짐작하게 한다. 즉 성주사 창건기 가람 상층부에 형성된 광범위한 소결흔적은 12세기 말경~13세기 말경 사이에 어떠한 사건 · 사고로 창건기 가람이 소실되었다는 것을 증명하는 것이다.

따라서 고고학적인 물질자료로 도출된 12세기 말경~13세기 말경 사이에 성주사 창건기 가람이 화재로 소실된 사실에 주목하여 이 당시 사회적 혼란을 惹起한 몇몇 사건을 대상으로 성주사 창건기 가람이 소실된 원인을 추론해 보겠다. 아울러 발굴조사에서 출토된 명문자료를 토대로 성주사의 중건을 지원한 세력도 함께 검토해 보도록 하겠다.

1) 성주사 창건기 가람의 소실 원인

고고자료에 의해 밝혀진 성주사의 중건은 고려 중기 이후인 12세기 말경~13세기 말경 사이에 해당하는 약 100여 년 사이에 이루어진 것이다. 아울러 또 다른 사실은 이 무렵에 성주사 창건기 가람이 화재로 소실되었다는 점이다.

12세기 말경~13세기 말경에 성주사 창건기 가람이 큰 사건에 휘말려 화를 입었으리라 추정하는 근거는 다음 두 가지 사실을 통해서도 알 수 있다. 먼저 첫째는 Ⅱ장에서 다룬 바와 같이 성주사지 발굴조사를 통해 확인된 광범위한 2차 소결흔적이 그것이다. 광범위한 소결흔적은 사원이라는 특수한 환경을 고려할 때 쉽게 형성될 수 없는 흔적으로, 이는 당시 성주사와 같은 대가람이 폐사될 위기에 이를 정도로 매우 급박한 상황이었음을 대변해준다. 게다가 이때 발생한 사건으로 광범위한 건물 폐기 흔적이 검출되는 것으로 보아 결코 작은 규모가 아니었음을 추정케 한다.

둘째는 성주사 중건기 무렵에 작성된 것으로 추정되는 『崇嚴山聖住寺事蹟記』의 기록이다.[344] 『事蹟記』에 따르면 이때 성주사에 배치된 건물 명칭과 규모를 나열하기에 앞서 '改創選'라 하여 이들 건물을 고치거나 새로 신축한 사실을 분명히 밝히고 있다.[345] 또한, 원인을 밝히지는 않았지만 창건기 가람을 구성하던 중행랑 300칸과 외행랑 500칸, 수각 7칸, 고사 50칸이 파괴되고 그 터와 계단만이 남았음을 기록하였다.[346] 심지어 신라하대 성주사의 창건을 기념하기 위해 건립한 『聖住寺碑』가 파괴된 사실까지[347] 전하고 있어 단순한 사건에 의해 성주사 창건기 가람이 소실된 것으로 보기는 어렵다.

이처럼 성주사 창건기 가람은 12세기 말경~13세기 말경 사이에 어떠한 사건으로 사역을 구획하던 중행랑과 외행랑, 그리고 성주사의 기념비이자 상징과도 같았던 『聖住寺碑』가 파괴된 사실은 의미하는 바가 매우 크다. 특히 『聖住寺碑』는 석재를 가공하여 건립한 점을 고려할 때 자연적인 파손은 불가능하며, 이는 인위적인 파괴에 의해 그리되었을 가능성이

---

344) 『崇嚴山聖住寺事蹟記』의 편찬연대에 관한 논의는 본문 98쪽에서 다루었다.

345) 『崇嚴山聖住寺事蹟記』의 초기기록은 철저한 검증이 요구되지만, 후술된 건물의 명칭과 규모는 비교적 상세히 기록하고 있어 이는 직접 보고 기술하였을 개연성이 크다.

346) 中行廊三百間破, 外行廊五百間破, 基階猶存, 水閣七間破, 庫舍五十間破矣(황수영, 1968a, 앞의 논문).

347) 翰林郎阿湌金立之所撰碑一破(황수영, 1968a, 앞의 논문).

높다. 아울러 사역 전역에 형성된 화재의 흔적은 『崇嚴山聖住寺事蹟記』의 '改創選'에 원인으로 지목할 수 있는 고고학적인 근거가 될 수 있다.

이상과 같이 여러 정황을 종합하면 성주사 창건기 가람의 소실 원인은 고려중기 무렵부터 봉기된 지방의 크고 작은 민란이나 대단위 외침에 의할 가능성을 제기할 수 있다.

이 당시 성주사가 위치한 보령지역과 관련된 사건 중 대내·외부적인 혼란을 야기한 사건은 망이·망소이의 난과 대몽항쟁으로 압축해 볼 수 있다. 먼저 망이·망소이의 난은 고려 명종의 재위기인 1176~1177년경에 충청도 공주 명학소 일대에서 농민과 소민들이 일으킨 민란으로, 이는 고려 중기 이후 중앙정부의 지방통제력이 약화되면서 사회적·경제적인 모순에 의해 봉기한 대표적인 민란 중 하나이다. 망이·망소이의 난으로 충청도 일대는 이들 무리에게 점령되었고, 예산 가야사와 봉선홍경사는 소실되었다.[348] 결국, 망이·망소이의 난은 이듬해 고려 중앙군에 의해 진압되었다. 당시 민란의 규모가 어느정도였는지 가늠할 수는 없지만, 이로 인해 가야사와 봉선홍경사가 소실된 사실을 역사에 기록한 것으로 보아 주변의 사원도 같은 피해를 입었을 개연성이 높다.[349]

그러나 성주사지에 실시한 전체적인 발굴성과에서도 알 수 있듯이 창건기 건물과 중건기 건물 사이에는 자연 퇴적된 흔적이 거의 확인되지 않았다. 이는 창건기 가람이 소실된 이후 방치되지는 않고 즉각적인 중건이 이루어졌다는 것을 의미한다.[350] 앞서 민란에 의해 소실된 가야사와 홍

---

348) 『高麗史節要』券十二, 明宗光孝大王一, 明宗七年 三月.

349) 奉先弘慶寺가 고려왕실(현종)에 의해 발원된 사찰임을 고려할 때 중앙정부에 반감을 품은 농민들이 이를 불살라 불만을 표출했을 가능성이 크다. 따라서 예산 가야사도 홍경사와 유사한 고려 중앙과 밀접한 관계를 맺었던 사찰로 추정된다. 이에 성주사 또한 낭혜의 제자들이 고려 중앙의 대사를 역임하는 등 중앙에서 활동한 점으로 미루어 고려의 중앙과 밀접하게 관련되었을 개연성도 있다.

350) 임종태, 2014, 앞의 논문, 123~125쪽.

경사가 곧바로 재건하지 못하고 폐사로[351] 이어진 것과는 달리 성주사는 소실된 이후 즉각적인 재건이 이루어진 것에 주목해야 한다. 즉 성주사도 망이·망소이의 난에 의해 소실되었다면, 가야사나 홍경사와 같이 그대로 폐사되었을 가능성이 큰데, 성주사는 곧바로 재건이 이루어진 것으로 보아 정황상 민란에 의한 소실로 보기는 어렵다.

성주사 창건기 가람이 소실된 또 다른 원인은 대몽항쟁을 들 수 있다. 대몽항쟁은 1231년에 발발하여 1273년 삼별초가 평정되기까지의 대외전쟁으로 초기 몽골과의 전쟁 중 고려 중앙정부는 강화로 천도(1232년)를 단행하였다. 이때 몽골군은 전국으로 흩어져 약탈과 방화를 일삼았는데, 대구 부인사에 소장되었던 초조대장경과 황룡사 구층목탑이 이때 소실되었다. 아울러 전국의 사찰과 문화재들이 대몽항쟁 기간에 대부분 소실되었으며, 그 피해는 헤아릴 수 없을 정도였다. 이러한 시대적 정황으로 보아 성주사 창건기 가람은 대몽항쟁 기간에 소실되었을 가능성도 염두에 두어야 한다.

성주사가 위치한 충남지역에 몽골군이 침략한 시기는 2차례로 최초 시도는 1236년인 3차(2) 침략이 이에 해당하며, 이때 몽골침입군은 충남지역 북부의 아산만 연안까지 침략하였다. 1232년의 2차 침입 때는 강화도로 천도한 고려정부를 압박하는 것이 주된 목적이었으므로 사실상 중부 이남 지역은 아직 몽골의 피해가 미치지 않았다.[352] 그러나 몽골군은 1253년부터 다시 고려에 대한 공격을 크게 강화하여 매년 침입하였는데, 1256년은 차라대에 의한 6차 침입의 2회째로 진출지역은 경상도와 전라

---

351) 실제 1176년 발생한 망이·망소이 난으로 예산 伽倻寺와 직산의 奉先弘慶寺가 1177년에 소실되었다. 이 중 가야사는 중건과 관련된 기록이 남아있지 않아 정확히 알 순 없다. 그러나 직산의 봉선홍경사는 200년 이후인 1383년에 다시 축원된 것으로 보아 민란에 의한 소실된 가람은 즉각적인 재건이 어려웠던 것으로 짐작된다.

352) 윤용혁, 2011,「고려의 대몽항쟁과 아산 : 1236년과 1256년 아산지역 전투를 중심으로」,『인문과학논총』 28, 순천향대학교 인문과학연구소, 254쪽.

도를 아우르는 남부지역까지 적극적인 공세를 취하게 된다.[353] 따라서 몽골군에 의해 성주사가 피해를 당하였을 경우 1256년의 차라대에 의한 남부지역 공세가 가장 유력하다.

이상과 같이 성주사 창건기 가람이 소실된 직접적인 원인을 제공한 사건은 1177년의 망이·망소이의 난과 1236~1256년의 대몽항쟁으로 압축해 볼 수 있었다.[354] 이 중 성주사 창건기 가람의 소실과 가장 밀접하게 관련된 사건은 대몽항쟁일 것으로 추정된다. 이러한 까닭은 민란과 같은 국내의 정치적·사회적인 갈등으로 반발한 내분은 사원을 재건하는데 공사인력의 충원 및 경제적 지원에 따른 반감, 이로 인한 민중의 외면 등이 원인이 되어 폐사로 이어질 가능성이 크기 때문이다.

그러나 대몽항쟁과 같은 외침은 오히려 국민 정서를 하나로 통합하는 계기가 될 수 있고 僧軍의 활약 등으로 민중의 지지를 받았을 수도 있다.[355] 결론적으로 성주사 창건기 가람이 몽골군에 의해 소실되었다면 3차(2) 침입인 1236년부터 6차 침입에 해당하는 1256년까지의 20년 사이일 것이며, 이 중 차라대에 의한 남부지역 공세 기간인 1256년에 창건기 가람이 소실되었을 가능성이 매우 크다. 또한, 성주사가 중건된 시기는 대몽항쟁이 종결된 1256~1301년 사이인 13세기 말경에 이루어진 것으로 추정된다.

---

353) 윤용혁, 2011, 앞의 논문, 261쪽.
354) 한편 고려 중·후기 외침은 몽골침입 이외에 왜구의 약탈도 있다. 특히 성주사는 지리적으로 충남 서해안 일대에 위치하고 있어 왜구의 약탈로부터 안전한 지역은 아니다. 다만 이 지역에 왜구가 본격적으로 출현한 시기는 1350년 이후로 우왕 3년(1377)과 7년(1381), 8년(1382) 그리고 조선조 태조 2년(1393)에 이르기까지 4차례 정도 침입을 당하였다(윤용혁, 2013, 「고려 말 보령지역의 왜구와 金成雨」, 『역사와 담론』 66, 호서사학회, 74~79쪽). 이는 성주사 창건기 가람이 소실된 시점의 하한연대인 13세기 말경과는 시기적으로 차이가 발생하여 왜구에 의한 피해로 보기는 어렵다.
355) 임종태, 2014, 앞의 논문, 125쪽.

2) 중건 가람의 지원세력

성주사의 중건에는 특정 세력의 경제적 지원을 통해 가능하였을 것으로 짐작된다. 그러나 성주사를 중건하는 과정에서 어떠한 세력의 지원을 받았는지는 적극적인 자료가 없어 정확히 알 수는 없다. 다만 이를 유추할 수 있는 명문 자료들이 있어 이를 대상으로 성주사 중건을 지원한 세력에 대해 검토해 보겠다.

먼저 10차 조사에서 출토된 '大德五年'銘 청동광명대 부속구는 통일신라시대~고려시대 1호 건물지 내부 매납층에서 2점이 출토되었는데, '聖住金堂'이 새겨진 부속구 1점도 함께 출토되었다.[356] 청동광명대 부속구의 명문은 31자가 판독되며,[357] 명문 내용을 해석하면 "대덕 5년인 신축년(고려 충렬왕 27, 1301) 2월경에 이 부속구를 7개 만들어 성주사 삼천불전에 받치었다. 棟梁은 心聂이고 시주는 前將軍 朴璘이 하였다"라고 풀이된다.[358]

여기서 중요한 사실은 1301년경에는 이미 성주사에 삼천불전이 존재하였다는 점과 시주자는 장군의 직위에 있었던 '朴璘'이라는 것이다. 이중 청동광명대를 시주한 박린은 구체적인 생몰연대나 행적 등이 불분명하다. 다만 이와 비슷한 시기에 동일 인명이 『高麗史』에 등장하고 있는데, 기록은 다음과 같다.

> 정축일. 御駕 甫州(지금의 경상북도 예천군)에 당도하자 甫州副使 朴璘이 시냇가에다 따로 정자를 만들어 두고는 잔치를 여니 왕의 측근들이 칭송을 아끼지 않았다. 어가가 다시 安東府(지금의 경상북도 안동시)로 이동하

---

356) 百濟文化財研究院 編, 2014a, 앞의 보고서, 62~64쪽.

357) '大德五年辛丑二月日聖住寺三千佛殿造排此樣七 棟梁心聂 施主前將軍朴 璘'

358) 광명대 부속구의 명문 해석은 대전대학교 김갑동 교수의 도움을 받아 작성하였음을 밝혀둔다.

니 安東府使 金頵이 彩棚을 설치하고 풍악을 울리며 영접했다. 반면 安東判官 李檜는 백성들의 인력과 재물을 아껴서 영접에 드는 쓸데없는 비용을 극력 줄였고 또한 어가를 맞는 의례가 화려하지 않았으므로 內僚들이 모두 그를 헐뜯었다. 이에 이회를 보주로, 朴璘을 안동부로 각각 인사 이동시켰다.[359]

위 기록은 고려 충렬왕 7년 기사로 1281년에 해당하는데, 이는 청동광명대 부속구에 기록된 1301년보다 20년 앞선 기록이다. 여기서 '朴璘'이란 인물은 '甫州副使'로 등장하여 주목된다. 물론 사료에 등장하는 朴璘이 성주사 청동광명대에 기록된 시주자와 동일인으로 볼 수 있는 근거는 없다. 다만 동일 왕조에, 그것도 비슷한 시기에 관직에 올라 활동한 인물 중 동명이인이 존재할 가능성은 매우 낮을 것으로 생각된다. 게다가 부속구에 기록된 박린은 과거형인 '前將軍'이라 표현하였는데, 이를 전제하면

도 105 | 靑銅光明臺 附屬具 탁본
(百濟文化財硏究院 2014a)

---

359) ○丁丑 次甫州, 副使 朴璘, 跨川作茅亭, 設宴, 左右皆譽. 移次安東府, 府使 金頵, 結綵棚, 張樂以迎. 判官 李檜, 惜民力, 務省浮費, 又拙於進退, 內僚皆毀之. 於是, 移檜於甫州, 璘於安東(『高麗史』卷二十九 世家 卷第二十九 忠烈王 7年).

사료에 등장하는 박린과 활동 시기가 대략 일치하여 동일인으로 볼 수 있는 개연성이 높다.

그런데 『高麗史』에 등장하는 박린은 보주부사로서 그의 활동지역은 경상도 일대에 한정되어 있다. 이러한 보주부사 박린은 멀리 떨어진 보령의 성주사와 어떠한 인연이 있어 광명대를 시주하였는지 의문이 생긴다. 물론 "그의 출신지가 보령으로서 관직에서 낙향한 후 말년을 고향에서 보냈다" 또는 "성주사에 의탁했다"라는 전제가 성립된다면, 이러한 의문은 해소될 수 있다. 그러나 『新增東國輿地勝覽』에 따르면 성주사가 위치한 남포지역 세도집안 중 朴氏는 존재하지 않는다. 그렇다면 성주사와 박린은 지연적 관계보다는 혈연적 관계에 의해 연결되었을 가능성이 있다.[360]

신라하대에 개창된 성주사는 김흔과 김양을 중심으로 한 김인문가계 일족과 신라왕실의 경제적 지원을 받아 창건된 것은 앞서 살펴본 바와 같다. 이후 성주사는 헌강왕대에 放生의 경계를 표시하고 '聖住寺'名을 사액 받았는데, 새와 짐승이 기뻐하였다[361]고 한다. 이는 방생의 경계 내에서 속인의 접근을 막고 사냥이나 수렵하는 것을 금지하는 등 사원이 방생의 경계에서 배타적·독점적 권한을 행사하였던 것으로 짐작된다.[362] 즉 성주사가 개창된 초기의 경제적 기반은 귀족과 왕실의 지원에 의한 것임을 알 수 있으며, 개창된 이후의 주된 기반은 租稻로 이곳에서 생산된 물품 등이 사원경제의 가장 안정적인 수입원이었을 것으로 판단된다.[363]

그러나 왕조가 바뀌면서 성주사 창건기의 경제적 기반이나 지원세력이 고려시대에도 그대로 유지되었는지 알 순 없다. 전대 왕조인 신라왕실 또

---

360) 임종태, 2015c, 앞의 논문, 40쪽.

361) 於是遣輻軒, 標放生境界, 則鳥獸悅, 紐銀鉤, 扎聖住寺題, 則龍虫也活(한국고대사회연구소, 1992, 앞의 책, 『朗慧和尙白月寶光塔碑文』).

362) 李炳熙, 2002, 「高麗前期 禪宗寺院의 經濟와 그 運營」, 『韓國禪學』 4, 韓國禪學會, 70쪽.

363) 李喜冠, 2001, 앞의 책.

는 귀족과 맺고 있던 긴밀한 관계가 왕조가 바뀌면서 해체되었기 때문이다. 게다가 고려 전기부터 확산된 선종은 그 사상적 경향으로 인해 사원의 수가 급격히 늘어나게 되는데, 이러한 상황에서도 성주사의 寺勢와 기존의 寺院田이 이전과 같이 유지되고 세습될 수 있었는지는 불분명하다.

다만 성주사의 창건은 김흔, 김양과 같은 신라 진골 귀족세력이 단월로 활약하였고, 정확히는 웅천주를 受封之所로 삼은 김인문의 후예들이 주축이 되었다. 아울러 성주사의 주지를 맡은 낭혜화상 무염대사도 태종무열왕의 8대손으로 김흔, 김양과는 무열왕을 조상으로 삼는 동일가계의 구성원이기도 하다.[364] 게다가 성주사지 초기가람이 김인문의 원찰로 기능한 점을 고려할 때, 성주사는 대대로 무열왕계, 세부적으로는 김인문계를 정점으로 한 원찰의 개념이[365] 강하게 반영된 것을 알 수 있다. 더구나 김양의 딸이 문성왕의 妃가 되면서[366] 성주사와 신라하대 왕실은 더 긴밀한 관계를 맺게 된다.

성주사는 김인문의 원찰인 초기가람부터 성주사의 창건에 이르기까

---

364) 會王子昕懸車, 爲山中宰相, 邂逅適願. 謂曰 師與吾俱祖龍樹乙粲, 則師內外爲龍樹令孫, 眞瞠若不可及者. 而滄海外躡蕭湘故事, 則親舊緣固不淺(한국고대사회연구소, 1992, 앞의 책, 『朗慧和尙白月寶光塔碑文』).

365) 통일신라시대 感恩寺는 文武王의 명복을 빌기 위해 세운 사찰이며, 太宗武烈王의 명복을 기리는 奉德寺, 眞智王의 奉恩寺, 閔哀王의 桐華寺, 憲安王의 寶林寺 등이 왕실의 원찰에 해당한다. 特定人의 願刹로는 異次頓의 刺秋寺, 金庾信의 松花房, 長春郎 및 罷郎의 壯義寺 등이 이에 해당한다. 이밖에 金志誠一族의 甘山寺, 金孝讓의 叔父를 위한 鍪藏寺, 金均貞의 복을 비는 法光寺 등이 통일신라시대에 特定人의 家族이 세운 원찰이다(『三國史記』, 『三國遺事』).
신라에는 왕실의 사원관계 기구로 願堂典이 원찰에 관여한 것으로 中代 초기에 성립된 이후 內省에 속하였다가 御龍省에 편입된 이 기구에는 大舍 2인, 從舍知 2인의 관원을 두었다고 한다(이영호, 1983, 「新羅 中代 王室寺院의 官寺的 機能」, 『한국사연구』 43, 한국사연구회). 고려시대에도 왕실 및 귀족들에 의해 원찰이 건립되었으며, 왕실에서는 왕과 왕비의 진영을 모신 眞殿을 사원 내에 세워 이를 眞殿寺院이라 불렀다(허흥식, 1984, 「불교와 융합된 고려왕실의 조상숭배」, 『동방학지』 45, 연세대학교 국학연구원).

366) 『三國史記』 卷第四十四, 「列傳」, 第四, 金陽傳.

도 106 | 성주사지 출토 명문 망와 탁본
(百濟文化財研究院 2014a)

도 107 | 성주사지 출토 명문 암막새 탁본
(百濟文化財研究院 2014a)

지 김인문 가계의 후손들과 긴밀한 관계를 형성하였다.[367] 또한, 성주사
는 김인문의 후손에 의해 개창된 만큼 이들이 경제적으로 성주사에 많은
영향을 끼쳤을 것이고, 성주사의 관리와 유지도 그의 후손들에게 의지할
수밖에 없었을 것이다.[368] 실제 이를 추정케 하는 단서로는 성주사가 최
종적으로 폐사될 시점인 16세기경에 明나라 연호인 正德,[369] 嘉靖,[370] 萬
曆[371]이 새겨진 암막새와 수막새 등이 성주사의 改瓦로서 대량으로 공급
되는데,[372] 이를 시주한 대시주로 金末之兩主, 金必石兩主, 金必從兩主,
金漢祿兩主, 金乙之, 朴山, 朴得主 등이 언급되고 있다. 이외 克氏, 李氏,
明氏, 宋氏, 鄭氏 등도 일부 찾아지지만, 암막새에서 주로 확인되는 성씨

---

367) 임종태, 2014, 앞의 논문, 122쪽.
368) 임종태, 2015c, 앞의 논문.
369) 明나라 正德帝의 年號로 서기 1506~1521년이 이에 해당한다.
370) 明나라 嘉靖帝의 年號로 서기 1522~1566년이 이에 해당한다.
371) 明나라 萬曆帝의 年號로 서기 1573~1620년이 이에 해당한다.
372) 이러한 암·수막새는 '三千佛殿改瓦'라는 명문이 공통으로 확인되며, 1차부터 11
차 발굴조사까지 성주사 사역 전역에서 확인되었다. 또한, 막새와 함께 고려시대
기와도 출토된 점으로 보아 이들 명문 암·수막새는 補修瓦로 사용된 것임을 알
수가 있다.

는 金氏와 朴氏가 다수를 차지한다(도 106 · 107).

위의 성씨를 가진 자들은 당시 관직이나 생몰연대 등을 알 수가 없다. 그러나 이들은 성주사가 중건된 이후 기와 생산 혹은 이에 필요한 경비를 조달하는 등 성주사에 경제적 지원을 하였던 것만은 분명한 사실이다. 조선시대 배불정책으로 사원의 수가 급감하고 불교가 천대받는 사회 전반의 의식에서도 개인들이 뜻을 모아 성주사에 경제적 지원을 하였다는 점에서 이는 많은 의미를 담고 있다.[373]

성주사의 중건과 중건 이후에도 지속적인 경제적 지원을 하였던 시주자는 성주사와 가까운 거리 혹은 보령지역 일대에서 영향력을 행사하던 지역 유지들일 가능성도 있다. 그러나 『新增東國輿地勝覽』에 따르면 위의 일부 성씨는 확인할 수 있지만, 가장 많이 언급한 金氏, 朴氏는 전혀 확인되지 않는다. 즉 명문암막새에 등장하는 金氏와 朴氏는 보령지역 일대의 유지로 볼 만한 직접적인 근거 없어 地緣的으로 성주사와 관련 있는 것으로 보기는 어렵다.

그러나 金氏의 시주자가 김인문의 후손임을 전제할 때 血緣的으로 성주사와 관련이 있었을 가능성이 매우 높다. 朴氏도 신라 왕실의 후손으로서 김인문 일가와 혈연적 관계를 맺었다면 성주사와 긴밀한 관계를 유지했을 것이다. 이렇게 성립된 관계로 본다면 보주자사 박린이 아무런 연고도 없는 성주사에 광명대를 시주한 까닭도 이해가 된다. 물론 이는 필자의 억측일 수 있겠지만, 성주사지 초기가람이나 창건기 가람이 대대로 김인문의 후손과 긴밀한 관계를 유지하였던 사실을 상기해 본다면 무리한

---

373) 조선 태종은 즉위 후 排佛政策을 단행하여 사원의 수가 급격히 줄게 되었는데, 급기야 태종 7년(1407)에는 전국의 사찰 중 일부만 남기고 대부분 폐지가 된다. 이 가운데 남포의 성주사는 慈恩宗 소속의 36사에 포함되어 명맥을 유지하는데, 선종계 가람으로 창건된 성주사가 어느 순간부터 교종계의 자은종에 포함되었다는 사실은 의미하는 바가 크다. 이는 곧 성주사가 金仁問을 정점으로 한 金氏 家門의 자복사 역할을 한 것이 아닌가 추정된다.

억측은 아닐 것이다.

한편 청동광명대 부속구 명문에는 성주사 중건기의 주지로 추정되는 인물이 기록되어 있어 주목된다. 광명대 부속구에는 棟梁을 '心툣'이 하였다고 기록하고 있는데, 여기서 심장은 당시 성주사의 주지일 가능성이 매우 크다. 이때 사원의 주지는 소속 승려들을 부양하고 이끌며 불 · 보살상을 받들고, 신도들을 조직 · 관리하며, 사원 건물을 보수 · 중창하는 등 자신이 부임한 사원의 모든 운영을 책임지는 역할을 하였다고 한다.[374] 따라서 성주사지에서 출토된 청동광명대 부속구에 새겨진 명문은 당시의 사실관계를 기록한 것이어서 고려시대 불교사원을 연구하고 이해하는 데 중요한 단서가 될 것으로 기대된다.

3. 중건기 가람의 변화와 특징

성주사 중건기 가람은 지난 11차례의 발굴조사에서 구체적인 현황 등이 확인되었고, 이와 관련한 고찰이 한 차례 이루어졌다.[375] 이때 밝혀진 중건기 가람의 가장 큰 변화는 가람 중심부의 건물배치가 이전과는 전혀 다른 양상으로 변화한다는 것이다. 즉 성주사 중건기에는 이전의 정형화된 가람배치가 붕괴하고 새로운 배치형태로 가람이 재편된다.

따라서 이번에는 고고학적으로 확인된 자료를 토대로 성주사 중건기 가람의 특징을 검출해 보고자 한다. 주요 대상은 삼천불전의 건립에 따른 가람 중심부의 정형성 붕괴와 사역 동쪽 일대의 개발, 성주사 창건기의 경계시설이었던 회랑이 폐기되고 이를 대체한 담장을 중적적으로 살펴볼 것이다. 그리고 성주사가 중건되면서 강당 전면에 3기의 삼층석탑이 병렬

---

374) 李炳熙, 2008, 「高麗時期 住持制 運營과 寺院經濟」, 『史學研究』 90, 韓國史學會, 27쪽.
375) 忠南大學校博物館 編, 1998, 앞의 보고서, 99~100쪽.

로 배치되는 독특한 형태가 확인되는데, 이들 석탑의 양식적 속성에 따른 건립 시기와 강당 전면에 배치되었던 까닭을 고고학적인 관점에 함께 검토해 보도록 하겠다.

1) 고려 후기 사원의 기능적 변화와 생산시설의 확충

성주사가 중건되면서 확인되는 가장 큰 변화는 가람 중심부에 동회랑이 폐기되고 삼천불전이 건립된다는 것은 앞서 주지한 사실이다. 그런데 삼천불전이 건립되면서 주변에는 이전에 볼 수 없었던 특이한 현상이 관찰되는데, 이는 경내에 경배시설물인 금당, 불전과 함께 住居目的의 건물이 공존하는 것이다(도 108).

앞서 창건기 동회랑이 폐기되고 삼천불전이 건립된 사실은 비중 있게 다루었던바 생략하기로 하고, 삼천불전이 조영되는 시점에는 동남회랑과

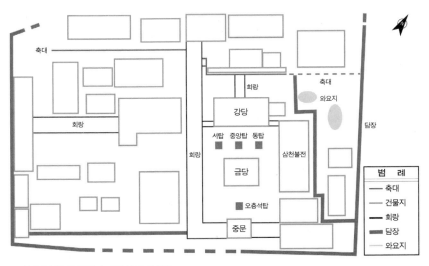

도 108 | 성주사 중건기 가람 추정 모식도

남회랑 역시 폐기되면서 이 자리에 대규모 건물이 들어선다.[376] 이러한 남편건물지는 2차례 정도 증축된 것으로 보고되었는데, 현재는 두 건물간의 중복된 흔적을 정확히 분별하기란 쉽지 않다.[377] 이 중 잘 남아있는 2차 건물은 내부에서 초석과 적심의 배열이 뚜렷하게 관찰되고, 부석시설과 배수시설도 함께 노출되었다. 무엇보다도 건물지 내부에는 동서길이 6m, 남북길이 4m 규모의 5~6줄 고래시설이 확인되어 주목해 볼 수 있다.

고래시설은 건물 내부에 온돌이 갖추어진 것을 의미하는데, 이를 전제하면 남편 건물지는 숙식이 가능하도록 설계된 주거목적의 성격을 띤 건물이 된다. 이는 이전의 동회랑과 동남회랑, 남회랑이 폐기된 이후 새롭게 조성된 건물이 삼천불전과 같은 예불건물이 아닌 온돌이 구비된 주거목적의 건물이라는 점에서 상당히 이례적인 것으로 볼 수 있다.

고대로부터 우리나라 불교사원에는 佛塔과 金堂 또는 佛殿, 講堂을 경내에 단독 배치되면서 주변에는 회랑을 둘러 이를 철저히 보호하고 구분한 것이 일반적인 가람의 배치형태로 알려져 있다. 아울러 사원을 대표하는 신성한 건물은 이를 관리·보존하기 위해 경내·외로 철저히 구분하여 이들 건물 주변에는 화재의 위험성이 있는 주거목적의 건물이 조성되는 것을 원천적으로 배제한다.[378] 이러한 배치적 특징은 성주사 창건기 가람에서도 관찰되며, 이전의 초기가람 역시 이의 범주에 벗어나지 않았다.

---

376) 보고서에는 이 건물지를 '三千佛殿址 南便 建物址'로 命名하였다. 남편 건물지는 2차례 증축된 것으로 1차 건물은 기단만이 남아 내부 양상을 정확히 알 수 없었다고 한다. 이에 반해 2차 건물은 초석과 적심 등의 내부시설이 확인되었고, 이를 통해 건물의 성격을 정확히 파악할 수 있었다고 한다(忠南大學校博物館, 1998, 앞의 보고서, 70쪽).

377) 남쪽 건물지의 중복양상과 기단의 범위, 내부 초석 및 적심 배열 등이 도면에 정확히 표시되지 않아 분별이 어렵다.

378) 고려시대를 기준으로 이전에는 사례가 없지만, 고려시대 중창된 사원 중 회암사지, 고달사지와 같이 경내 중요건물과 주거건물이 공존한 사례도 확인된다. 그리고 이들 사원은 성주사 중건기와 같은 시기이다.

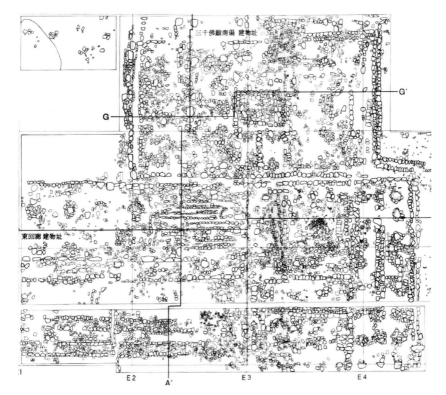

三千佛殿南偏 建物址

G'

G

東回廊 建物址

E2   A'   E3   E4

도 109 | 성주사지 남편건물지 실측도 (忠南大學校博物館 1998 편집)

　그러나 성주사가 중건되면서 삼천불전 남쪽으로 주거용 건물이 조성
되고 이전의 전통적인 가람배치 형식은 이때에 붕괴된다. 즉 이전에 신성
시되던 공간이 한 차례 소실을 겪으면서 전통성이 상실되고, 이후 가람은
새롭게 재편되는 데, 이때의 변화는 성주사 중건기에 사원의 기능과 사상
에 많은 변화가 있었음을 의미한다.

　이와 관련해 주목할 수 있는 것은 고려시대 불교사원이 이전에는 신앙
의 성소로서 종교적 기능에 충실한 한정된 역할을 수행했던 반면, 이후의
불교사원은 다양한 기능을 함으로써 하나의 문화 공간으로 기능하였다는

견해가 있다.[379] 물론 성주사 중건기 가람의 변화가 고려시대 불교사원의 기능 변화를 대변할 순 없겠지만, 특정 시기에 기능적으로 변화한 흔적이 고고학적으로 확인된 것은 주목할 만하다.

한편 성주사가 중건되면서 확인된 또 다른 특징은 사역의 동쪽 일대가 개발된 것이다. 성주사 창건기에는 예불건물이 위치한 예배공간이 가람의 동쪽에 치우쳤는데, 중건기에 이르러 사역의 경계를 확정하면서 삼천불전 동쪽 일대의 공지도 개발이 된다. 이 일대는 7차 조사에서 기와가마(瓦窯址)와 같은 생산시설이 확인되었다.

이를 자세히 하면, 7차 발굴조사에서 기와가마 2기와 함께 소성유구 3기, 석조시설, 그리고 이와 관련된 것으로 추정되는 건물지 3동이 조사되었다. 이 중 기와가마는 반지하식 등으로 내부에서 능형문(태사격자문)과 어골능형문, 세격자문 기와편과 명문와 등이 출토되었다.[380] 출토된 유물의 중심연대는 고려 중·후기로 편년되었으며,[381] 이를 통해 기와가마는 성주사가 중건되는 과정에서 기와를 공급하기 위한 시설물인 것으로 밝혀졌다.

기와가마의 운영 시점은 한시적이었을 것으로 추정되는데, 이에 대한 근거는 1호 기와가마가 삼천불전지 북동쪽으로 약 10m 내외에 인접하고, 2호 기와가마도 강당지 동편 건물지와 거의 맞닿아 조성되었기 때문이다. 가마의 위치는 예불건물과 매우 가까운 거리이므로 사원이 운영될 때 기와가마가 공존하는 것은 거의 불가능하다. 특히 2호 기와가마는 강당의 동편건물지와 맞닿아 있어 상식적으로 사원이 운영되는 시점에 가마와 공존할 순 없다. 즉 7차 조사에서 확인된 기와가마와 생산시설은 화재의 위험성을 고려할 때 예불건물이 운영되는 시기에 공존할 수 없어 성주사

---

379) 許興植, 1986, 「佛教界의 組織과 行政制度」, 『高麗佛教史研究』, 一潮閣, 333~335쪽.
380) 百濟文化財研究院 編, 2011, 앞의 보고서, 23~40쪽.
381) 忠南大學校博物館 編, 1998, 앞의 보고서, 425쪽.

도 110 | 고려시대 1 · 2호 와요지와 내부 출토유물 (백제문화재연구원 2011 수정)

를 재건하는 과정에서[382] 한시적으로 사용하기 위해 조성한 것으로 보아
야 할 것이다.

한편 성주사 중건기에는 기와와 같은 중요 물품을 직접 생산 · 공급하
였다는 점에서 의미하는 바가 크다. 결국, 이는 사원의 경제성 또는 기능
성과도 직결되는데, 이를 통해 성주사는 중건기를 기점으로 사원경제의
운용에 변화가 있었음을 알 수 있는 대목이다. 결론적으로 성주사 중건기
생산시설의 확충은 한시적이기는 하나 사원의 경제적 자립을 고고학적으
로 증명할 수 있는 중요한 단서가 되며, 이는 과거 중앙에서 공급받던 방
식이 성주사 중건기에 이르러서는 자체적으로 생산 · 공급하는 방식으로

---

382) 이때 성주사는 사원으로서 기능이 정지된 것으로 보아야 한다.

변화하였음을 대변하는 것이다.

2) 회랑의 기능 상실과 담장으로의 대체

성주사 창건기 가람의 주요 특징 중 하나는 가람의 경계시설을 회랑으로 구획한 것이다. 그러나 성주사 창건기 가람이 소실된 이후 조영된 중건기 가람에서는 이전의 회랑이 폐기되고 담장이 이를 대체한다.

8차와 9차 발굴조사에서 확인된 고려시대 17호와 19호, 21호 건물지는 성주사 창건기 가람의 회랑으로 추정하였는데, 이외 가람 중심부의 남회랑이 서쪽 사역 경계까지 확장한 흔적은 8차와 9차 조사에서도 뚜렷하게 관찰되었다. 또한, 사역 북쪽 일대에서도 통일신라시대~고려시대 6호 건물지가 북중행랑 또는 북행랑으로 추정되어 이 건물 역시 회랑으로서 기능하였던 것을 알 수 있다.

성주사 창건기의 회랑은 모두 화재로 소실되는데, 이후 재건된 건물은 회랑이 아닌 전혀 다른 성격의 건물로 조성된다. 『崇嚴山聖住寺事蹟記』에는 이와 관련해 '中行廊三百間破, 外行廊五百間破, 基階猶存'이라 하여 이전의 회랑(행랑)이 파괴되고 그 터와 계단만이 남았다는 사실을 전하였다.[383]

성주사 창건기 가람의 경계와 사역을 구획하던 회랑이 폐기된 이후 중건기에는 이를 대신한 담장이 새롭게 조성이 된다. 공통된 조성방법은 협축식으로 확인되며, 담장의 규모는 폭이 약 100~200cm까지 다양하고 장축방향도 일관성이 없어 정형성을 갖춘 느낌이 전혀 들지 않는다. 이 중 일부는 건물 내부에 조성된 사례도 있어 담장보다는 건물의 벽체시설일 가능성도 배제할 순 없다.[384]

---

383) 그 규모가 무려 800칸에 이른다.

384) 10차 조사에서 확인된 조선시대 8호 건물지는 부엌으로 추정되는 아궁이 남북으

도 111 | 남회랑지 및 서회랑지와 담장시설 중복양상 (임종태 2015c)

이처럼 성주사가 중건되는 시점에 사역 내부에는 다양한 규모의 담장
이 조성이 된다. 이 중 사역의 외곽 경계를 이루는 담장은 이전의 회랑이
폐기된 이후 이를 대체한 것인데, 이는 이전과 다른 시대적 환경과 유행
에 따른 조치로 해석된다.

로 협축식의 담장과 같은 할석렬이 확인되었는데, 이 할석렬은 담장의 기능보다는
건물의 벽체를 구성하는 하인방 석렬일 가능성이 크다.

3) 강당 전면의 동·서·중앙 삼층석탑 배치

가람이 중건되면서 내부를 구성하던 건물은 이전에 비해 흐트러지는 양상을 보이지만, 가람 중심부에 있는 중문과 오층석탑, 금당, 강당의 위치는 변화가 없다. 그러나 중건기에는 이전의 창건기 배치형태인 '一塔一金堂式'에서 강당 전면, 금당 후면에 삼층석탑 3기가 병렬로 배치되는 독특한 유형의 가람 형태로 진화한다(도 112·113).

성주사 중건기 강당 전면에 3기의 삼층석탑이 병렬로 배치된 사례는 국내에서 유일한 사례로, 금당 전면의 오층석탑과 함께 가람 내에 삼층석탑 3기가 一塔-金堂-三塔-講堂으로 배치되는 특이한 형태를 띠게 된다. 이 같은 배치형태는 아직까지 전례가 없는 것으로, 성주사 중건기의 삼층석탑 3기는 삼천불전과 함께 성주사 중건기를 대표하는 가장 큰 요소로 볼 수 있다.

3기의 삼층석탑은 전체적인 조탑 방식이 공통으로 첫째, 상·하층으로 이루어진 이중기단에 탱주는 1주씩이며, 갑석 상면 4우에 합각선이 뚜렷하고 각각 각호각형의 3단 받침이 있다. 둘째, 탑의 초층탑신 괴임대에 1매의 별석받침이 존재하며, 셋째, 초층탑신에는 모두 전·후 양면에 문비형이 층단형을 이루며 2중의 액을 모각한 후, 내면에는 문

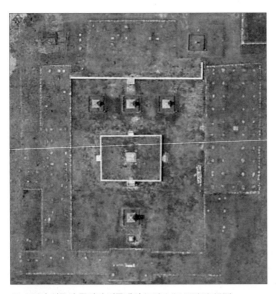

도 112 | 성주사 중건기 건물배치 (百濟文化財研究院 提供)

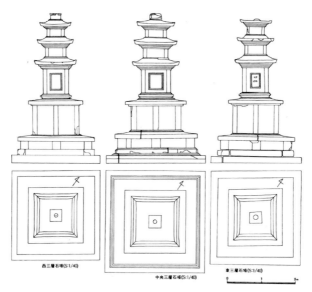

도 113 | 성주사지 서·중앙·동삼층석탑 실측도 (忠南大學校博物館 1998)

표 6 | 성주사지 삼층석탑 주요 속성 일람표 (박경식 2005 수정)

석탑명	기단부				탑신부				상륜부	높이 (cm)	시대
	하층기단		상층기단		탑신명	옥개석					
	탱주	상층기단 받침	탱주	초층탑신		옥개 받침	탑신 괴임	낙수홈			
중앙 삼층 석탑	1	각호 각형 3단	1	각호각형 위에 별석받침	양 우주 문비형	4단	각형 2단	有	노반 (서탑에 서 이전)	424	9세기 중엽
서삼층 석탑	1	각호 각형 3단	1	각호각형 위에 별석받침	양 우주 문비형	4단	각형 2단	有	노반	425	9세기 중엽
동삼층 석탑	1	각호 각형 3단	1	각호각형 위에 별석받침	양 우주 문비형	4단	각형 2단	無	·	411	9세기 중엽

고리와 자물쇠를 표현하였다. 넷째, 옥개석은 4우에 이르러 반전이 예리해지며, 받침은 모두 4단을 유지하였다[385](표 6).

이 중 별석의 탑신괴임은 삼층석탑 3기를 포함한 금당 전면의 오층석탑에서도 동일하게 관찰되는데, 4단의 구조로 최하단은 앙곡으로 되어 있고, 그 위로는 3단의 층급형 단을 두었다. 이 같은 탑신괴임의 구조는 고려시대 석탑에 직접적인 영향을 끼친 것으로 보기도 한다.[386]

성주사지 3기의 삼층석탑 초층탑신 전·후 양면에는 문비형이 모각되어 있다. 이러한 문비형이 모각된 석탑은 창림사지 삼층석탑,[387] 안동 옥동 삼층석탑,[388] 영천 신월동 삼층석탑,[389] 단양 향산리 삼층석탑,[390] 영국사 삼층석탑,[391] 금둔사지 삼층석탑,[392] 영양 신구동 삼층석탑[393] 등이 있으며, 이들 석탑에서는 모두 비슷한 문비와 자물쇠, 문고리 등이 모각되어 있다.

초기의 석탑들은 내부로 출입이 가능한 목조탑의 형태를 추종하여 이

---

385) 박경식, 2002,『통일신라 석조미술 연구』, 학연문화사.

386) 신용철, 2014,「軍威 持寶寺 三層石塔에 대한 考察」,『동악미술사학』16, 동악미술사학회, 60~61쪽.

387) 탑은 경상북도 경주시 배동 남산자락의 창림사터에 있으며, 2015년 3월 4일에 보물 제1867호로 지정되었다.

388) 탑은 경상북도 안동시 平和洞에 있으며, 1963년 1월 21일에 보물 제114호로 지정된 전형적인 통일신라시대의 석탑으로 알려져 있다.

389) 탑은 경상북도 영천시 금호읍 신월동의 옛 新興寺址로 추정되는 곳에 있으며, 1968년 12월 19일에 보물 제465호로 지정되었다.

390) 탑은 충청북도 단양군 가곡면 향산리에 있으며, 1964년 9월 3일에 보물 제405호로 지정되었다.

391) 탑은 충청북도 영동군 양산면 누교리 영국사에 있으며, 1971년 7월 7일에 보물 제533호로 지정된 전형적인 통일신라시대 석탑으로 알려져 있다.

392) 탑은 전라남도 순천시 樂安面 上松里 금둔사지에 있으며, 1988년 4월 1일에 보물 제945호로 지정된 전형적인 통일신라시대 석탑으로 알려져 있다.

393) 탑은 경상북도 영양군 입암면 신구리에 있으며, 현재는 경상북도 문화재자료 84호로 지정·관리되고 있다.

를 모방해 문비를 모각한 것으로 추정하였다.[394] 또한, 문비는 탑신에 사리가 안치된 것을 강력하게 암시하는 것으로 이는 통일신라 후기 석탑의 편년적 기준이 되기도 한다.[395]

표 7 | 성주사지 삼층석탑의 초층탑신 문비형

성주사지 동삼층석탑 초층탑신 門扉形	성주사지 중앙삼층석탑 초층탑신 門扉形	성주사지 서삼층석탑 초층탑신 門扉形
창림사지 삼층석탑 초층탑신 門扉形	영천 신월동 삼층석탑 초층탑신 門扉形	영국사 삼층석탑 초층탑신 門扉形

한편 성주사 창건기에 金立之가 찬한 『聖住寺碑』에는 삼층석탑의 건립에 관한 기록이 있어 주목된다. 〈도 114〉의 비편에는 '三層無垢淨石塔'이라는 글귀가 확인되는데, 비편이 온전하지 않아 1기의 석탑을 뜻하는지 아니면 다수의 석탑을 뜻하는지 알 순 없다. 다만 비문을 통해 알 수 있는 사실은 성주사가 창건될 무렵에 삼층석탑이 건립되었다는 것이다. 물론 이 삼층석탑이 현재 성주사지에 있는 3기의 삼층석탑 중 어느 탑을 말하

---

394) 신용철, 2002,「慶州 南山 昌林寺址 三層石塔의 考察 -石塔의 編年을 中心으로-」, 『동악미술사학』 3, 동악미술사학회, 41쪽.
395) 박경식, 2002, 위의 책, 113쪽.

......伊湌庶兄 施口......

......乃以成花殿雲楣 綠......

......金殿 歎無佛像 頓捨家......

......盤 紺絲之髮 紅掌展瑞印之......

......三層無垢淨石塔 又擬立七祖......

......口領色羅匹段 幷租一百石......

......暮異口口口清澗日......

도 114 金立之 撰, 『聖住寺碑』 삼층석탑 관련 기록

는지 알 순 없지만, 이는 조탑 방식이나 양식, 크기가 동일한 점을 고려할 때 이들 석탑을 모두를 통칭한 것으로 이해된다.

성주사 창건기에 건립된 삼층석탑은 〈도 114〉에서와 같이 '無垢淨'이라 표현을 하고 있다. 이 무구정은 『無垢淨經』에서 따온 용어인데, 이는 삼한통일을 이룩하고 唐의 침입까지 물리친 신라사회에서 호국의 대상체로서 탑이라는 개념에서 벗어나 조탑의 본래 의미인 공덕개념이 생겨난 계기가 되었다. 아울러 『無垢淨經』에서는 종전에 접할 수 없었던 建塔의 구체적인 이유와 의미, 또 헤아릴 수 없는 많은 공덕의 내용을 매우 구체적으로 설하고 있다. 따라서 8세기 이후 『無垢淨經』은 신라인들에게 광범위하게 유포되었고, 이는 전국적으로 많은 불탑이 건립된 계기가 되었다.[396]

---

396) 최민희, 2003, 「통일신라 3층 석탑(三層石塔)의 출현과 『조탑공덕경(造塔功德經)』의 관계 고찰」, 『불교고고학』 3, 위덕대학교.

이러한 『無垢淨經』에 의한 건탑 사례는 경주 창림사지 삼층석탑이 대표적인데,[397] 창림사지 삼층석탑에서 확인된 『昌林寺無垢淨塔誌』는 공교롭게도 문성왕 17년인 855년경에 김입지에 의해서 찬해진 것이다. 이때 김입지는 한림랑으로 추성군태수를 역임하고 있었다. 김입지는 창림사에 건립된 삼층석탑을 '無垢淨塔'이라 칭하였고, 성주사 삼층석탑 역시 '三層無垢淨石塔'으로 칭하여 묘한 동질감을 엿볼 수 있다.

한편 지난 1990년대 실시한 가람 중심부에 대한 조사와 함께 삼층석탑의 하부조사도 함께 병행하였다. 조사결과, 삼층석탑 하부에는 현 오층석탑 하부 판축과 같은 축기부는 물론 별다른 기초시설도 확인되지 않았다. 게다가 이들 석탑의 구지표면과 삼층석탑 하부의 부석에서는 백자편이 수습되었고, 이에 따라 현 자리로 석탑이 옮겨진 시점은 14세기 이전으로 소급하기 어려워 성주사 중건기 시점에 이러한 배치형태가 이루어진 것으로 보았다.[398]

삼층석탑 3기는 하부조사 결과, 본래 기초가 없거나 또는 석탑의 보수공사에 의해 교란될 정도로 낮게 시설되었을 가능성도 있다. 그러나 석탑이 건립된 통일신라시대에는 탑의 기초가 일반 건축물과 달리 견고하게 조성하는 점을 고려할 때[399] 본래 위치가 아닐 가능성이 매우 크다. 게다

도 115 | 성주사지 서 · 중앙 · 동삼층석탑 토층도 (忠南大學校博物館 1998)

---

397) 신용철, 2002, 앞의 논문, 33쪽.
398) 忠南大學校博物館 編, 1998, 앞의 보고서, 78쪽.
399) 가까운 예로 성주사지 오층석탑과 서천의 비인 오층석탑을 통해 석탑 역시 별도의 축기부를 조성하였던 것을 추정할 수 있다(趙源昌, 2010,「百濟 定林寺址 石塔 下部 軸基部 版築土의 性格」,『韓國古代史探究』5, 韓國古代史探究學會, 143쪽).

가 3기의 삼층
석탑은 층위적
양상으로 보아
복판연화문수막
새의 사용 시점
보다 늦은 시기
에 현 위치로 이
동하였을 가능
성이 크며, 구지
표면과 하부 부
석에서 출토된

도 116 | 강당지 전면 중앙삼층석탑 우회 답도 (忠南大學校博物館 提供)

백자편을 고려할 때 현 위치로 이동한 시점은 14세기 무렵을 상회하기 어
려울 것으로 판단된다.[400]

다만 성주사지 3기의 삼층석탑과 관련된 분명한 사실은 〈도 116〉으로
보아 강당지 전면의 계단지와 연결된 답도가 중앙삼층석탑을 우회하도록
조성된 것을 알 수 있다. 이는 성주사가 운영될 시점에 3기의 삼층석탑도
함께 공존한 것을 방증하는 것이다. 결론적으로 삼층석탑의 조탑 시점은
성주사 창건기 무렵인 9세기 중·후반기로 추정은 가능하지만, 본래 위치
가 아닌 현 위치로 이동한 시점은 14세기 무렵에 이루어진 것으로 보아야
할 것이다.

한편 성주사 중건기 가람을 사실적으로 묘사한 『崇嚴山聖住寺事蹟記』
에는 이들 석탑의 명칭을 구체적으로 언급하고 있다.[401] 이 중 가장 먼저
언급된 석가여래사리탑[402]은 현 금당지 전면의 오층석탑을 가리키는 것

---

400) 忠南大學校博物館 編, 1998, 앞의 보고서, 74쪽.
401) 釋迦如來舍利塔·定光如來舍利塔·迦葉如來舍利塔·藥師如來舍利塔.
402) 釋迦如來舍利塔의 釋迦如來란 釋迦牟尼를 지칭하는 것으로 釋迦는 부처가 되시기

으로 추정된다. 다음의 정광여래사리탑[403]은 현 3기의 삼층석탑 중 중앙에 위치한 중앙삼층석탑을 가리키는 것으로 추정되며, 뒤의 가섭여래사리탑[404]과 약사여래사리탑[405]은 동·서 삼층석탑 중 어느 탑을 지목한 것인지 분명하진 않다.

이처럼 성주사지 가람 중심부에 위치한 4기의 석탑은 성주사가 창건될 당시에 건립된 것인데, 이중 3기의 삼층석탑은 성주사가 중건되는 시점에 현 위치로 이동한 것임을 알 수 있다. 따라서 성주사 중건기에는 강당 전면의 삼층석탑 3기와 함께 삼천불전을 건립하고 중시한 것으로 이는 성주사가 중건될 무렵의 사상적 변화 혹은 신행의 경향에 변화가 있었음을 대변하는 것으로 볼 수 있다.[406]

전의 이름은 善慧로 兜率天에 계실 때는 聖善 또는 護明大士로 불렸다고 한다. 이러한 釋迦는 대승 불교에서 주로 진리는 체득하여 중생을 위해 이 세상에 왔다는 의미로 사용하며, 여래는 부처의 위대함을 나타내는 열 가지 칭호인 佛十號의 첫째 명칭이다(법제처 편, 1979, 『韓國古典用語辭典』, 법제처).

403) 定光如來舍利塔의 定光如來는 불교에서 과거불로, 석가모니의 전생에 수기를 준 부처를 말하는데, 산스크리트로 이를 의역하면 定光如來·燈光如來·寶光如來·錠光如來·燃燈如來라고 하며, 음역하면 제화갈라·제원갈이다(법제처 편, 1979, 앞의 책).

404) 迦葉如來舍利塔의 迦葉如來는 가섭존자라고도 하는데, 석가모니불의 십대제자 중 頭陀 제일인 마하가섭의 존칭을 뜻한다. 석가모니가 열반에든 이후 제자들의 집단을 이끄는 영도자가 되었고, 禪家에서는 그를 付法藏 제1祖로 칭송하고 있다(법제처 편, 1979, 앞의 책).

405) 藥師如來舍利塔의 藥師如來는 藥師瑠璃光如來·大醫王佛이라고도 한다. 동방 淨瑠璃世界에 있으면서 모든 중생의 질병을 치료하고 재앙을 소멸시키고, 부처의 圓滿行을 닦는 이로 하여금 無上菩提의 妙果를 깨달아 얻게 하는 부처로 알려졌다. 그는 과거세에 藥王이라는 이름의 보살로 수행하면서 중생의 아픔과 슬픔을 소멸시키기 위한 12가지 大願을 세웠다고 한다. 『藥師如來本願經』에 따르면, 약사불이 머무는 동방 淨瑠璃世界는 아미타정토와 같고, 약사의 좌우에는 일광보살과 월광보살이 있고 十二神將을 권속으로 거느린다. 또한, 손에는 藥盒을 들고 있는 것이 특징이나 원래는 寶珠를 쥐었다. 중국에서는 唐나라 때부터 약사경변상도가 나타나기 시작하였고, 약사의 도상은 8세기경에 정형화되었다(법제처 편, 1979, 앞의 책).

406) 필자의 사견으로는 삼층석탑 3기가 강당 전면에 병렬 배치된 까닭은 사역 주변에

4. 소결

성주사 중건기 가람은 삼천불전의 건립에 주목할 뿐 가람의 조성시기, 전대가람의 폐기와 원인, 삼천불전을 제외한 가람의 고고학적 특성 등은 아직까지 검토한 바가 없어 성주사의 중건에 관한 논의는 사실상 전무하였다. 이에 필자는 성주사지 발굴조사 결과를 토대로 관련 문헌자료와 유물을 종합해 성주사 창건기 가람의 폐기 원인과 중건기 가람의 조성시기, 조영주체, 가람의 특징 등을 검토해 보았다.

이를 간략히 정리하면, 성주사지 사역 전역에서 확인된 2차 소결흔적은 성주사 창건기 가람이 소실되면서 형성된 층위로 소결원인은 몽골의 3차 (2) 침입인 1236년부터 6차 침입에 해당하는 1256년까지의 20년 사이일 것이며, 이 중 차라대에 의한 남부지역 공세 기간인 1256년에 창건기 가람이 소실되었을 가능성이 매우 클 것으로 보았다. 또한, 성주사가 중건된 시기는 대몽항쟁이 종결된 1256~1301년 사이인 13세기 말경에 이루어진 것을 알 수 있었다.

고고학적으로 확인된 중건기 가람의 특징은 기존의 정형화된 건물배치가 붕괴되고 경내에 불전과 주거목적의 건물이 함께 공존하며, 사역의 경계를 이루는 회랑이 폐기되면서 이를 대체한 담장이 조성된 것을 알 수 있었다. 또한, 사역 내부에 기와가마와 같은 생산시설이 들어서는 특징을

분산되어 있던 삼층석탑을 성주사가 중건되는 과정에서 모두 사역 내부로 이동하여 보호·관리하기 위한 자구책에 의해 이러한 배치형태가 이루어진 것이 아닌가 추정이 된다.

이러한 추정은 전대가람인 성주사 창건기 가람이 몽골과의 전쟁으로 인해 소실되면서 『聖住寺碑』가 파괴되었듯이 사역 주변에 있던 삼층석탑들 역시 비슷한 피해를 입었을 가능성이 있다는 점에서 이를 보호하기 위한 목적으로 이해할 수 있다.

이밖에 사상적으로는 조선 초 성주사를 慈恩宗에 소속된 사찰로 명시한 점으로 보아 이전의 선종계 가람에서 교종계 가람으로 변화되는 과정에서 발생한 흔적이 아닌가 짐작되기도 한다.

보인다. 또한, 이전의 삼층석탑 3기가 경내로 이동, 배치되면서 4기의 석탑이 한 공간에 공존하는 특이한 배치형태를 이루게 된다.

성주사 중건을 후원한 세력은 성주사의 창건기 가람과 혈연적으로 긴밀한 관계를 맺고 있던 김인문의 후손들일 가능성이 크며, 이들은 시주와 같은 경로로 성주사에 지속적인 후원을 하였던 것으로 추정된다.

약 900여 년간 번성한 성주사는 조선시대 중기 무렵인 16세기 말경~17세기 초경에 최종적으로 폐사된다.[407] 이와 관련해 조선 후기 현종대의 성리학자 조성기[408]의 詩에 의하면 성주사는 17세기 무렵에 이미 폐허가 되어 사람이 살지 않는 것으로 묘사하고 있다. 성주사의 최종적 폐사 원인은 조선 건국 이후부터 진행된 배불정책이[409] 사원이 축소되는데 간접적인 영향을 끼쳤던 것으로 추정되며, 직접적으로는 임진왜란으로 물적 · 인적자원이 고갈됨에 따라 사원을 유지할 경영능력이 상실되어 사맥이 끊긴 것으로 추정된다.

---

407) 忠南大學校博物館 編, 1998, 앞의 보고서, 78쪽.
408) 조선 후기의 성리학자로 생몰연대는 1638~1689년(인조 16~숙종 15)이다. 본관은 林川으로 자는 成卿이며, 호는 拙修齋이다.
409) 이때 불교는 축소 · 통폐합의 고통을 겪게 되는데, 조선 초 태종대에 전국의 사찰을 7宗 242寺만 인정하고 세종대에는 이보다 더한 선교 양종의 36사만 공인하게 된다. 또한, 1507년 승려의 과거제도와 선교 양종제를 폐지함으로써 무종 무파, 종단 부재의 산중불교시대로 돌입하는 원인이 되었다.

결 론

'有緣則住' 김흔의 성주사 주석 요청에 대한 낭혜화상 무염대사의 대답이다. 성주사는 이로부터 시작되었다. 당대 성주사의 중요성은 최치원이 찬한 『朗慧和尙白月寶光塔碑』와 김입지 찬 『聖住寺碑』만 보더라도 그 위세를 가늠할 수 있다. 특히 『聖住寺碑』는 성주사 창건을 기념하고자 사력을 기록한 사적비인데, 현존하는 통일신라 사적비는 5기로 이 중 하나가 『聖住寺碑』이다. 더욱이 통일신라시대 사적비는 왕도였던 경주에만 출현하는데, 지방사원 중 사적비가 발견된 사례는 성주사지가 유일하여 매우 중요한 가치를 지닌다.

한편 성주사가 개창되기 이전 이 일대에 가람이 존재하였는데, 『崇嚴山聖住寺事蹟記』에서는 이를 백제 오합사라 전하였다. 이렇게 전해진 백제 오합사는 발굴조사 결과, 이에 상응하는 고고학적 결과물이 도출되었고, 이후 백제사적인 관점에서 사명과 고고학적 흔적이 일치하는 특수한 사례로 꼽혀 상당한 연구가 집중되었다. 그러나 『崇嚴山聖住寺事蹟記』는 초기 기록에 대한 불신이 일찍부터 제기되었고, 발굴조사 결과 분명하지 않은 점이 찾아져 이에 대한 재검토가 필요하였다. 이에 필자는 성주사지의 고고자료와 관련 사료를 정리해 이에 대한 검증을 시도해 보았다.

도 127 | 보령 성주사지의 변천 단계

성주사지에 실시한 발굴조사 결과를 토대로 관련 층위 및 건물지 중복 양상에 기준을 두어 성주사의 가람변천 과정을 구분한 결과, 성주사지는 총 3단계에 걸쳐 가람이 변천된 사실을 알 수 있었다. 〈도 127〉은 이러한 성주사의 변천 과정을 간단하게 표로 표현한 것이다.

이를 자세히 하면, 먼저 I기인 초기가람은 『崇嚴山聖住寺事績記』에서 백제의 오합사라 하였고, 기존의 고고학적 견해도 이와 크게 다르지 않았다. 그러나 유구가 조성된 층위와 건물의 기단시설 방식, 주변 출토유물 등을 종합적으로 검토한 결과, 초기가람은 가람 중심부의 한정된 공간에 조성된 것이며, 하나의 가람군으로 조영된 것임을 알 수 있었다. 아울러 초기가람은 주요 기단시설인 전석혼축기단이 경주 사천왕사지에서 동일하게 확인된 사실과 선석혼축기단 건물에 葺瓦된 IB유형의 연화문수막새로 보아 7세기 중·후반기경에 초축된 것으로 추정된다. 구체적으로 초기가람이 조영된 중심연대는 김인문과 관련된 사실이 『朗慧和尙白月寶光塔碑』와 『聖住寺碑』에 분명히 명시된 점을 고려한다면 김인문이 '臨海郡公'에 봉해지는 668년을 상한연대로, 『聖住寺碑』편에 기록된 '載初二年'인 691년을 하한연대로 볼 수 있다.

결론적으로 성주사 창건 이전의 초기가람은 김인문의 원찰일 가능성이 크다. 10세기 무렵 건립된 『朗慧和尙白月寶光塔碑』에는 성주사가 위치한 웅천주 일대를 김인문의 봉지로 기록하고 있어 김인문과 초기가람이 연관된 것은 분명한 듯하다. 아울러 『金仁問墓碑』편과 『朗慧和尙白月寶光

塔碑』, 『聖住寺碑』, 『大唐平百濟國碑銘』은 김인문이 직접적으로 언급된 당대 금석문인데, 이 중 『金仁問墓碑』편을 제외한 3기가 백제의 고토인 보령과 부여에 남아있다는 점이 주목된다. 이는 보령과 부여를 포함한 호서지역이 김인문과 매우 밀접한 관련이 있었음을 대변하는 것으로 볼 수 있다.

초기가람의 조영주체는 김인문의 수봉지소인 웅천주를 관리하던 김인문의 후손이었을 것이다. 이는 최초로 중고기 신라사회에서 왕실과 승려를 제외한 귀족이 개인 사찰을 건립한 사례로서 의미하는 바가 크다. 아울러 초기가람의 존재는 통일전쟁 이후 당 황실에 의해 '輔國大將軍上柱國臨海郡開國公左羽林軍將軍'에 제수된 김인문의 위상이 신라 왕실과 거의 대등한 위치에 있었다는 사실을 반증하는 것으로 볼 수 있다.

이후 초기가람은 대화재로 소실되는데, 발굴조사에서도 소실된 흔적은 명확히 확인되었다. 화재 원인은 '金憲昌의 亂'에 의한 것으로 보는 견해가 일반적이다. 김헌창의 반란은 김인문계가 중심이 되어 무열왕계의 왕통을 복구하고 나아가 신라왕실의 정통성을 회복하려 한 무열왕계의 왕위부흥운동이었다. 더욱이 반란의 주도자는 김주원의 아들이면서 김인문의 후손이기도 한 '김헌창'이라는 점에서 초기가람과 김헌창은 직접적으로 연관되었을 개연성이 충분하다.

반란의 중심에서 김인문 원찰은 상징성으로 인해 그들의 정신적 구심점이 되었을 것이고, 신라의 중앙군은 반란이 진압된 이후 그들의 구심점이었던 초기가람에 불을 질러 반란의 근원지를 없애려 하였을 것이다. 그러나 초기가람은 화재로 소실된 이후 폐사로 이어지지 않고 방치된 것으로 보인다. 이러한 사실은 『朗慧和尙白月寶光塔碑』의 김흔과 낭혜의 대화에서도 짐작해 볼 수 있다.

Ⅱ기는 성주사 창건기 가람으로 이는 선종 구산문 중 하나로 알려진 성주산문의 본사이기도 하다. 성주사지에 실시한 발굴조사 결과, 성주사는 대략 45,000㎡의 사역을 갖춘 대규모 가람이었던 것을 알 수 있었다. 『朗

慧和尙白月寶光塔碑』에 따르면 낭혜 생전의 문도 제자들이 2,000여 명에 달하였다고 하는데, 이는 성주사가 많은 인원을 수용할 수 있는 거찰이었음을 방증한다. 발굴조사 결과에서도 성주사의 범위가 넓게 확인되어 위 기록을 증명하고 있다.

성주사 창건기 가람의 특징은 첫째, 건물의 배치양상 중 금당, 불탑, 강당으로 구성된 중심 예불건물이 사역의 동쪽에 치우쳐 있고, 둘째, 사역의 경계를 회랑으로 구획하면서 사역 서편부 일대에는 최소 3개의 구역을 마련하였던 것으로 추정된다. 셋째, 금당 좌우에는 익랑을 조성하였는데, 이는 신라의 사찰 조영방식에 영향을 받은 것이며, 넷째, 창건기 중요 건물은 수직횡렬식 대석기단으로 건립하여 주변 건물과는 위계에서 차이를 두었던 것을 알 수 있었다.

한편『聖住寺碑』에는 금당의 건립과정을 상세히 기록하였고, 발굴조사 결과에서도 금당의 기단토는 주변 건물과는 다른 성토판축의 흔적이 확인되었다. 이러한 기반 조성법으로 건립된 금당은 중층일 가능성이 크며, 이는 장육세존상을 봉안하기 위한 기능성과 성주사를 대표하는 상징성에 따른 조치로 추정된다. 또한, 중층식 금당의 조성은 경제력과 노동력, 중앙의 고급기술력 등이 성주사 창건에 동원된 것을 방증하는 것으로 볼 수 있다.

성주사 창건의 단월은 김흔과 김양으로 이 중 김흔이 먼저 성주사의 개창을 시도하였고, 이후 김양이 이를 대신하였다. 김흔의 성주사 개창 목적은 정치적 재기의 발판으로서 자신이 김인문의 적통임을 증명하는 동시에 웅천주 지역을 자신의 영향력 아래 두기 위한 것으로 해석된다. 그러나 김흔의 성주사 창건은 그의 사망으로 인해 꿈을 이루지 못하였고, 이를 김양이 대신해 성주사를 완공하게 된다.

김양은 김흔과 종형제간이면서 김인문에서 김주원, 김종기로 이어지는 가계의 구성원이기도 하였다. 비록 사촌 형인 김흔과 정적인 관계였지만, 같은 혈통으로서 성주사의 재건을 김양 역시 바랐을 것이다. 이러한 김양의 내심은 김흔 사후 성주사 창건에 가재를 희사할 만큼 매우 주도적인 역할을 하게 되었고, 실질적인 성주사의 창건주로 이어졌다. 물론 김양의 성주사 창건 목적은 앞서 검토한 두 가지로, 전자는 웅천주 지역이 갖는 불안감을 해소하여 정국을 안정시키기 위한 것과 후자는 실추된 김인문계의 위상을 되찾아 웅천주 지역민들에게 보여주기 위한 것으로 보았다. 그러나 성주사의 창건으로 김양 개인이 바라는 진정한 의도는 성주사를 자신의 공덕을 기리기 위한 원찰로 만들기 위함은 아니었는지 조심스레 추측해 본다.

결과적으로 성주사지 초기가람은 김인문의 원찰로 조영된 것이며, 성주사는 선종 가람이면서 김양 개인의 원찰로 기능한 것으로도 추정해 볼 수 있다.

III기는 성주사 중건기 가람인데, 이전까지 크게 주목받지 못한 가람이었으나 발굴조사를 통해 사역 전역에서 대규모 소결흔적이 확인됨에 따라 성주사가 중건된 사실을 알 수 있었다. 창건기 가람의 화재 원인은 1256년에 침입한 몽골의 차라대에 의한 것으로 추정되며, 성주사의 중건은 려몽전쟁이 종결된 이후인 13세기 말경에 이루어지진 것으로 보인다.

중건기 가람의 특징은 기존의 정형화된 건물배치가 붕괴되고 경내에 불전과 주거목적의 건물이 함께 조성된다. 또한, 사역의 경계를 이루던 회랑이 폐기된 후 담장이 이를 대체하면서, 사역 내 생산시설 등이 조성되는 것을 알 수 있었다.

성주사의 중건을 후원한 세력은 성주사 창건기 가람과 혈연적 관계에 있던 김인문 가계의 후손들로 이들은 시주와 같은 경로로 성주사에 지속적인 후원을 하였던 것으로 보인다.

사상적으로 선종의 토대 아래 개창된 성주사는 중건된 이후에도 선종계 가람으로서 명맥을 유지하였는지는 불분명하다. 『三國遺事』를 찬술한 보각국사 일연대사가 입적한 후 1295년에 세워진 『麟角寺普覺國師碑』에는 국사의 행적과 가지, 문도들을 승려와 재가로 나누어 기록하였는데, 열

거된 대표 산문에는 가지산문을 비롯해 옛 신라하대 형성된 구산문의 寺名들도 확인되나 성주사는 기록에 없다. 1301년 이전에 성주사 삼천불전이 조영되면서 중건이 대체로 완공되었음을 고려할 때 위와 같은 성주사의 행적은 상당히 의문스럽다.

고려 후기에 불교는 지나친 부패와 타락으로 배불론이 대두되었고, 이후 건국된 조선은 억불정책을 시행하여 불교의 모든 종단을 위축시켰다. 특히 태종 6년(1406)에는 의정부의 계청에 따라 전국에 남겨둘 사찰의 수를 정하고 이외의 사원은 모두 폐지하였는데, 이때 성주사는 7종 중 자은종에 속해 명맥을 유지하게 된다. 자은종은 법상종에서 개명한 것으로 고려 때에 형성된 5교9산 중 5교에 속하던 종파였다. 더욱이 세종 6년(1423)에는 예조의 계청에 의하여 7종이던 종단을 2종으로 폐합하고 선 · 교 양종으로 통합시키는데, 이때 자은종은 교종의 종단에 속하게 된다. 즉 신라하대 선종 가람으로 개창된 성주사가 고려 후기를 거쳐 조선에 이르러서는 교종 가람으로 변모하게 된 것이다.

고려 후기 성주사의 사상적 변화의 원인은 직접적인 기록이 없어 정확히 알 순 없지만, 원나라의 간섭으로 인한 사회전반의 인식 변화가 적잖은 영향을 끼쳤던 것으로 생각된다. 성주사 창건기의 정형화된 배치 형태가 이때 이르러 붕괴한 것도 사회적 인식의 변화에 따른 사상의 변화가 일정 부분 적용된 것임을 짐작케 한다.

중건된 성주사는 조선 중기 무렵인 16세기 말경~17세기 초경에 최종적으로 폐사된다. 성주사의 폐사는 조선 건국 이후 진행된 배불정책이 간접적인 영향을 끼쳤을 것이고, 임진왜란이 직접적인 원인을 제공하여 물적 · 인적자원이 고갈됨에 따라 사원을 경영할 능력이 상실되면서 최종적으로 사맥이 끊긴 것이 아닌가 추정된다.

성주사 관련 금석문 자료

1. 성주사비

(1)

嵩嚴山聖住 ……
… 盖聞迷津無際 ……
… 旦之國飜貝 ……
… 國獻王太子 ……
… 此精舍 ……
… □所 ……
(국립부여박물관 소장)

(2)

…… 梁愛網重纏揚慧炬 ……
…… 回實相於金殿之 ……
…… 載初二年 ……
…… 餘年後 ……
　　　　(국립부여박물관 소장)

(3)

…… 以焚爇若 ……
…… 演微言於沙界 ……
…… 以仁間大角干 ……
…… 群起 ……
…… 耳 ……
　　　　(국립부여박물관 소장)

(4)

…… 施朝服 ……
…… 萬狀煙嵐 ……
…… 莫知其建立之 ……
…… □日銷霧杉簹□ ……
…… □玉世□ ……
　　　　(국립부여박물관 소장)

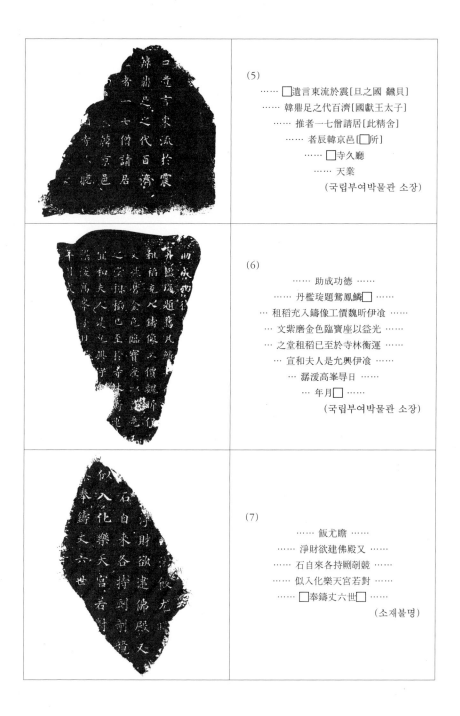

	(5) …… □遺言東流於震[旦之國 䬈貝] …… 韓鼎足之代百濟[國獻王太子] …… 推者一七僧請居[此精舍] …… 者辰韓京邑[□所] …… □寺久廳 …… 天業 (국립부여박물관 소장)
	(6) …… 助成功德 …… …… 丹檻琁題鴛鳳鱗□ …… … 租稻充入鑄像工價魏昕伊飡 …… … 文紫磨金色臨寶座以益光 …… … 之堂租稻已至於寺林衡運 …… … 宣和夫人是允興伊飡 …… … 潺湲高峯㝵日 …… … 年月□ …… (국립부여박물관 소장)
	(7) …… 飯尤瞻 …… …… 淨財欲建佛殿又 …… …… 石自來各持剛剞競 …… …… 似入化樂天宮若對 …… …… □奉鑄丈六世□ …… (소재불명)

(8)

…… 繩墨占 ……

…… □之室又以張 ……

…… 端嚴晽容歧嶷靑 ……

…… 奉爲魏昕伊湌 ……

…… 伊湌之息奉 ……

…… 深願其□ ……

…… □ ……

(호림박물관 소장)

(9)

…… 伊湌庶兄施□ ……

…… 乃以成花殿雲榍綠 ……

…… 金殿歎無佛像頓捨家 ……

…… 盤紺絲之髮紅掌展瑞印之 ……

…… 三層無垢淨石塔又擬立七祖 ……

…… □領色羅匹段幷租一百石 ……

…… 暮異□□絛淸澗日 ……

(호림박물관 소장)

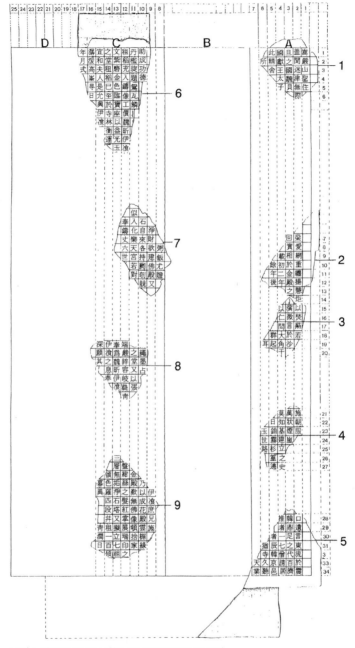

그림 1 | 『성주사비』편 복원도 (충남대학교박물관 편, 1998)

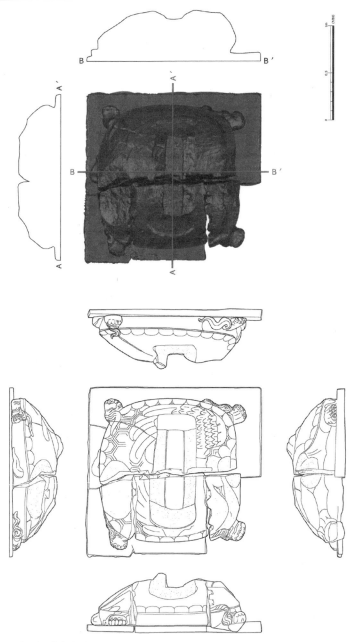

그림 2 | 聖住寺碑 귀부 평면도 · 입면도 · 단면도 (百濟文化財硏究院 編, 2012b)

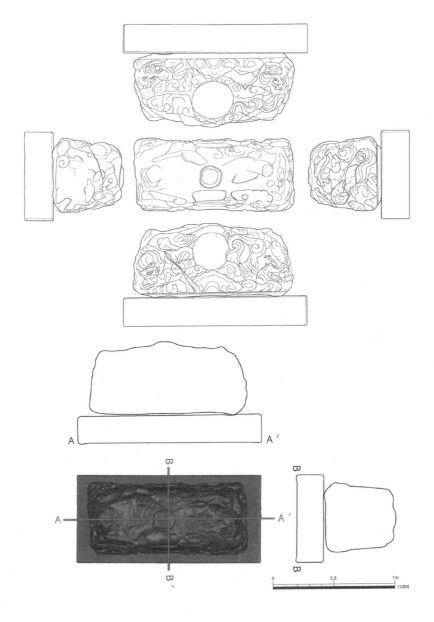

그림 3 | 聖住寺碑 이수 평면도 · 입면도 · 단면도 (百濟文化財研究院 編 2012b)

2. 낭혜화상백월보광탑비

그림 4 | 낭혜화상백월보광탑비 (조선고적도보 4권)

그림 5 ㅣ 낭혜화상백월보광탑비 (百濟文化財硏究院 編, 2012b)

그림 6 | 낭혜화상백월보광탑비문 탁본 (百濟文化財硏究院 編, 2012b)

〈원문〉[1)]

有唐新羅國故兩朝國師敎謚大朗慧和尙白月葆光之塔碑銘 幷序

淮南入本國送國信詔書等使前東面都統巡官承務郞侍御史內供奉賜紫金魚袋臣崔致遠奉敎撰帝唐, 揃亂以武功, 易元以文德之年, 暢月月缺之七日, 日蘸咸池時, 海東兩朝國師禪和尙, 盥浴已趺坐示滅. 國中人如喪左右目, 矧門下諸弟子乎. 嗚呼, 應東身者八十九春, 服西戎者六十五夏. 去世三日, 倚繩座儼然面如生. 門人詢乂等號奉遺身本, 假殯禪室中. 上聞之震悼, 使馬吏弔以書, 賻以穀, 所以資淨供而 贍玄福. 越二年 攻石封層冢, 聲聞玉京. 菩薩戒弟子 武州都督 蘇判鎰, 執事侍郞 寬柔, 貝江都護 咸雄, 全州別駕 英雄, 皆王孫也. 維城輔君德, 險道賴師恩, 何必出家然後入室. 遂與門人 昭玄大德 釋通賢, 四天王寺上座 釋愼符, 議曰 師云亡, 君爲慟. 奈何吾儕人灰心木舌 缺緣飾在參之義乎. 迺白黑相應, 請贈謚暨銘塔, 敎曰 可. 旋命王孫夏官二卿 禹珪, 召桂苑行人 侍御使 崔致遠. 至蓬萊宮 因得竝琪樹上瑤墀, 跽竢命珠箔外. 上曰 故聖住大師, 眞一佛出世. 昔文考康王咸師事, 福國家爲日久. 余始克纘承, 願繼餘先志, 而天不慭遺, 益用悼厥心. 余以有大行者授大名, 故追謚曰 大朗慧, 塔曰 白月葆光. 乃嘗西宦, 絲染錦歸. 顧文考選國子命學之, 康王視國士禮待之, 若宜銘 國師以報之. 謝曰 主臣, 殿下恕粟饒浮秕, 桂飽餘馨, 俾報德以文, 固多天幸. 第大師於有爲澆世, 演無爲秘宗, 小臣以有限麼才, 紀無限景行, 弱轅載重, 短綆汲深. 其或石有異言, 龜無善顧, 決叵使山輝川媚, 反瀛得林慙澗愧, 請筆路斯避. 上曰 好讓也, 盖吾國風, 善則善

---

1) 한국고대사회연구소, 1992, 「朗慧和尙白月寶光塔碑文」, 『譯註 韓國古代金石文』 Ⅲ, 가락국사적개발연구원 ; 최영성, 2009, 「聖住寺 관련 고문헌 자료 집성」, 『성주사지 정비 기본계획』, 부여군문화재보존센터 ; 한국사데이터베이스, http://db.history.go.kr/.

已. 然苟不能, 是惡用黃金牓. 爲爾勉之. 遽出書一編, 大如椽者. 俾中涓授受, 乃門弟子所獻狀也. 復惟之, 西學也彼此俱爲之, 而爲師者何人, 爲役者何人. 豈心學者高, 口學者勞耶. 故古之君子愼所學. 抑心學者立德 口學者立言 則彼德也或憑言而可稱, 是言也或倚悳而不朽, 可稱則心能遠示乎來者, 不朽則口亦無慙乎昔人. 爲可爲於可爲之時, 復焉敢膠讓乎篆刻. 始繹如椽狀, 則見大師西遊東返之歲年, 稟戒悟禪之因緣, 公卿守宰之歸仰, 像殿影堂之開刱, 故翰林郎金立之所撰聖住寺碑, 敘之詳矣. 爲佛爲孫之德化, 爲君爲師之聲價, 鎭俗降魔之威力, 鵬顯鶴歸之動息, 贈太傅獻康大王親製深妙寺碑, 錄之備矣. 顧腐儒之今作也, 止宜標我師就般涅槃之期, 與吾君崇窣堵婆之號而已. 口將手議役, 將自適其適, 這有上足苾芻, 來趣蠶臼, 語及斯意, 則曰立之碑 立之久矣, 尙闕數十年遺美, 太傅王 神筆所紀, 蓋顯示殊遇云爾. 吾子口嚼古賢書, 面飮今君命, 耳飫國師行, 目醉門生狀. 宜廣記而備言之, 殆貽厥可畏, 俾原始要終. 脫西笑者, 或袖之, 脫西人笑則幸甚, 吾敢求益. 子無憚煩, 狂奴態餘. 率爾應曰 僕編苫者, 師買采乎. 遂絆猿心, 强搖兎翰, 憶得西漢書留侯傳尻云 良所與上, 從容言天下事甚衆, 非天下所以存亡故不著. 則大師時順間事蹟, 犖犖者星繁, 非所以警後學 亦不書. 自許窺一班於班史然, 於是乎管述曰, 光盛且實 而有暉八紘之質者, 莫均乎曉日, 氣和且融 而有孚萬物之功者, 莫溥乎春風. 惟俊風與旭日, 俱東方自出也, 則天鍾斯二餘慶, 嶽降于一靈性, 俾挺生君子國, 特立梵王家者, 我大師其人也. 法號無染, 於圓覺祖師爲十世孫. 俗姓金氏, 以武烈大王爲八代祖. 大父周川, 品眞骨, 位韓粲. 高曾出入皆將相戶知之. 父範淸, 族降眞骨一等 曰得難. 國有五品曰聖而, 曰眞骨, 曰得難, 言貴姓之難得. 文賦云 或求易而得難從言, 六頭品數多, 爲貴 猶一命至九, 其四五品不足言. 晩節追蹤趙文業. 母華氏魂交覩脩臂天垂授萬殳花, 因有娠. 幾踰時申夢, 胡道人 自稱法藏, 授十護, 充胎敎, 過朞而誕. 大師阿孩 方言謂兒 與華无異 時, 行坐必掌合趺對, 至與群兒戱, 畵墁聚沙, 必摸樣像塔, 而不忍一日違膝下, 九歲始鼓篋, 目所覽口必誦, 人稱曰 海東神童. 跨一星終, 有隘九流, 意入道. 先母白, 母念已前夢, 泣曰 諾

方言許諾. 後謁父, 父悔己晩悟, 喜曰 蘁. 遂零染 雪山五色石寺, 口精嘗藥, 力銳補天. 有法性禪師, 嘗扣駏馬爰伽門于中夏者. 大師師事數季, 撢索無孑遺, 性歎曰 迅足駸駸, 後發前至, 吾於子驗之. 吾恔矣, 無餘勇可賈於子矣, 如子者宜西也. 大師曰 惟. 夜繩易惑, 空縷難分. 魚非緣木可求, 兎非守株可待. 故師所教, 己所悟, 互有所長. 苟珠火斯來, 則蚌燧可棄. 凡志於道者, 何常師之有. 尋迻去 問驃訶健拏 于浮石山釋登大德, 日敵三十夫, 藍茜沮本色. 顧坳盃之譬曰 東面而望, 不見西墻. 彼岸不遙, 何必懷土. 遽出山赴海, 覗西泛之緣. 會國使歸瑞節象魏下, 亻乇足而西. 及大洋中, 風濤欻顚怒, 巨艑, 人不可復振. 大師與心友道亮, 跨隻板, 恣業風. 通星半月餘, 飄至劒山島. 勑行之碕上, 悵然甚久曰, 魚腹中幸得脫身, 龍頷下庶幾攙手, 我心匪石, 其退轉乎. 洎長慶初, 朝正王子昕 艤舟唐恩浦, 請寓載, 許焉. 旣達之罘蹔, 顧先難後易, 土揖海若曰, 珍重鯨波, 好戰風魔. 行至大興城 南山至相寺, 遇說雜花者, 猶在浮石時. 有一瞖顔耆年, 言提之曰, 遠欲取諸物, 孰與認而佛. 大師舌低大悟. 自是置翰墨遊歷, 佛光寺問道如滿. 滿佩江西印, 爲香山白尙書樂天空門友者, 而應對有愧色, 曰 吾閱人多矣, 罕有如是新羅子. 他日中國失禪, 將問之東夷也. 去謁麻谷寶澈和尙, 服勤無所擇, 人所難己必易, 衆目曰, 禪門庾異行 澈公賢苦節, 嘗一日告之曰 昔吾師馬和尙, 訣我曰 春蘤繁, 秋實寡, 攀道樹者所悲吒. 今授若印, 異日徒中 有奇功可封者 封之, 無使刓. 復云東流之說, 盖出鉤讖, 則彼日出處善男子, 根尒熟矣. 若若得東人可目語者, 畎道之, 俾惠水丒冒於海隅, 爲德非淺. 師言在耳, 吾喜若徠. 今印焉, 俾冠禪侯于東土, 往欽哉, 則我當年作江西大兒, 後世爲海東大父, 其無愧先師矣乎. 屆無何, 師化去, 墨巾離首, 乃曰 筏旣捨矣, 舟何繫焉. 自爾, 浪遊飄飄然, 勢不可遏, 志不可奪. 於渡汾水, 登崞山, 跡之古必尋, 僧之眞必詣. 凡所止舍遠人煙, 大要在安其危甘其苦, 役四體爲奴虜, 奉一心爲君主. 就是中, 顯以視篤癃恤孤獨爲己任. 至祁寒酷暑, 且煩喝或轍瘝侵, 曾無卷力容, 耳名者不覺遙禮, 嚚作東方大菩薩. 其三十餘年行事也, 其如是. 會昌五年來歸, 帝命也. 國人相慶曰 連城璧復還, 天實爲之, 地有幸也. 自是, 請益者, 所至稻麻

矣. 入王城, 省母社, 大歡喜曰 顧吾疇昔夢, 乃非優曇之一顯耶. 願度來世,
吾不復撓倚門之念也已矣. 迺北行, 擬目選終焉之所. 會王子昕懸車, 爲山中
宰相, 邂逅適願. 謂曰 師與吾俱祖龍樹乙粲, 則師內外爲龍樹令孫, 眞瞠若
不可及者. 而滄海外躡蕭湘故事, 則親舊緣固不淺. 有一寺在熊川州坤隅, 是
吾祖臨海公 祖諱仁問唐酉壽伐獩貊功 封爲臨海君公 受封之所. 間劫沶薔,
金田半灰, 匪慈哲, 孰能興滅繼絶, 可强爲杇夫住持乎. 大師答曰 有緣則住.
大中初, 始就居, 且肹飭之, 俄而道大行, 寺大成. 繇是, 四遠問津輩, 視千里
猶趀步, 其麗支不億. 寔繁有徒, 大師 猶鍾待扣而鏡忘罷, 至者靡不以慧炤
導其目, 法喜娛其腹, 誘憧憧之躅, 變蚩蚩之俗. 文聖大王, 聆其運爲, 莫非裨
王化, 甚恕之. 飛手教優勞, 且多大師答山相之四言, 易寺牓爲聖住, 仍編錄
大興輪寺. 大師酬使者曰 寺以聖住爲名, 招提固所爲榮至寵, 庸僧濫吹高藉,
寔避風斯媿, 而隱霧可慙矣. 時憲安大王 與檀越季舒發韓魏昕, 爲南北宰相
各居其官 猶左右相 遙展攝禮, 贄以茗馞, 使無虛月, 至使名東國, 士流不識
大師門, 爲一世羞. 得禮足者, 退必喑曰 面謁倍百乎耳聞, 口未出而心已入.
抑有猴虎而冠者, 亦息其趨, 諱其醜而儌犇馳善道. 曁憲王嗣位, 賜書乞言,
大師答曰 周豊對魯公之語, 有旨哉. 著在禮經, 請銘座側. 逮贈太師先大王
卽位, 欽重如先朝志, 而日加厚焉. 所施爲, 必馳問然後擧. 咸通十二年秋, 飛
鵠頭書, 以傳召曰, 山林何親, 城邑何疎. 大師謂生徒曰 遽命伯宗, 深懲遠公,
然道之將行也, 時乎不可失, 念付囑, 故吾其往矣. 欻爾至轂下. 及見 先大王
冕服拜爲師, 君夫人, 世子, 旣太弟相國 追奉尊謚惠成大王, 群公子公孫, 環
仰如一. 一如古伽藍續壁面, 寫出西方諸國長侍勃陀樣式. 上曰 弟子不佞, 小
好屬文. 嘗覽劉勰文心, 有語云 滯有守無, 徒銳偏解, 欲詣眞源, 其般若之絶
境, 則境之絶者, 或可聞乎. 大師對曰 境旣絶矣, 理無矣. 斯印也, 默行爾. 上
曰 寡人固請少進. 爰命徒中鏗鏗者, 更手撞擊, 舂容盡聲, 剖滯祛煩, 若商颷
之劃陰靄然. 於是 上大喜, 懊見大師晚, 曰 恭己南面, 司南南宗, 舜何人哉,
余何人也. 旣出, 卿相延迓, 與謀不暇, 士庶趨承, 欲去不能. 自是 國人皆認
衣珠, 隣叟罷窺廡玉焉. 俄苦樊笯中, 卽亡去. 上知不可强, 迺降芝檢, 以尙州

深妙寺不遠京, 請禪那別館. 謝辭不獲, 往屆之, 一日必葺, 儼若化城. 乾符
三年春, 先大王不預. 命近侍曰 亟迎我大醫王來. 使至, 大師曰 山僧足及王
門, 一之謂甚. 知我者, 謂聖住爲無住, 不知我者, 謂无染爲有染乎. 然顧與吾
君有香火因緣, 忉利之行有期矣, 盍就一訣. 復步至王居, 設藥言, 施箴戒, 覺
中愈, 擧國異之. 旣踰月, 獻康大王居翌室. 泣命王孫勛榮諭旨, 曰 孤幼遭閔
凶, 未能知政, 致君奉佛誧濟海人, 與獨善其身, 不同言也. 幸大師無遠適所,
屆唯所擇. 對曰 古之師則六籍在, 今之輔則三卿在, 老山僧何爲者, 坐蝗蠹
桂玉哉. 就有三言, 庸可留獻, 曰 能官人. 翌日挈山裝鳥逝, 自爾, 騎置傳訊,
影綴巖溪. 遽人知往抵聖住, 卽皆雀躍, 叢手易轝, 慮滯王程尺寸地. 由是, 騎
常侍倫伍, 得急宣爲輕擧. 乾符帝錫命之歲, 令國內舌杪有可道者, 貢興利除
害策, 別用蠻牋書言, 荷天寵有所自因. 垂益國之間, 大師引出何尙之獻替宋
文帝心聲爲對. 太傅王覽, 謂介弟南宮相曰 三畏比三歸, 五常均五戒. 能踐
王道, 是符佛心, 大師之言至矣哉. 吾與汝宜悓悓. 中和西狩之年秋, 上謂侍
人曰, 國有大寶珠, 畢世而藏之, 其可也. 曰 不可. 不若時一出, 俾醒萬戶眼,
醉四隣心. 曰 我有末尼上珍, 匿曜在崇嚴山, 脫闕秘藏, 宜照透三千界, 何
十二乘足之道哉. 我文考懇迎, 嘗再顯矣. 昔酇侯譏 漢王拜大將召小兒, 不
能致商於四老人以此. 今聞天子蒙塵, 趣令奔問官守, 勤王加厚, 歸佛居先.
將邀大師, 必叶外議, 吾豈敢倚其一慢其二哉. 乃重其使卑其辭 徵之. 大師
云 孤雲出岫, 寧有心哉. 有緣乎大王之風, 無固乃上士之道. 遂來見, 見如先
朝禮, 禮之加焯然. 可屈指者, 面供饌 一也, 手傳香 二也, 三禮者三 三也. 秉
鵲尾爐 締生生世世緣 四也, 加法稱曰 廣宗 五也, 翌日命振鷺趍鳳樹雁列
賀 六也, 敎國中礳磨六義者 賦送歸之什 在家弟子王孫蘇判嶷榮首唱斂成
軸 侍讀翰林才子朴邕爲引而贈行 七也, 申命掌次 張淨室要叙別 八也. 臨告
別, 求妙訣, 乃眴從者擧眞要. 有若詢乂, 圓藏, 虛源, 玄影, 四禪中得淸淨者,
緖抽其慧, 表纖旨, 注意無怠, 沃心有餘. 上甚悅, 擡拜曰 昔文考爲捨瑟之賢,
今寡人忝避席之子, 繼體得崆峒之請, 服膺開混沌之源, 則彼渭濱老翁, 眞釣
名者, 圯上孺子, 盖履迹焉. 雖爲王者師, 徒弄三寸舌也, 曷若吾師語密, 傳一

片心乎. 奉以周旋, 不敢失墜. 太傅王雅善華言金玉音, 不患衆咻聒而能出口, 成儷語如宿構云. 大師旣退, 且往應王孫蘇判鎰. 共言數返, 卽歎曰 昔人主有有遠體而無遠神者, 而吾君備. 人臣有有公才 而無公望者, 而吾全. 國其庶乎, 宜好德. 自忝及歸謝絶. 於是遣輶軒, 標放生境界, 則鳥獸悅, 紐銀鉤, 扎聖住寺題, 則龍虫也活. 盛事畢矣, 昌期忽兮. 定康大王莅阼, 兩朝寵遇, 師而行之, 使緇素重使迎之, 辭以老且病. 太尉大王, 流恩表海, 仰德高山. 嗣位九旬, 馳訊十返. 俄聞臂腰之苦, 遽命國醫往爲之. 至則請苦狀, 大師微破顔曰 老病耳, 無煩治. 糜飱二時, 必聞鍾後進. 其徒憂食力虧, 陰戒掌枹者陽密擊, 乃目牖而命撤. 將化往命旁侍, 警遺訓于介衆曰 已過中壽, 難逃大期. 我儂遠遊, 爾曹好住. 講若畵一, 守而勿失. 古之吏尙如是, 今之禪宜勉旃. 告訣裁罷, 然而化. 大師性恭謹, 語不傷和氣. 禮所云, 中退然, 言吶吶然者乎. 釁侶必目以禪師, 接賓客, 未嘗殊敬乎尊卑. 故滿室慈悲, 烝徒悅隨, 五日爲期, 俾來求者質疑, 諭生徒則曰 心雖是身主, 身要作心師. 患不爾思, 道豈遠而. 設是田舍兒, 能擺脫塵羈. 我馳則必馳矣, 道師敎父寧有種乎. 又曰 彼所啜不濟我渴, 彼所噉不救我食妥, 盍怒力自飮且食. 或謂敎禪爲無同, 吾未見其宗. 語本夥頤, 非吾所知. 大較 同弗與 異弗非. 晏坐息機, 斯近縷褐被者歟. 其言顯而順, 其旨奧而信. 故能使尋相爲無相, 道者 勤而行之, 不見有岐中之岐. 始壯及衰, 自貶爲基, 食不異糧, 衣必均服. 凡所營葺, 役先衆人, 每言祖師嘗踏泥, 吾豈蹔安栖. 至搥水負薪, 或躬親. 且曰 山爲我爲塵, 安我得安身. 其克己勵物皆是類. 大師少讀儒家書, 餘味在脣吻, 故酉壽對多韻語. 門弟子名可名者, 厪二千人, 索居而稱坐道場者, 曰僧亮, 曰普愼, 曰詢乂, 曰心光. 諸孫詵詵, 厥衆濟, 實可謂馬祖毓龍子, 東海掩西河焉. 論曰 麟史不云乎. 公侯之子孫 必復其始, 則昔武烈大王爲乙粲時, 爲屠獩貊乞師計, 將眞德女君命, 陛覲昭陵皇帝, 面陳願奉正朔易服章, 天子嘉許, 庭賜華裝, 受位特進. 一日召諸番王子宴, 大置酒, 堆寶貨, 俾恣滿所欲. 王乃杯觴 則禮以防亂, 繒綵 則智以獲多. 衆辭出, 文皇目送而歎曰國器. 及其行也, 以御製幷書溫湯晉祠二碑, 暨御撰晉書一部賚之, 時蓬閣寫是書, 裁竟二本上, 一錫儲君, 一

爲我賜. 復命華資官, 祖道靑門外, 則寵之優 禮之厚, 設聾盲乎智者, 亦足駭
耳目. 自玆吾土一變至於魯, 八世之後, 大師西學而東化, 加一變至於道, 則
莫之與京. 捨我誰謂偉矣哉. 先祖平二敵國, 俾人變外飾, 大師降六魔賊, 俾
人修內德. 故得千乘主兩朝拜起, 四方民萬里奔趨, 動必頤使之, 靜無腹非者,
庸詎非應半千而顯大千者歟. 復其始之說, 亦何慊乎哉. 彼文成侯爲師漢祖,
大誇封萬戶位列侯, 爲韓相子孫之極, 則侐矣. 假學仙有終始, 果能白日上昇
去. 於中止得, 爲鶴背上一幻軀爾, 又焉珬我大師拔俗於始, 濟衆於中, 潔己
於終矣乎. 美盛德之形容, 古尙乎頌, 偈頌類也. 扣寂爲銘, 其詞曰, 可道爲常
道, 如穿草上露. 卽佛爲眞佛, 如攬水中月. 道常得佛眞, 海東金上人. 本枝
根聖骨, 瑞蓮資報身. 五百年擇地, 十三歲離塵. 雜花引鵬路, 蘩木浮鯨津. 其
一 觀光堯日下, 巨筏悉能捨. 先達皆歎云, 苦行無及者. 沙之復汰之, 東流是
天假. 心珠瑩麻谷, 目鏡燭桃野. 其二 旣得鳳來儀, 衆翼爭追隨. 試覸龍變化,
凡情那測知. 仁方示方便, 聖住强住持. 松門遍掛錫, 巖徑難容錐. 其三 我非
待三顧, 我非迎七步. 時行則且行, 爲緣付囑故. 二王拜下風, 一國滋甘露. 鶴
出洞天秋, 雲歸海山暮. 其四 來貴乎葉龍, 去高乎冥鴻. 渡水陋巢父, 入谷超
朗公. 一從歸島外, 三返遊壺中. 群迷潒藏否, 至極何異同. 其五 是道澹無
味, 然須强飮食. 他酌不吾醉, 他殯不吾飽. 誠衆黜心何, 糠名復粃利. 勸俗飭
身何, 甲仁復冑義. 其六 汲引無棄遺, 其實天人師. 昔在世間時, 擧國成瑠璃.
自寂滅歸後, 觸地生蒺藜. 泥洹一何早, 今古所共悲. 其七 甃石復刊石, 藏形
且顯跡. 鵠塔點靑山, 龜碑撑翠壁. 是豈向來心, 徒勞文字覰. 欲使後知今, 猶
如今示昔. 其八 君恩千載深, 師化萬代欽. 誰持有柯斧, 誰倚無絃琴. 禪境雖
沒守, 客塵寧許侵. 鷄峯待彌勒, 將在東鷄林. 其九 從弟 朝請大夫 前守執事
侍郎 賜紫金魚袋 臣 崔仁滾 奉敎書.

<번역>[2]

회남(淮南)에서 본국으로 들어와 (天子의) 국신(國信)과 조서(詔書) 등을 바친 사신(使臣)으로 동면도통순관(東面都統巡官) 승무랑(承務郎) 시어사(侍御使) 내공봉(內供奉)을 지냈으며, 자금어대(紫金魚袋)를 하사받은 신(臣) 최치원이 왕명을 받들어 찬술함.

당(唐)나라가 무력(武功)으로 [黃巢의] 반란을 평정하고 연호를 '문덕(文德)'으로 고치던 해(888년) 11월 17일 해가 함지(咸池)에 잠길 무렵, 신라(新羅)의 두 조정의 국사(國師)를 지내셨던 선승(禪僧) 낭혜화상(朗慧和尙)께서 목욕을 마치신 후 가부좌(跏趺坐)를 하신 채 돌아가셨다. 나라 안의 사람들이 슬퍼함이 마치 두 눈을 잃을 정도로 심하였는데, 하물며 그 문하의 제자들은 심정이 어떠했겠는가.

아아! 이 땅에 사신 것이 89년이 되었고, 승복(僧服)을 입고 불계(佛界)를 좇으신 지는 65년이 되었다. 세상을 떠나신 지 3일이 지나도 승좌(繩座)에 의지하여 위의(威儀)가 장엄하시며, 얼굴 모습은 산 사람과 같았다. 문인(門人)인 순예(詢乂) 등이 소리 내어 울며 유체(遺體)를 받들어 선실(禪室)에 임시로 모셔 두었다. 임금(眞聖女王)께서 이 소식을 들으시고 크게 슬퍼하시며, 사자(使者)를 보내어 글월로 조문(弔問)하시고 곡식으로 부의(賻儀)하셨으니, (葬禮의) 공양(供養)에 이바지하여 돌아가신 분의 명복(冥福)을 비셨다.

(대사께서 돌아가신지) 2년이 지난 후 돌을 다듬어 층층의 부도(浮圖)를 만들었는데, 이 소문이 옥경(慶州)에까지 알려질 정도였다. 보살계(菩

---

2) 한국고대사회연구소, 1992, 「朗慧和尙白月寶光塔碑文」, 『譯註 韓國古代金石文』Ⅲ, 가락국사적개발연구원 ; 최영성, 2009, 「聖住寺 관련 고문헌 자료 집성」, 『성주사지 정비 기본계획』, 부여군문화재보존센터 ; 한국사데이터베이스, http://db.history. go.kr/.

薩戒)를 받은, (대사의) 제자로 무주도독(武州都督)이며 소판(蘇判)인 김일(鎰)과 집사시랑(執事侍郞)인 김관유(寬柔), 패강진도호(浿江鎭都護)인 김함웅(咸雄), 전주별가(全州別駕)인 김영웅(英雄) 등은 모두 왕족으로 임금님의 덕을 보좌하면서 어려운 일이 있을 때에는 대사의 은혜를 입었으니, 비록 출가(出家)는 하지 않았으나 입실(入室)하기에는 부족함이 없었다. 그들은 마침내 (대사의) 문인(門人)인 소현대덕(昭玄大德) 석통현(釋通賢), 사천왕사(四天王寺) 상좌(上座) 석신부(釋愼符) 등과 함께 상의하기를

"대사께서 돌아가시니 임금께서도 슬퍼하셨는데, 어찌하여 우리들은 풀죽은 채 아무 말 없이 스승에게 은혜를 갚을 일을 하지 않는가?"

라고 하였다. 그리하여 승(僧)·속(俗)이 서로 호응하여 (대사에게) 시호를 내려 줄 것과 탑비에 (행적을) 새길 것을 임금(眞聖女王)께 청하였다. 이에 임금께서는 옳다고 여기시어 곧 왕족인 병부시랑(兵部侍郞) 김우규(禹珪)에게 계원(桂苑 : 中國)에서 사신으로 온 시어사(侍御使) 최치원(崔致遠)을 부르셨다. 그가(최치원이) 봉래궁(蓬萊宮)에 이르러 옥수(玉樹)같은 사람을 따라 옥계(玉階)에 오른 뒤, 주렴(珠簾) 밖에 꿇어앉아 명을 기다렸다. 임금께서 말씀하시기를

"돌아가신 성주대사(聖住大師)는 참으로 부처님이 세상에 나신 것과 같은 분이셨다. 옛날에 나의 선고(先考)이신 경문왕(景文王)과 헌강왕(憲(獻)康王)께서는 모두 스승으로 섬겨, 오랫동안 나라에 복이 되도록 하셨다. 나도 왕이 되어서는 선왕들의 뜻을 계승하고자 하였으나, 하늘은 노성(老成)한 인물을 남겨두지 않았다. 이에 나의 마음이 더욱 애달프다. 생각건대 큰 행실을 한 사람에게는 큰 칭호를 주어야 하므로 시호를 '대낭혜(大朗慧 : 크게 밝은 지혜)'라 추증하고, 탑의 이름을 '백월보광(白月葆光)'이라고 하노라. 그대는 일찍이 중국에 가서 벼슬하고 출세하여 고국에 돌아왔다. 전

에 나의 선고(先考 : 景文王)께서는 (그대를) 국자(國子)로 뽑아 공부하게
하였고, 헌강왕(憲(獻)康王)께서는 (그대를) 국사(國士)로 대우하셨으니,
그대는 국사(國師)의 명(銘)을 지어 은혜에 보답함이 마땅할 것이다."

라고 하셨다. 최치원이 사양하여 말하기를

　　"황공하옵니다. 전하께서 실속이 없는 저를 굽어 살피시고, 글 쓰는 것
　이 화려하리라 여기시어 글로 보답하라 하시니, 진실로 뜻밖의 천행(天幸)
　이옵니다. 다만 대사께서는 유위(有爲)의 세상에서 무위(無爲)의 신비한
　종지를 널리 펴서 알리셨는데, 소신의 한계가 있는 하찮은 재주로 그 끝없
　는 큰 행실을 기록하려니 약한 수레에 무거운 짐을 싣고, 짧은 줄의 두레박
　으로 깊은 우물의 물을 퍼내려는 것이 될 것입니다. 행여 돌이 상서롭지 못
　한 말을 한다거나, 또는 거북이 돌아보는 신조(神助)가 없다면 결코 산이
　빛나고 시내가 아름답도록 할 수 없을 것이며, 오히려 숲이 부끄러워하고
　간수(澗水)가 수치스러워 하게 될 것이니 부디 글 짓는 것을 피하게 하여
　주십시오."

라고 하였다. 그러나 임금께서는

　　"사양을 좋아하는 것은 우리나라의 풍속으로 좋기는 하나, 진실로 비문
　짓는 일을 할 수 없다면 (중국의) 과거에 급제한 것이 무슨 소용이란 말인
　가. 그대는 힘써 행하라."

라고 말씀하면서, 갑자기 크기가 방망이만한 두루마리를 하나를 내어주
시며, 내시(內侍)로 하여금 주고받게 하셨다. 그것은 곧 (대사의) 문하(門
下) 제자(弟子)들이 올린 행장(行狀)이었다.

　　"다시 생각해 보건대 중국에 유학한 것은 대사나 내가 피차 다름이 없건
　만, 스승으로 추앙받는 이는 누구이며, 그를 위하여 일을 해야 하는 사람은
　누구인가. 어찌하여 마음을 공부하는 사람(心學者)은 높고, 문장을 공부하

는 사람(文學者)은 수고롭단 말인가. 그래서 옛날의 군자들은 학문하는 것을 삼가 하였던 것인가. 그러나 마음을 공부하는 사람(心學者)은 덕을 세우고, 문장을 공부하는 사람(文學者)은 말을 남겼을 것이니, 그 '덕'이란 것도 혹 '말'에 의지하고서야 비로소 일컬어질 것이요, 이 '말'이란 것도 혹 '덕'에 의지하여서야 비로소 오래 전할 것이다. 일컬어질 수 있다면, '마음'이 능히 먼 후래자(後來者)에게 알려질 것이요, 썩지 않는다면 '말' 또한 옛 사람들에게 부끄러움이 없을 것이다. 할 수 있는 일은 할 수 있는 때에 하는 것이니, 어찌 다시 감히 실속 없는 글이라고 굳이 사양만 할 수 있겠는가."

비로소 방망이 같은 행장을 펼쳐보니, 대사께서 중국에 유학한 해와 신라로 돌아온 해, 불계(佛戒)를 받고 선리(禪理)를 깨달은 인연, 공경(公卿)과 관리들이 귀의하여 양모하였던 사실, (성주사의) 불전(佛殿)과 영당(影堂)을 개창(開創) 했던 일 등은 고(故) 한림랑(翰林郎) 김입지(金立之)가 지은 성주사비(聖住寺碑)에 자세히 서술되어 있고, 부처의 제자로서 불법을 널리 전한 행적과 임금의 스승으로서 행한 업적, 세속을 진정시키고 불도를 방해하는 마적(魔賊)을 항복시킨 위력, 세상에서 활동할 때는 붕(鵬)처럼 지내고, 은거하여서는 학(鶴)처럼 지낸 일 등은 태부(太傅)에 추증되신 헌강대왕께서 직접 지으신 심묘사비(深妙寺碑)에 갖추어 기록되어 있음을 알게 되었다. 그러므로 부유(腐儒)가 이제 지음에, 마땅히 우리 대사께서 반열반(般涅槃)의 대기(大期)에 드신 것과 우리 임금(眞聖女王)께서 탑의 이름을 높이신 것을 나타내는 데 크칠 따름이다.

입과 손이 이 일을 의논하여 내가 생각하는 바대로 일을 진행하려 했는데, 그때에 (대사의) 수제자(首弟子) 비구승(比丘僧)이 와서 글을 재촉하였다. 이야기를 나누다가 이러한 나의 생각을 드러내자, 그는

"(金)立之의 비(聖住寺碑)는 세운지 오래 되어서 그 후 수십 년에 걸쳐 이루신 (대사의) 아름다운 행적이 빠져있고, 태부왕(太傅王 : 憲康王)께서 신필로 지으신 글은 단지 특별한 대우가 있음을 드러낸 것일 뿐입니다. 그

대는 옛 선현의 글을 완미하였고, 직접 임금의 명령을 받았으며, 귀로는 대사의 행적에 대하여 실컷 듣고, 눈으로는 문하 제자들이 올린 행장을 자세히 보았으니 마땅히 두루 기억하여 빠뜨리지 말고 후생에게 전함으로써 그들로 하여금 일의 시초와 끝을 알 수 있도록 해야 할 것입니다. 만일 중국을 사모하는 사람이 혹 비문을 품에 넣어 가지고 가서 중국 사람들로부터 비웃음을 면할 수 있다면 다행일 것입니다. 내가 어찌 (내용에) 덧붙임이 있기를 바라겠습니까. 그대는 귀찮음을 꺼리지 마시고 재주를 숨기지 마십시오."

라고 말하였다. 이에 광노(狂奴)와 같은 태도로 급히 대답하여 말하기를

"저는 초가지붕을 매듯 (간략히) 하려 하였는데, 사(師)께서는 나에게 채소를 팔 듯 자세히 하길 바라시는군요."

라고 하였다.
마침내 어지러운 마음을 가다듬고 억지로 붓을 움직이려 하니 『漢書』「留侯傳」의 끝 부분에

"장량(張良)이 임금과 더불어 조용히 천하의 일을 이야기한 것이 매우 많았지만, 천하의 존망(存亡)에 관계되지 않은지라 역사에 기록되지 않았다."

고 말한 것이 생각났다. 그러므로 대사께서 살아 계실 때의 뛰어난 자취들이 하늘의 별처럼 많지만 후학들을 일깨우는 것이 아닌 사실은 역시 쓰지 않나니 내 스스로 반사(班史)에서 무늬 한 점이나마 엿보았다고 믿으면서 이에 관견(管見)으로 서술한다.

빛이 왕성하고 충실(充實)하여 온 누리를 비출 바탕이 있는 것으로는 새벽 해에 비길 것이 없고, 기가 온화하고 무르녹아 만물을 기르는데 공효(功效)가 있는 것으로는 봄의 바람만한 것이 없다. 생각하건데 이 큰 바

람과 아침 해는 모두 동방에서 나타난 것인 즉, 하늘이 이 두 가지 여경(餘慶)을 모으고, 산악이 신령한 정기를 내리어 그로 하여금 군자의 나라에 태어나 불가에 우뚝 서게 하였으니, 우리 대사가 바로 그 분이시다.

대사의 법호(法號)는 무염(無染)으로 달마대사(圓覺祖師)의 10세 법손(法孫)이 된다. 속성(俗姓)은 김씨(金氏)로 태종무열왕(太宗武烈王)이 8대조이시다. 할아버지는 김주천(周川)으로 골품(骨品)은 진골(眞骨) 출신이며, 관등은 한찬(韓粲 : 大阿飡)을 지냈으며, 고조와 증조는 모두 조정에서는 재상, 나가서는 장수를 지냄으로서 다 '장상호(將相戶)'로 널리 알려졌다. 아버지는 김범청(範淸)으로 골품(骨品)이 진골(眞骨)에서 한 등급 떨어져 득난(得難)이 되었다[註 : 우리나라에는 5품이 있는데, 성이(聖而)·진골(眞骨)·득난(得難) 등이 있는데 득난(得難)은 귀성(貴姓)을 얻기 어려움을 말한다. 『文賦』에서 말하기를 '혹 구하기는 쉽지만 얻기는 어렵다'고 말한 것을 따서, 6두품의 수가 많은 것을 귀하게 여기는 것은 마치 일명(一命)으로부터 구명(九命)에 이르는 것과 같음을 이야기한 것이다. 그러니 나머지 4, 5품은 말할 것이 없다]. 만년(晩年)에는 검술을 좋아했던 조(趙)나라 문왕(文王)의 옛 일을 따랐다.

어머니 화씨(華氏)가 꿈에 긴 팔을 가진 수비천인(脩臂天人)이 연꽃을 내려주는 것을 보고 임신을 하게 되었다. 얼마 지나지 않아 거듭 꿈속에 호도인(胡道人)이 나타나 스스로 법장(法藏)이라고 하면서 십계(十戒)를 주기에 그것으로 태교(胎敎)를 행하였는데, 마침내 열 석 달째 되면서 대사가 태어났다.

대사는 아해(阿孩)적에 걷거나 앉을 때에는 반드시 합장을 하고 가부좌를 하였으며, 여러 아이들과 놀면서 벽에 그림을 그리거나 모래로 무엇을 만들 때에도 반드시 불상이나 탑을 만들었다. 그러면서 하루도 부모님의 곁을 떠나지 않다가 아홉 살 때에 비로소 공부를 시작하였는데, 눈으로 본 것은 반드시 입으로 외우니, 사람들이 '해동의 신동'이라고 일컬었다. 열두 살을 넘기고 나면서(13세), 구류(九流)를 비루하게 여기고 불도

(佛道)에 입문하고자 뜻을 두었다. 먼저 어머니에게 그 뜻을 이야기하자 어머니께서는 당신이 전에 꾸었던 꿈을 생각하고는 울면서

"예註 : 우리말로 허락이다."

라고 하였다. 뒤에 아버지에게 말씀드리자 아버지는 자신이 늦게 서야 깨달은 것을 후회하고 기뻐하며

"잘하였다."

고 하였다. 이에 설악산 오색선사(五色石寺)에 들어가 머리를 깎고, 물들인 옷을 입었으니, 입은 경의(經義)를 해석하는 데 정통했고, 힘은 세운(世運)을 만회하는데 날랬다. 이 절에 법성선사(法性禪師)라고 하는 분이 계셨는데, 일찍이 중국에 가서 능가선(楞伽禪)의 문을 두드렸던 분이다. 대사께서 수년간 사사(師事)하되, 탐색(探索)함에 조금도 남김이 없었으므로 법성선사가 감탄하여 말하기를

"빠른 발로 달린다면 뒤에 출발하여도 먼저 도착한다는 것을 나는 너에게서 직접 보았다. 나는 아는 것이 적어서 그대에게 더 이상 가르쳐 줄 것이 없다. 너와 같은 사람은 중국에 유학하는 것이 마땅하다."

고 하였다. 그러자 대사께서는 그렇게 하겠노라고 대답했다.

밤중의 새끼줄은 뱀으로 현혹되기 쉽고, 허공의 베올은 분간하기 어렵다. 물고기는 나무에 올라가 잡을 수 있는 것이 아니고, 토끼는 나무 그루터기만 지킨다고 해서 잡을 수 있는 것이 아니다. 그러므로 스승이 가르친 것과 내가 깨달은 것에는 서로 나은 것이 있을 수 있다. 진실로 구슬이나 불을 얻었다면 구슬을 머금고 있던 조개와 부싯돌은 버릴 수 있는 것이다. 무릇 도(道)에 뜻을 둔 사람에게 어찌 정해진 스승이 있겠는가.

곧 그 곳을 떠나 부석산(浮石山)의 석등대덕(釋澄大德)에게 화엄(華嚴)을 배웠는데, 하루에 서른 사람 몫의 공부를 하니 쪽빛풀(藍草)과 꼭두서니풀(茜草)이 원래 색을 무색케 하는 것 같았다. 대사는 조그만 구멍에 담긴 물에서는 잔이 뜰 수 없듯, 여건이 조성되지 않은 곳에서는 자신의 바라는 바를 이룰 수 없음을 생각하고 말하기를

"동쪽으로 머리를 두르고 바라보기만 하다가는 서쪽의 담(중국)은 보지 못할 것이다. 바다 건너 깨달음의 세계가 멀지 않을 터인데, 어찌 살던 곳만 고집하겠는가."

라고 하면서, 선뜻 산에서 나와 바다로 나아가 중국으로 건너갈 기회를 엿보았다.

때마침 국사(國使)가 서절(符節)을 가지고 천자(天子)를 조회할 일이 있었으므로 그 배에 의지하여 중국으로 향하게 되었다. 그런데 배가 큰 바다 한가운데에 이르자 갑자기 풍랑이 일어 성난 듯 뒤집히니, 큰 배가 무너지고 사람들이 어찌할 수 없게 되었다. 대사는 심우(心友)인 도량(道亮)과 함께 한 장 널판지에 걸터앉아 업보의 바람에 맡긴 채 떠다니게 되었다. 밤낮없이 반달 남짓을 떠다닌 후에 검산도[劍山島(黑山島)]에 표착(漂着)하게 되었다. 무릎걸음으로 물가에 도착하여 한참이나 실의에 잠겨 한탄하며 말하기를

"물고기 배 속에서도 간신히 몸을 건졌으니 용의 턱밑에도 손을 넣어 (바라는 구슬을) 아마도 얻을 수 있을 것이다. 나의 마음은 구르는 돌이 아니니 물러남이 없을 것이다."

고 하였다.

장경(長慶 : 821~824) 초에 조정사(朝正使)로 당나라에 들어가는 된 왕자 김흔(昕)이 당은포(唐恩浦)에 배를 대었기에 태워줄 것을 부탁하니

그러라고 하였다. 마침내 지부산(之罘山) 기슭에 도착해서는 먼저의 어려 웠던 일이 이제 쉽게 됨을 생각하고서 해신(海若)에게 토읍(土揖공)하며 말하기를

"큰 파도속에서 몸을 자중(自重)하였고, 풍마(風魔)와 잘 싸웠습니다."

고 하였다. 출행하여 대흥성(大興城) 남산(南山)의 지상사(至相寺)에 이르 러서 화엄을 이야기하는 사람을 만나게 되었는데, 부석사에서 배운 것과 다를 바 없었다. 그 때 얼굴이 미석(美石)처럼 생긴 노인이 말을 걸고는

"멀리 외계(外界)에서 도(道)를 구하고자 하는 것이, 어떻게 그대에게 있 는 부처(佛性)를 체인(體認)하는 것에 비하겠는가?"

라고 하였다. 대사는 이 말을 듣자마자 크게 깨닫고서 이때부터 경전 공 부하는 것을 그만두고 여기저기 돌아다니다가 불광사(佛光寺)에서 여만 (如滿)에게 도(道)를 물었다. 여만은 강서마조(江西馬祖)에게서 심인(心 印)을 얻었고, 향산(香山)의 백상서(白尙書) 낙천(樂天)과 불문(佛門)의 벗이 된 사람인데도, (대사의 질문에) 응대(應對)할 때 매우 부끄러운 기 색을 띠면서 말하기를

"내가 여러 사람을 많이 겪어 보았지만, 이 같은 신라사람이 있기는 드물 었다. 훗날에 중국에서 선(禪)을 잃어버린다면 장차 그것을 동이(東夷)에게 물어 보아야 할 것이다."

고 하였다.

그 곳을 떠나 마곡사(麻谷寺) 보철화상(寶徹和尙)을 찾아가 모시면서 힘든 일을 하는 것을 가리지 않고, 남이 하기 어려워하는 것을 쉽게 해내 니, 뭇사람들이 그를 눈여겨보고 말하기를

"선문(禪門)에 있어서 유검루(庾黔婁)와 같은 남다른 행실을 하는 자"

라고 하였다. 보철화상이 대사의 고절(苦節)을 어질게 여기었고, 일찍이 하는 대사에게 일러 말하기를

　"전에 나의 스승인 마화상(馬和尙 : 馬祖道一)께서 돌아가실 때 말씀하시길 '봄에 꽃이 많으면 가을에 열매가 적은 법이다. 보리수(菩提樹)에 오르려고 하는 사람은 이것을 슬프게 여긴다. 지금 너에게 인심(心印)을 전하니 후일에 제자 가운데 기이한 공로가 있어 봉(封)할만한 사람이 있으면 봉하여 끊어지지 않도록 하라'고 하시고는 다시 말씀하시기를 '불법(佛法)이 동쪽으로 흐른다는 말은 대개 예언에서 나온 말이니 해 뜨는 곳에서 선남자(善男子)의 근성(根性)이 거의 무르익었을 것이니, 네가 만약 동방 사람으로서 눈으로 말할 만한 사람을 얻거든 잘 이끌도록 하라! 지혜의 물이 바다 건너 구석진 곳(신라)에서 크게 뒤덮이도록 하면, 그 공덕이 적지 않을 것이다'고 하셨다. 스승의 말씀이 아직도 귀에 쟁쟁한데 네가 왔으니 기쁘구나. 이제 심인(心印)을 전하여 동방에서 선후(禪候)로 으뜸가는 사람이 되게 하니 가거든 조심하고 경건히 실행하라. 나는 지금은 강서마조(江西馬祖)의 대아(大兒)이나, 후세엔 해동(海東) 선문(禪門)의 대부(大父)가 될 터이니 스승에게 부끄럽지 않게 될 것이다."

라고 하였다.
　그 곳에 머무른 지 얼마 지나지 않아 보철화상이 세상을 떠났다. 묵건(墨巾)을 머리에 쓰고 이내 말하기를

　"뗏목도 이미 버렸거늘, 배가 어찌 매어 있겠는가"

라 하고 이때부터 각지를 유랑하였는데, 그 기세를 막을 수 없었고 뜻을 빼앗을 수도 없었다. 분수(汾水)를 건너고 곽산(崞山)을 오르기까지 고적(古跡)이라면 반드시 찾아보고, 진승(眞僧)이라면 반드시 만나 보았다. 머

무르는 곳은 인가를 멀리하였으니 그것은 위태로운 것을 편안히 여기고 고생을 달게 여기며, 몸은 종처럼 부리되, 마음은 임금처럼 받들기 위해서였다. 이런 가운데서도 오로지 병든 사람을 돌보며, 고아와 자식 없는 늙은이를 구휼하는 것을 자신의 임무로 여겼다. 지독한 추위나 더위가 닥쳐, 열이 나고 가슴이 답답하거나 손이 트고 얼음이 박히더라도 전혀 게으른 모습을 보이지 않았으니, 그 이름을 들은 사람이라면 자기도 모르는 사이에 멀리서도 예경(禮敬)을 표하였다. 떠들썩하게 東方의 大菩薩이 되었으니, (중국에서) 30여 년간의 행적은 대개 이러하였다.

회창(會昌) 5년(845, 문성왕 7)에 귀국하였는데, 이것은 황제가 (외국 승려들을 귀국하도록) 명령하였기 때문이다. 나라 사람들이 서로 즐거워하며 말하기를

"연성벽(連城璧)이 다시 돌아오게 된 것은 하늘이 한 일이니, 이 땅에는 복되는 것이다."

고 하였다. 이때부터 배움을 얻고자 하는 사람들이 몰려드는 것이 마치 벼와 삼같이 빽빽하였다. (대사께서) 왕성에 들어와 어머니를 찾아뵈니 (어머니는) 크게 기뻐하며 말씀하시길

"돌이켜 보니 전에 내가 꾼 꿈은 우담바라꽃(優曇華)이 한 번 드러난 것이 아니겠느냐. 바라건대 내세를 제도하길 바라며, 내 다시는 네가 돌아오기를 기다리는 마음에 흔들리지 않을 것이다."

고 말하였다.

이에 곧 북쪽으로 떠나 헤아리고 눈여겨보아, 종신토록 몸 붙일 곳을 찾아다녔다. 그때 마침 왕자 김흔(昕)이 벼슬에서 물러나 은거하며 산중의 재상(山中宰相)처럼 지내고 있었는데, 우연히 바라는 바가 합치되었

다. 왕자 흔이 말하기를

"대사와 저는 함께 용수(龍樹) 을찬(乙粲)을 조상으로 하고 있으니, 대사
께서는 안팎으로 용수(龍樹)의 자손이시니, 참으로 놀라와 감히 미칠 수가
없습니다. 그러나 푸른 바다 밖에서 함께 했던 일이 있으니 옛적의 인연이
결코 얕다고는 할 수 없을 것입니다. 지금 웅천주(熊川州) 서남쪽 모퉁이에
절이 하나 있는데, 이것은 나의 선조인 임해공(臨海公 註 : 諱는 仁問으로
당나라에서 濊貊, 실은 高句麗를 정벌한 공의 대가로 臨海郡公에 封해졌다)
께서 봉토로 받은 곳입니다. 중간에 겁진화(劫盡火)로 인해 천재(天災)를
입어 사찰이 반쯤은 재가 되어버렸는데, 자비롭고 현명하신 분이 아니라면
누가 능히 없어진 것을 다시 일으키고 끊어진 것이 이어지도록 하겠습니까.
내키지 않더라도 부디 이 늙은이를 위하여 머물러 주실 수 있겠는지요?"

고 하였다. 대사는 대답하기를

"인연이 있다면 머물게 되겠지요(有緣則住)."

라고 하였다.

대중(大中 : 847~859) 초에 그 곳으로 가서 머물기 시작하면서 말끔히
단장하였던 바, 얼마 되지 않아 불도(佛道)가 크게 행하여지고 절은 크게
번성하였다. 이로 말미암아 사방의 먼 곳에서부터 도(道)를 묻는 사람들
이 천리 길을 반걸음으로 여기고 찾아오니 그 수를 헤아릴 수 없었다. 이
처럼 문도가 번성하게 된 것은 대사께서 마치 종이 쳐주기를 기다리고,
거울이 고달픈 줄 모르는 것처럼 하였기 때문이다. 온 사람이면 혜소(慧
昭)로서 그들의 눈을 이끌어 주고, 법열(法悅)로서 배를 채워주었으며, 굳
은 의지 없이 머뭇거리는 것을 깨우쳐 주고, 무지(無知)한 습속을 변화시
켰다.

문성대왕(文聖大王)께서는 대사가 행하는 일이 왕도(王道)의 행함에

도움이 되지 않는 것이 없다는 것을 듣고는 크게 본받으시었다. 수교(手
敎)를 급히 보내 대사를 위로하였으며, 또한 대사께서 김흔(山中宰相)에
게 대답한 네 마디 말(有緣則住)을 중하게 여기시어 절의 이름을 '성주
(聖住)'라고 바꾸고 대흥륜사(大興輪寺)에 편입, 등록시키도록 하셨다. 대
사가 왕의 사자(使者)에게 말하기를

> "절의 이름을 성주(聖住)로 지어주신 것만 하여도 절로서는 영광스러운
> 일입니다. 용렬한 중을 지극히 총애하시니, 재능도 없으면서 있는 것처럼
> 흥을 내어 높은 자리를 차지한 느낌입니다. 이것은 해조(海鳥)인 원거(鶢
> 鶋)가 바람을 피해 뭍으로 오자, 봉황새로 오해한 참새가 날아들었다는 것
> 에 해당될 만하니. 날씨가 궂을 때 숲에 숨어서 무늬를 윤택하게 한다는 표
> 범의 고사(古事)에 부끄러운 일입니다."

라고 하였다.

그 때 (즉위 전의) 헌안대왕(憲安大王)께서는 사찰의 단월(檀越 : 施
主)이며, 말째 서발한(季舒發韓)인 김양(魏昕)과 더불어 남북상(南北宰相
註 : 각기 자신의 관사에 있어 左相, 右相과 비슷하였다)이 되었는데, 멀
리서 제자로서의 예를 행하고 향과 차를 예물로 보내와 그것을 받지 않은
달이 없게 하였다. 이에 (大師의) 명성이 동국에 젖도록 하였으니, 사류
(士流)들은 대사의 선문(禪門)을 모르는 것에 대하여 일세(一世)의 수치
로 여길 정도였다. 그리고 대사의 발아래 예를 올렸던 사람이면, 물러나와
반드시 감탄하면서 말하길

> "직접 찾아뵈니 귀로 듣던 것보다 백배나 낫다. 입에서 말씀이 나오기도
> 전에 이미 마음에 와 닿았다."

고 말하곤 하였다. 그래서 원숭이나 호랑이가 관(冠)을 쓰고 있는 것과 같
은 사람들도 곧 그 조급함을 떨치고, 사나운 마음을 고쳐서 착한 길로 다

투어 달려 나갔다. 헌안왕께서 즉위하심에 이르러 대사에게 글을 보내어 도움이 될 말을 청하였는데, 대사는 대답하기를

"주풍(周豊)이 노공(魯公)에게 대답한 말에 뜻이 담겨 있습니다. 예경(禮經)에 적혀있으니 청컨대 좌우명으로 삼으소서!"

라고 하였다.

태사(太師)를 추증된 선대왕(先大王:景文王)께서 즉위하셔서도 (대사를) 공경하고 중히 여기심이 선조(先朝:憲安王)에서 뜻함과 같으면서도 날로 더욱 두텁게 하셨으니 일을 시행할 때에는 반드시 사람을 보내어 자문을 구한 뒤에 거행하였다. 함통(咸通) 12년(871) 가을에 (왕께서는) 대사에게 곡두서(教書)를 급히 보내고 전역(傳譯)을 통해 부르시며 말씀하기를

"산림(山林)을 어째서 가깝게 하시면서 도성(都城)은 왜 소원(疎遠)히 하십니까?"

라고 하였다. 대사께서는 제자들에게 일러 말씀하시되

"갑자기 진후(晉侯)가 백종(伯宗)을 부르듯 하시니 혜원공(慧遠公)에게는 몹시 부끄러운 일이다. 하지만 앞으로 (도)道를 행해지게 하려면 좋은 때를 잃어서는 안 되나니, 부처께서 (불법이 전해지도록) 부촉(付囑)을 생각한 까닭에 나는 임금에게 갈 것이다."

라고 말하고 홀연히 일어나 서울에 도착하여 (왕을) 알현하였다. 선대왕께서는 면복(冕服) 차림으로 경의를 표하시며 (왕의) 스승으로 삼았고, 왕비(郡夫人)와 세자, 그리고 태제(太弟)인 상국(相國 註 : 돌아가신 후에 왕으로 높이고 시호를 惠成大王이라고 하였다)과 여러 왕자, 왕손들이

둘러싸고 한결같이 우러렀는데, 이는 마치 옛 가람의 벽에 그려진 서방의 여러 국장(國長 : 임금)들이 부처님을 모시는 형상과 같았다.

임금께서 말씀하시길

"제자가 말 재주는 없습니다만, 글 짓는 것은 조금 좋아합니다. 전에 유협(劉勰)의 『文心雕龍』을 보니 거기에 '유(有)에만 얽매이거나, 무(無)만을 지키면, 한갓 편벽된 해석에만 날카롭게 된다. 그러므로 진리의 본원(本源)에 나아가고자 한다면 반야(般若)의 절대적인 경지가 바로 그것이다'라고 하였는데, 절대적인 경지가 무엇인지 가르침 받을 수 있겠습니까?"

라고 하였다. 대사가 대답하기를

"경지가 이미 절대적인 것이라면 (그것을 설명할) 이치도 없는 것입니다. 이것이 마음으로 전하는 것(心印)이니 말없이 행해질 뿐입니다."

라고 하였다. 임금께서

"과인은 진실로 조금 더 배우기를 청합니다."

고 하자 대사는 문도(門徒) 중에서 뛰어난 자에게 번갈아 가며 질문을 하게 하되, 한 가지씩 차근차근 속속들이 알 수 있도록 설명을 해주어 막힌 것을 해결하고 번거로운 것을 떨쳐 버리기를 마치 가을바람이 어두침침한 노을을 밀어내듯 하였다. 이에 임금께서 크게 기뻐하셔서 대사를 늦게 만나본 것을 안타까워하시며 말씀하시길

"몸을 공손히 하고 남면(南面)한 사람에게 남종(南宗)을 가르쳐 이끌어주시니, 순(舜)은 어떤 사람이며, 나는 어떠한 사람일까."

라고 하였다. 왕궁에서 나오자 재상들이 다투어 마중하니 사람과 이야기를 나누고 싶어도 할 수 없었고, 일반 백성들이 뒤쫓으며 따르니 떠나고자 하여도 그럴 수 없었다. 이로부터 온 나라 사람들이 모두 불성(佛性)을 인식하게 되었으니, 이웃의 장로(長老)들도 엿보는 것을 그만두게 되었다. 그러나 얼마 있지 않아서 대사는 새장에 갇혀 있는 것 같은 생활을 괴롭게 여겨서 (서울을) 떠나고자 하였다. 임금께서도 억지로 머물게 할 수 없음을 아시고 이에 곧 교서(敎書)를 내렸는데, 상주(尙州)의 심묘사(深妙寺)가 서울로부터 멀지 않는다 하여 참선하는 별관(別館)으로 삼아 머무르라 하셨다. 대사는 사양해도 임금께서 들어주지 않으므로, 할 수 없어 그 곳에 가서 머물렀는데, 비록 잠시 머물더라도 반드시 집을 수리하여 엄연하게 절의 모습을 갖추게 하였다.

건부(乾符) 3년(876, 헌강왕 2) 봄에 선대왕(先大王 : 景文王)께서 옥체가 편치 않으셨는데, 근시(近侍)에게

"빨리 우리 대의왕(大醫王)을 모셔오라."

고 명하셨다. 사자(使者)가 이르자 대사께서 말하시길

"산승(山僧)의 발이 왕문(王門)에 닿는 것은 한 번이라도 심하다 할 것이니, 나를 아는 사람은 '성주(聖住)'를 '무주(無住)'라고 말할 것이요, 나를 알지 못하는 사람은 '무염(無染)'이 '유염(有染)'고 말할 것이다. 그러나 돌이켜보면, 우리 임금님과는 향화(香火)로서 맹세한 인연이 있고, 또 도리천(忉利天)으로 갈 날이 정해져 있으니, 어찌 한 번의 작별이야 나누지 않겠는가."

라고 말하고 다시 왕궁으로 가서 약언(藥言)과 잠계(箴戒)를 베풀었더니, 깨어난 가운데 환후(患候)가 나아 온 나라 사람들이 신기하게 여겼다. 그러나 한 달이 지나서는 (景文王이 돌아가시고) 헌강대왕(憲(獻)康大王)께서 거상(居喪) 하게 되었다. (왕께서는) 울면서 왕손인 김훈영(勛榮)을

통하여 대사에게 뜻을 전하시되

> "내가 어려서 부왕의 상을 당하여 정사를 담당할 수 없습니다. 임금을 인도하고 부처를 받들어 사해(四海)의 사람을 널리 구제하는 것은 자기 한 몸만을 착하게 하는 것과는 비교될 수 없는 일입니다. 원컨대 대사께서는 멀리 계시지 마시고 (서울에서) 머무를 곳을 고르십시오."

라고 하였다. 대사가 대답하여 말하기를

> "옛날의 스승의 가르침은 육경(六經)에 기록되어 있고, 오늘의 보신(輔臣)으로는 삼경(三卿)에 있는데, 늙은 산승(山僧)이 무엇을 하는 사람이라고 앉아서 누리(蝗)처럼 땔나무와 곡식을 축내겠습니까. 단지 세 마디 말로 남겨드릴 만한 말씀이 있으니, 바로 '관능인(能官人 : 관리를 잘 등용하라)'이라 하겠습니다."

라고 하였다.

다음날 등산 복장을 차리고 새처럼 떠나고 말았는데, 이때부터 역마(驛馬)가 왕명을 전하려고 산중에 그림자를 이었다. 역졸(驛卒)들은 가야할 곳이 성주사(聖住寺)인 것을 알면 곧 모두 뛸 듯이 기뻐하며 손을 모아 말고삐를 고쳐 잡고 왕명이 한걸음이라도 늦을까 걱정하였다. 이 때문에 왕명을 전하는 근시(近侍)들은 급히 전할 말이 있어도 쉽게 행해질 것으로 생각하게 되었다.

(당나라 희종) 건부제(乾符帝)가 헌강대왕(獻康大王)의 즉위를 승인하던 해(878)에 임금께서는 나라 안의 진언할 수 있는 모든 사람들에게 '흥리제해(興利除害 : 이로움을 가져오고 해로움을 없앤다)'의 계책을 올리게 하였는데, 특별히 우리나라의 종이를 사용하여 글로써 말씀하시되

> "천자(당나라 황제)의 은총을 받은 것은 비롯되는 바가 있는 법이다."

라고 하셨다. 나라에 보탬을 주는 것이 무엇이냐는 물음에 대사는 하상지(何尙之)가 송(宋)나라 문제(文帝)에게 좋은 일을 하도록 권하고 나쁜 일을 하지 않도록 간했던 말로써 대답하였다. 태부왕(太傅王 : 憲康王)께서는 그 말을 들으시고 개제(介弟)이신 남궁상(南宮相 : 禮部令)에게 일러 말씀하시길

　"삼외(三畏)는 (불교의) 삼귀의(三歸依)에 비길 만하고, 오상(五常)은 (불교의) 오계(五戒)와 알맞게 어울리느니라. 능히 왕도(王道)를 실천하는 일이 불심(佛心)에 부합되는 것이니 대사의 말씀이 옳은 것이다. 너와 네가 정성을 다해야 할 것이다"

라고 하셨다.
　건부제(乾符帝)가 (黃巢의 亂을 피하여) 서쪽으로 피난하던 해(中和元年, 881) 가을에 임금께서 시인(侍人)에게 일러 말씀하시기를

　"나라에 커다란 보주(寶珠)가 있는데 평생토록 궤에 감추어 두는 것이 잘한 일인가?"

하고 묻자 근시가 말하기를

　"옳지 않습니다. 때때로 꺼내어서 그 보배로운 구슬이 많은 백성들의 눈을 뜨게 하고, 사방 이웃 나라의 마음을 쏠리게 하여야 할 것입니다."

라고 대답하였다. 이에 임금께서 말씀하시길

　"나에게 마니(摩尼)라는 가장 좋은 보배가 있는데, 숭엄산(崇嚴山)에 빛을 감추고 있다. 만약 그 감춘 것을 열기만 한다면 의당 삼천대천세계(三千大千世界)를 환히 비추어 환하게 할 것이니 어찌 십이승(十二乘)을 비춘 것

쯤이야 말할 게 있겠는가. 나의 부왕(父王)께서 간절히 맞이하셨을 때, 일찍이 두 번이나 그 모습을 드러낸 적이 있었다. 옛날에 소하(蕭何)는 한(漢)나라 고조(高祖)가 한신(韓信)을 대장(大將)으로 임명하면서 어린아이를 부르는 듯한 처사를 가하였거니와, 한고조가 상산(商山)의 네 노인을 부를 수 없었던 것도 이 때문이었다. 이제 듣건대, 지금의 천자(天子)께서 몽진(蒙塵)하셨다 하니, 달려가서 천자의 여러 신하들에게 위로하도록 해야 할 것이나, 천자의 재난을 구하는 데 더욱 정성스러운 것은 부처에게 귀의함이 우선일 것이다. 이제 대사를 맞아들임에 있어서는 반드시 세상의 평판에 따를 것이다. 내가 어찌 임금이라는 하나의 존귀함만을 믿고 연치(年齒)와 덕망이 높으신 대사에게 거만 할 수 있겠는가."

라고 말씀하시며 관직이 높은 사람을 사자(使者)로 보내어 말을 겸손하게 하여 부르셨다. 이에 대사가 이르기를

"외로운 구름이 산에서 나오는 것이 어찌 다른 마음이 있어서이겠는가. 대왕의 정치에 인연이 있으니 고집함이 없는 것이 뛰어난 상사(上士)의 도리일 것이다."

라고 말하고 드디어 와서 왕을 뵈었다. 임금께서 인견(引見)하심은 선조(先朝 : 景文王)의 예절과 같았으나, 예에서 한층 빛이 났다. 손가락으로 꼽을 만한 것으로는, 임금께서 친히 음식을 봉양한 것이 첫째요, 손으로 향을 전하신 것이 둘째이며, 몸·입·뜻의 삼업(三業)으로 세 번이나 경의를 표하신 것이 셋째이며, 작미로(鵲尾爐)를 잡고 영생의 인연을 맺으신 것이 넷째이며, 법칭(法稱)에 '광종(廣宗)'을 더하여 준 것이 다섯째이며, 다음날 조반(朝班)들에게 명하여 대사가 머무시는 절에 나아가 기러기처럼 열을 지어 하례토록 하신 것이 여섯째이며, 나라 안의 시(詩)를 짓는 사람으로 하여금 대사의 귀산(歸山)을 전송하는 시(詩)들을 짓게 하였는 바, 재가제자(在家弟子)로서 왕족 소판(蘇判) 김억영(鎰榮)이 가장 먼저 시(詩)를 지으니 그것을 거두어서 두루마리로 만들고, 시독(侍讀)이며

한림관(翰林官)인 박옹(朴邕)이 거기에 인(引)을 지어 증행(贈行)한 것이 일곱째이며, 행차를 담당하는 관리들에게 정결한 방을 준비하도록 거듭 명하여 그 곳에서 작별하신 것이 여덟째이다.

고별에 임하여 임금께서 신묘한 비결(秘訣)을 구하시니, 이에 제자들에게 눈짓하여 진요(眞要)를 들려주라고 하였다. 순예(詢乂), 원장(圓藏), 허원(虛源), 헌영(玄影)과 같은 이는 사선(四禪)을 행하여 청정(淸淨)을 얻은 사람들로서, 지혜의 실을 뽑아 깊은 뜻을 짜냈는데, 뜻을 기울여 소홀함이 없었고, 임금의 마음을 계발(啓發)함에 여유가 있었다. 임금께서 매우 즐거워하여 두 손을 마주잡고 경의를 표하며 말씀하기를

> "전에 저의 부왕(父王)께서는 증점(曾點)과 같은 현인이셨다면, 지금의 과인은 증참(曾參)과 같은 아들이 되기에는 부족합니다. 그러나 임금의 자리를 이어서 덕이 있는 사람에게 지극한 도리를 얻고, 그것을 받들어 간직함으로써 혼돈세계(混沌世界)의 근본을 열게 되었습니다. 그러니 저 위수(渭水) 가에서 낚시하던 강태공(姜太公)은 사실 명예를 낚으려는 자였으며, 흙다리 위의 장량(張良)도 대개 그러한 전철을 밟았다고 하겠습니다. 비록 임금된 자의 스승이 되었다고 하여도 단지 세 치의 혀를 놀린 것에 불과하니 어찌 우리 대사께서 말씀하실 때 일편심(一片心)을 은밀하게 전한 것과 비교될 수 있겠습니까. 받들어 주선(周旋)할 것이며, 감히 실추(失墜)하지 않겠습니다."

라고 하였다. 태부왕(太傅王 : 憲康王)께서는 평소 시문(詩文)을 잘하시는 터라 여러 사람이 떠드는 것과 관계없이 입을 여시면 짝이 맞는 말을 만드셨는데, 마치 오래 전부터 준비하여 둔 것 같았다.

대사께서 왕궁을 물러나온 후에 다시 왕손인 소판(蘇判) 김일(鎰)에게 가서 청함에 응하셨다. 함께 이야기하며 몇 차례 말을 주고 받았는데, 대사께서 곧 감탄하고 말씀하시길

"옛날의 임금들은 장수하는 분은 있어도 생각이 깊지 못하였는데 지금 우리 임금께서는 그 둘을 겸비하셨고, 신하들은 재상이 될 만한 재주는 있어도 그러한 덕망이 없었는데 그대는 두루 갖추었구려. 그러니 나라가 잘 다스려질 것입니다. 마땅히 덕을 좋아하고 자중자애하시구려."

라고 하고는 스스로 부끄러워하며 산으로 돌아가서 세상과의 인연을 끊었다. 이에 임금께서는 사자를 보내어 방생장(放生場)의 경계를 표시하니 새와 짐승이 즐거워하였고, 뛰어난 글씨로 '성주사(聖住寺)'라는 제액(題額)을 써주시니 마치 용과 뱀이 살아 움직이는 것 같았다.

좋은 일도 끝이 있고 한창 때도 끝나는 법이다. 정강대왕(定康大王)께서 즉위하시자, (景文王과 憲(獻)康王) 兩朝에서 은혜를 베푼 것을 본받아 행하고자 하여 승려와 속인으로 거듭 사신을 보내어 맞아 오게 하였으나 대사는 늙고 병들었다며 사양하였다. 태위대왕(太尉大王 : 眞聖王)께서는 백성에게 은혜를 베풀어 해동의 사표(師表)가 되시고, 덕 있는 사람을 높은 산을 우러러 보듯 존경하였다. (진성왕께서) 즉위하신 지 석 달동안 안부를 묻는 사자가 열 번이나 대사에게 다녀갔다. 그리고 얼마되지 않아 대사께서 허리 통증으로 고생한다는 말을 들으시고, 급히 국의(國醫)를 보내어 치료하게 하였는데, (國醫가) 당도하여 고통의 증상을 물으니 대사께선 살며시 얼굴빛을 부드럽게 하고 웃으며

"노병(老病)일 뿐이니 번거롭게 치료할 것이 없습니다"

라고 하였다. (國醫가) 조석(朝夕)으로 하루 두 번 미음을 들이되 반드시 공양을 알리는 종소리가 울린 뒤에 올리도록 하였다. 그러나 제자들은 대사께서 식력(食力)을 잃게 될까 염려하여 종 치는 사람에게 살그머니 당부하여 거짓으로 치도록 부탁하였다. 그런데 대사께서는 들창 밖을 내다보시고 그 거짓을 알고 그만두도록 명하였다. 장차 열반에 들려고 할 때,

곁에서 시중드는 이에게 명하여, 많은 사람들에게 유훈(遺訓)을 일깨우라 하면서 말씀하시길

"내 나이 이미 팔십(中壽)을 넘었으니, 죽음(大期)을 피하기 어렵다. 나는 멀리 떠날 것이니 너희들은 잘 지내도록 하라. 공부하기를 한결같이 하며, (수행의 태도를) 지키고 잃지 말라. 옛 관리들도 오히려 이와 같았으니, 지금 선(禪)을 닦는 사람들이야 마땅히 힘써 노력해야 할 것이다."

라고 하셨으며, 영결의 말을 겨우 마치고는 편안한 모습으로 세상을 떠나셨다. 대사는 성품이 공손하면서 말을 삼가하여, 좋은 분위기를 해치지 않도록 하였다. 『예기(禮記)』에 이른바 "몸은 겸손하고 유순한 듯하며, 말은 나직하고 느린 듯하였다"는 것일진저! 학승(學僧)들에게는 언제나 '선사(禪師)'라고 불렀으며, 손님을 접대할 때에는 신분의 높고 낮음에 따라 공경을 다르게 하지 않았다. 그러므로, 방에 가득한 자비에 제자들이 즐거워하며 따랐다. 닷새를 주기로 하여, 배우러 온 사람들에게는 의심나는 것을 묻도록 하였고, 생도를 깨우치는 것에 대해서는 말하기를 다음과 같았다.

"마음이 비록 몸의 주인이지만, 몸은 마땅히 마음의 스승이 되어야 할 것이다. 그러한 생각을 하지 않음이 걱정이지, 도(道)가 너희를 멀리하는 것은 아니다. 비록 (배우지 못한) 시골뜨기라고 할지라도 속세의 얽매임에서 벗어날 수 있는 것이다. 내가 달리면 반드시 나아가게 될 것이니, 어찌 도사(導師)와 교부(教父)에 씨(種)가 따로 있겠느냐."

라고 하시면서, 또 말씀하시길

"저 사람이 마신 것이 나의 갈증을 해소시키지 못하고, 저 사람이 먹은 것이 나의 배고픔을 채워주는 것이 아니니, 노력하여 스스로 마시고 먹어야 하지 않겠는가. 어떤 이는 교종(教宗)과 선종(禪宗)이 같지 않다고 말하는 사람도 있지만, 나는 아직 그 다르다는 종지(宗旨)를 보지 못하였다. 쓸데없

는 말이 많은 것이고, 나는 알지 못하는 바이다. 대개 나와 같은 것을 한다고 해서 옳은 것은 아니고, 나와 다르다고 해서 그르지는 않은 것이다. 마음을 편안히 가지고 생활하며, 교사(巧詐)한 마음을 버리는 것, 이것이 수도하는 사람의 행동에 가까울 것이다."

라고 하셨다. 그 말씀은 분명하고 도리에 맞으며, 그 뜻은 오묘하면서도 믿음직 스러우므로, 능히 심상(尋相)을 무상(無相)이라 여기게 하고, 도자(道者)에게 부지런히 그것을 행하도록 하여, 갈림길 속의 갈림길을 보지 못하게 하였다.

　대사는 장년(壯年)으로부터 노년(老年)에 이르도록 스스로 낮추는 것을 기본으로 삼았다. 먹는 것은 양식을 달리하지 않았으며, 입는 것은 반드시 균일한 복장이었다. 대개 건물을 짓고 수리할 때에는 남들보다 앞장서서 일을 하였는데, 매양 말하기를

　　"가섭조사(迦葉祖師)께서도 일찍이 진흙을 이기신 적이 있거늘, 내가 어떻게 잠깐이라도 편히 지낼 수 있겠는가."

라고 말하였다. 때로는 먹는 물을 길어 나르거나, 섶나무를 지는 일까지도 직접 하시면서 말하시길

　　"산이 나를 위하느라 더럽혀졌는데, 어찌 내가 편히 있을 수 있는가."

라고 말씀하기도 하였다. 자기의 몸을 다스리고 일에 힘쓰는 것이 모두 이와 같은 것들인데, 대사께서 어려서 유가(儒家)의 경전을 읽어 그 공부한 것이 여전히 입에 남아 있었으므로 남과 말을 주고받을 때에는 위와 같이 운(韻)이 있는 말을 많이 썼던 것이다.

　문하(門下)의 제자로서 이름을 지적할 수 있는 사람이 거의 2천여 명이 되고, 따로 떨어져 있으면서 '도량(道場)에 거처한다'고 일컫는 사람은 승

량(僧亮), 보신(普愼), 순예(詢乂), 심광(心光)이다. 그리고 문하의 손자에 해당하는 자들은 수를 헤아릴 수 없이 많아 무리가 번성하니 실로 마조도일이 용의 새끼를 길러서 동해(東海:新羅)가 서하(西河 : 中國)를 능가한다고 말할 수 있을 것이다.

논(論)하여 말한다. 『춘추(春秋)』에 말하지 않았던가. 훌륭한 집안(公侯)의 자손은 반드시 그 조상을 본받는다고. 옛날 무열대왕(武烈大王)께서 을찬(乙粲)으로 계실 때, 예맥(獩貊)을 무찌르기 위해 군사를 빌릴 계책을 가지고 진덕여왕(眞德女王)의 명을 받들어 소릉황제(昭陵皇帝 : 唐太宗)를 폐근(陛覲)하였다. (직접 황제에게) 정삭(正朔)을 받들고 복장(服章)을 바꿀 수 있도록 면전에서 진원(陳願)하였는데, 천자께서 가상히 여겨 허락하시고 궁정에서 중국식 의복을 하사하셨으며, ‘특진(特進)’이라는 작호(爵號)를 내려주셨다. 하루는 (황제께서) 여러 나라의 왕자들을 불러 잔치를 열었는데, 술을 크게 베풀고 온갖 보화를 쌓아놓은 뒤, 그들에게 마음껏 가지라고 하셨다. 대왕(武烈王)께서는 술 드시는 것은 예의를 지켜 난망(難忘)함을 방지하셨고, 화려한 비단은 지혜를 써서 많이 얻으셨다. 하직인사를 드릴 때, 황제(唐太宗)께서는 멀리 갈 때까지 바라보면서 탄복하여 말씀하시기를 “국기(國器 : 나라의 인재)로다”라고 하셨고, 신라로 돌아감에 미쳐서는 친히 짓고 글씨까지 쓰신 온탕(溫湯)과 진사(晉祠)의 두 비문(碑文)과 직접 편찬하신 『진서(晉書)』한 벌을 내려 주셨다. 당시 비서감(秘書監 : 蓬閣)에서 이 책을 베껴 두 개의 서첩으로 만들어 올렸는데, 하나는 황태자에게 주시고, 다른 하나는 우리에게 주신 것이었다. 또한 높고 귀한 관리들에게 장안성(長安城) 동문(東門) 밖에 나아가 전송하라고 명하셨으니, 이러한 각별한 은총과 두터운 예우는 설령 지혜에 어두운 사람일지라도 보고 들어서 놀라게 할 수 있을 정도였다.

이로부터 우리나라가 일변(一變)하여 노(魯)나라처럼 되었고, 그로부터 팔세(八世孫)인 대사께서는 중국에 유학하여 배운 것으로 우리나라를 교화하여 더욱 일변함으로서 도(道)에 이르게 하였으니 비할 데가 없도다. (우리가) 우리를 버리고 누구를 이르랴. 위대하도다! 선조(先祖)께서 두 적국(敵國 : 高句麗·百濟)을 평정하고 그들로 하여금 외면의 복장을 바꾸게 하셨다면, (後孫인) 대사께서는 불법을 방해하는 악한 것을 물리쳐서 마음의 덕을 닦게 해주셨다. 그러므로 천승(千乘)의 임금께서도 두 조정에 걸쳐 스승으로 모셨고, 사방의 백성들도 만 리가 멀다 하지 않고 분추(奔趨)하였다. 움직이면 반드시 그들을 마음대로 부리다시피 하였고, 가만히 있을 때에도 속으로 비방하는 사람이 없었으니, 어찌 오백년마다 현인(賢人)이 태어난다는 말대로 대사께서 대천세계에 몸을 나타냄이 아니겠으며, 앞에서 이른바 '처음으로 돌아간다'고 한 말 또한 어찌 마음에 차지 않으랴.

저 장량(張良)은 한(漢)나라 고조(高祖)의 군사가 되어 (식읍이) 만호(萬戶)에 봉해지고 제후의 반열에 오른 것을 크게 자랑하여, 이를 한(韓)나라 승상의 자손으로서 지극히 명예로운 것이라고 하였는데, 이것은 소루(小陋)한 것이리라. 가령 그가 신선술(神仙術)을 공부하였다고 하더라도 어떻게 태양 위로 날아 갈 수 있겠는가. 중간에 그쳐서 학(鶴) 위에 한 몸을 얹고 다니는 데에 머무를 뿐일 것이다. 그러니 어찌 우리 대사가 세속의 무리 가운데 뛰어나서, 여러 중생을 구제하고, 스스로를 깨끗이 하는 것으로 시종일관 한 것에 견줄 수 있겠는가. 뛰어난 성덕(盛德)을 아름답게 형용하는 것을 예로부터 '송(頌)'에서 숭상하였는데, 게송(偈頌)의 유(類)이다. 적묵(寂默)을 깨고 명(銘)을 짓나니 그 글은 다음과 같다.

(하나) 도(道)라고 말할 수 있는 것을 늘 몸에 지니는 것은 풀 위의 이슬에 구멍을 내는 것과 같고, 불법에 나아가 참된 부처가 되는 것은 물속의 달을 잡는 것과 같다. 도를 늘 몸에 지니고 참된 부처가 된 사람은 해동(海東)의 김상인(金上人 : 無染)인데, 본 가지는 성골(聖骨)에 뿌리박았고, 상서로운 연꽃을 인연으로 하여 태어났네. 오백년 만에 땅을 골라 태

어나서, 열세 살에 속세를 벗어났네. 화엄이 불법의 거대한 길로 이끌어주었고, 배를 타고 구법(求法)에 나섰네.

(둘) 중원에서 두루 공부하고서, 어느 것에 집착하지 않음을 깨쳤네. 선진(先進)들이 모두 감탄하네, 수행에 따를 자 없다고. 중국에서 불교가 도태되어 귀국한 것은 하늘이 기회를 주신 것이네. 깨우침의 구슬이 마곡(麻谷)에서 빛나고, 거울 같은 눈이 우리나라를 비추었네.

(셋) 이미 봉황의 훌륭한 모습, 뭇 새가 다투어 따르네. 한번 용의 변화하는 재주를 보라. 보통 생각으론 헤아리지 못하리. 온 나라에 능력을 보이고서 성주사(聖住寺)에 힘써 머무르셨네. 여러 절을 두루 돌아다님에 바위 사이 길 다니지 않음이 없었네.

(넷) 임금의 총애를 바라지 않았고, 임금의 뜻에 영합하지도 않았네. 때가 이르면 나아갔으니 그것은 옛 인연과 불법을 전하라는 부처의 부촉을 위해. 두 왕이 존경하니 온 나라가 부처의 가르침에 젖었네. 용이 나오면 골짜기가 가을빛, 구름이 돌아가면 바다와 산이 저녁.

(다섯) 세상에 나오면 섭룡(葉龍)보다 귀하였고, 세상을 벗어나면 기러기보다 더 높이 날았네. 물을 건너 나옴은 소부(蘇父)를 비루하게 여겼기 때문이고, 산에서 수도할 땐 승랑(僧朗)보다 열심이었네. 한 번 귀국한 뒤로 세 번 궁중에 갔네. 어리석은 사람은 그르다고 생각하지만, 지극한 이치엔 다름이 없네.

(여섯) 이 도는 담백하여 맛이 없지만, 힘써서 마시고 먹어야 하네. 남이 마신 술 내가 취하지 않고, 남이 먹은 밥 내가 부르지 않네. 대중에게 마음을 어떻게 가지라 했나, 명예는 겨처럼 부귀는 쭉정이처럼. 세속의 몸

가짐은 무엇을 권했나, 인을 갑옷으로 의를 투구로.

(일곱) 이끌어 지도함에 빠뜨림 없어, 실로 인류의 스승이시다. 전에 살아계심엔 온 나라가 유리(琉璃)같더니, 돌아가심에 온통 가시밭이네. 열반은 왜 이리 빠른지, 전과 지금 다 같이 슬프네.

(여덟) 탑(塔)을 만들고 비(碑)를 새겨서 형체는 감추고 자취는 드러낸다. 사리탑은 푸른 산에 자리하고, 거북이 업은 비석은 푸른 절벽에 버티고 섰네. 이것이 어찌 여태까지의 마음이 되리오 마는, 다만 문자로라도 살펴서 뒤에 오는 사람이 오늘을 알게 함이니, 지금에 옛일이 드러남과 같은 것.

(아홉) 임금의 은혜, 천년을 흐르고, 대사의 교화는 만대(萬代)에 존경되리라. 누가 자루 없는 도끼로 인재를 키우고, 누가 줄 없는 거문고로 가르침을 이을까. 선경(禪境)을 비록 지키지 못한다 해도 번뇌야 어찌 들어오리오. 계족산(鷄足山) 아래서 미륵(彌勒)을 기다림이니, 어서 동쪽 계림(鷄林)에 나타나소서.

종제(從弟)로서 조청대부(朝請大夫), 전(前) 수집사시랑(守執事侍郎)이며 자금어대(紫金魚袋)를 하사받은 신(臣) 최인연(崔仁滾)이 왕명을 받들어 글씨를 쓰다.

3. 『숭엄산성주사사적기』[3)]

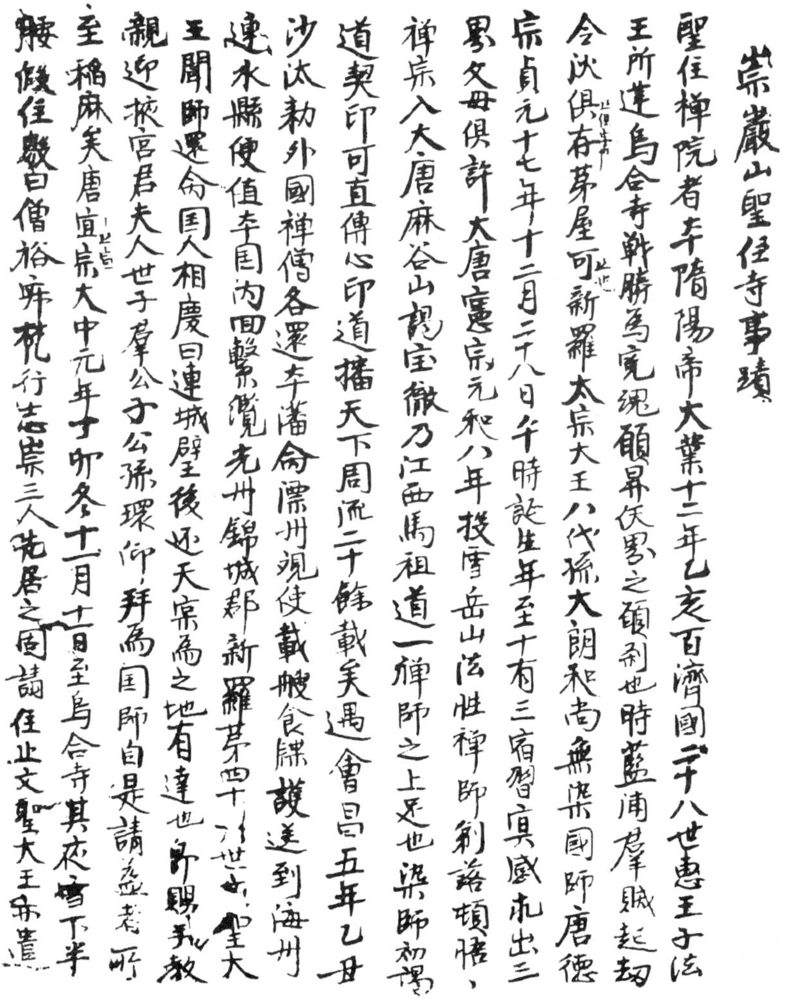

崇嚴山聖住寺事蹟

聖住禪院者本隋煬帝大業十二年乙亥百濟國二十八世惠王子法王所建烏合寺戰勝爲寃魂願昇佛界之願刹也時藍浦群賊起劫令沈俱存茅屋可新羅太宗大王八代孫大朗和尚無染國師唐德宗貞元十七年十二月二十八日午時誕生年至十有三宿習冥感亦出三界父母俱許大唐憲宗元和八年投雪岳山法性禪師剃落頓悟、禪宗入大唐麻谷山寶徹乃江西馬祖道一禪師之上足也染師初謁道契印可直傳心印道播天下周流二十餘載矣遇會昌五年乙丑沙汰勅外國禪僧各還本藩命漂州觀使載艘食隸護送到海州速水縣使值本國內田盤繁覺光州錦城郡新羅第四十六世文聖大王聞師還命國人相慶曰連城璧還天宗爲之地有達也卽賜教親迎掖宮君夫人世子群公子公孫環仰拜爲國師自是請益者所至稻麻矣唐宣宗大中元年丁卯冬十一月十日至烏合寺其夜雪下半腰假住數日僧俗乘杖行志崇三人先居之因請住止文聖大王乘遣

그림 7 | 숭엄산성주사사적기 1

---

3) 黃壽永, 1968a, 「崇嚴山聖住寺事蹟」, 『考古美術』 9-9(合集本) ; 최영성, 2009, 「聖住寺 관련 고문헌 자료 집성」, 『성주사지 정비 기본계획』, 부여군문화재보존센터.

宰相魏昕恭昕請居因住錫焉惠和尚才高德重無為而化不言

而信藍浦群賊輻湊請益和尚猶鐘待叩以鏡現形以慧炤道其

目法喜娛其服由是群賊遷善改過出家得道者百餘人文聖大

王頻降神筆曰熊州是海隅迥塞人性傲朕嘗不眠禪師既

為沃法雄杰道德惟任人自行善朕喜允抱請禪道為國鎮坐參

香信物四時連環因勅下曰烏合寺禪師所居誠可尊儼宜為寺額勅

賜聖住禪院山曰崇岩斯乃曰師道也改劇漢堂五層重閣三千

沃殿九同海荘殿九間大雄寶殿五間定光如來殿五間內僧堂九間

祖衆殿三間文殊殿三間觀音殿三間普賢殿五間遮眼堂三間

十王殿七間栴檀林九間香積殿十間住室七間井開三間鐘閣東行廚

十五間西行廚十五間東南北間各三間鐘閣二層中行廚三百間破

外行廚五百間破基階猶存水閣七間破庫舍五十間破美東西都

統巡官賜紫金魚袋崔致遠所撰碑一翰林郎阿湌金之所換碑

一破 釋迦如來舍利塔定光如來舍利塔迦葉如來舍利塔藥師如

그림 8 | 숭엄산성주사사적기 2

来舍利塔四塔點青山雙撑翠碧大朗和尚白月先塔安于西麓毘

盧遍耶佒一大尊像三千佒相安于三千佒殿此三千佒尊過去莊白劫

一千佒現在賢劫一千佒未来宿星劫一千佒三劫三千佒乃文聖大王造成顗

佒也是剎也乾坐巽向敁元水破置嶂帶海長峯回抱千峯壁之萬墅

朝宗大州前統東枕苦師津南距藍浦西臨天池北背係亭縣租元白

頭山聯来實鷄林之名山馬韓之跳壞也王太祖統合三国時金傅大王治

海西来傷嘆曰大朗惠和尚同祖聖骨也聖住禪院乃先祖所建顗剎也章

宮収来居之王太祖以公主慶之賜爵土田奉饋三道食邑金傅大王終身

于孟陵基靈祠今在山頂奚自文聖大王歷憲安王景文王憲康王至

金傅大王十代也

그림 9 | 숭엄산성주사사적기 3

聖住禪院者, 本隨煬帝大業十二年乙亥, 百濟國二十八世惠王子法王所建
烏合寺, 戰勝爲冤魂, 願昇佛界之願刹也. 時藍浦羣賊, 起劫令伙, 俱存第屋
可. 新羅太宗大王八代孫, 大朗惠和尙無染國師, 唐德宗貞元十七年十二月
二十八日誕生. 年至十有三, 宿習冥感, 求出三界, 父母俱許. 大唐憲宗元和
八年, 投雪岳山法性禪師剃落, 頓悟禪宗. 入大唐麻谷山, 謁寶徹, 乃江西馬
祖道一禪師之上足也. 染師初謁, 道契印可, 道播天下, 周流二十餘載矣. 遇
會昌五年乙丑沙汰, 勅外國禪僧名還本藩; 命漂州觀使, 載艘食牒護送, 到海
州連水縣. 便値本國內回, 繫纜光州錦城郡. 新羅第四十六世文聖大王, 聞師
還命. 國人相慶曰:『連城璧復還, 天實爲之, 地有辛也』卽賜手敎, 親迎掖
宮, 君夫人・世子, 羣公子公孫環仰, 拜爲國師, 自是請益者, 所至稻麻矣. 唐
宣宗大中元年, 丁卯冬十日月十一日, 矣烏合寺. 其夜雪下半腰, 假住數日.
僧裕寂・梵行・志崇三人先居之, 固請住止. 文聖大王亦遣宰相魏昕泰昕請
居, 因住錫焉. 惠和尙才高德重, 無爲而化, 不言而言. 藍浦羣賊輻輳, 請益和
尙; 猶鍾待叩, 似鏡現形, 以慧炤導其目, 法喜娛其腹. 由是, 羣賊遷善改過,
出家得道者百餘人. 文聖大王頻降神筆, 曰:『熊州是海隅邊塞, 人性凶傲, 朕
篤畏不服禪師. 旣爲佛法雄杰, 道德堪任, 人自行善, 朕喜充抱. 請禪道爲國
鎭坐』茶香信物, 四時連環. 因勅下曰:『烏合寺, 禪師所居, 誠可尊嚴, 宜爲寺
額』勅賜聖住禪院, 山曰崇嚴; 斯乃曰師道也. 改創選法堂五層重閣, 三千佛
殿九間, 海莊殿九間, 大雄寶殿五間, 定光如來殿五間, 內僧堂九間, 極樂殿
三間, 文殊殿三間, 觀音殿三間, 普賢殿五間, 遮眼堂三間, 十王殿七間, 栴檀
林九間, 香積殿十間, 住室七間, 正閣三間, 鍾閣, 東行廊十五間, 西行廊十五

---

4) 黃壽永, 1968a,「崇嚴山聖住寺事蹟」,『考古美術』9-9(合集本) ; 최영성, 2009,「聖住
寺 관련 고문헌 자료 집성」,『성주사지 정비 기본계획』, 부여군문화재보존센터.

間, 東西南北間各三間, 鍾閣二層, 中行廊三百間破, 外行廊五百間破, 基階
猶存, 水閣七間破, 庫舍五十間破矣. 東面都統巡官賜紫金魚袋崔致遠所撰
碑一, 翰林郎阿飡金立之所撰碑一破, 釋迦如來舍利塔・定光如來舍利塔・
迦葉如來舍利塔・藥師如來舍利塔, 四塔點青山, 雙□撑翠碧. 大朗惠和尙
白月葆光塔, 安于西麓. 毘盧遮那佛一大尊像・三千佛相, 安于三千佛殿. 此
三千佛尊, 過去莊嚴劫一千佛, 現在賢劫一千佛, 未來星宿劫一千佛; 三劫
三千佛, 乃文聖大王造成願佛也. 是刹也, 乾坐巽向, 歸元水破. 疊嶂帶海, 長
岑回抱, 千峰壁立, 萬壑朝宗. 大州前統, 東枕苦師津, 南距藍浦, 西臨天池,
北背保寧縣. 祖元白頭山聯來, 實鷄林之名山, 馬韓之跳壤也. 王太祖統合三
國時, 金傳大王, 沿海西來, 傷嘆曰:「大朗惠和尙, 同祖聖骨也, 聖住禪院,
乃先祖所建願刹也」, 率宮奴來居之. 王太祖以公主處之, 賜爵土田, 奉饋三
道食邑. 金傳大王, 終身于玆. 陵基靈祠, 今在山頂矣. 自文聖大王, 歷憲安王
景文王憲康王, 至金傳大王十一代也.

〈번역〉[5]

　성주선원(聖住禪院)은 본래 수(隨)나라 양제(煬帝) 대업(大業) 12년 을
해(乙亥 : 615)에 백제국(百濟國) 제28대 혜왕(惠王)의 아들인 법왕(法
王)이 창건한 오합사(烏合寺)였다. 전쟁에서 이긴 뒤 원혼들을 위해, 그들
이 불계(佛界)에 오르기를 기원하는 원찰(願刹)이다. 당시 남포(藍浦)의
도적떼들이 강도짓을 일으켜 절이 잿더미가 되도록 하였으니, 단지 남은
것은 집채뿐이었다.

---

5) 최영성, 2009, 「聖住寺 관련 고문헌 자료 집성」, 『성주사지 정비 기본계획』, 부여군
　문화재보존센터. 187~191쪽.

신라 태종대왕의 8대손인 대낭혜화상(大朗慧和尙) 무염국사(無染國師)는 당(唐)나라 덕종(德宗) 정원(貞元) 17년(801) 12월 28일에 탄생하셨다. 그의 나이 13세가 되었을 때 숙습(宿習)을 명감(冥感)하고 삼계(三界)를 구출코자 하니 어버이가 모두 허락하였다. 대당(大唐) 헌종(憲宗) 원화(元和) 8년(813)에 설악산 법성선사에게 몸을 투탁(投託)하여 체두낙발(剃頭落髮)하고는 선종(禪宗)을 돈오(頓悟)하였다. 그 뒤 당(唐)나라 마곡산(麻谷山)에 들어가 보철화상(寶徹和尙)을 찾아뵈었는데, 보철은 곧 강서(江西) 마조도일(馬祖道一) 선사의 상족제자(上足弟子)였다. 무염국사가 처음 찾아뵈었을 때 도가 계합(契合)하여 인가(印可)를 함에 심인(心印)을 곧장 전하였는데, 도를 천하에 전파하고 주류(周流)한 지가 20여 년이나 되었다.

회창(會昌) 5년(845) 을축년(乙丑年) 사태(沙汰)를 만나 황제의 명령으로 외국의 선승(禪僧)들을 각기 자기 나라로 돌려보내도록 했는데, 그때 표주관찰사(漂州觀察使)에게 명하되 배에 식첩(食牒)을 싣고 호송하여 해주(海州) 연수현(漣水縣)에 이르도록 하였다. 문득 본국에 당도하여 나라 안을 돌다가 광주(光州) 금성군(錦城君 : 羅州)에 배를 대게 되었다. 신라 제 46대 문성대왕은 대사께서 황제의 명으로 돌아왔다는 소식을 들었는데, 나라 안 사람들이 서로 경하하며 말하기를,

"연성벽(連城璧)과 같이 보배로운 분께서 다시 돌아오셨으니 하늘이 실로 이를 만들어 주신 것이요 이 땅에 행복이 있는 것이라."

고 하였다. 문성대왕이 즉시 수교(手敎)를 내려 몸소 액궁(掖宮)으로 맞이하였는데, 군부인(郡夫人)과 세자(世子), 그리고 여러 공자공손(公子公孫)들이 빙 둘러싸고 우러르니, 벼슬을 주어 국사(國師)로 삼았다. 이로부터 청익(請益)을 하는 사람들이 이르는 곳마다 볏대나 삼대와 같이 많았다.

당(唐)나라 선종(宣宗) 대중(大中) 원년(元年) 정묘(丁卯 : 847) 겨울

11월 11일에 (대사께서) 오합사에 이르렀는데, 그날 밤 눈이 하반신 허리춤까지 내려 임시로 며칠 동안 머물렀다. 승려 유적(裕寂)·범행(梵行)·지숭(志崇) 등 세사람이 이 절에 먼저 거(居)하고 있었는데, 국사에게 굳이 머물러 주실 것을 청하였다. 문성대왕 역시 재상인 위흔(魏昕:金陽)과 김흔(金昕)을 보내 거하시기를 청함에 이로 말미암아 그곳에 주석(住錫)하게 되었다. 낭혜화상은 재주가 높고 덕성이 중후하여, 무위법(無爲法)으로써 중생을 교화하고 불언(不言)으로써도 믿게 하였다. 남포의 도적 떼들이 몰려와서 화상에게 도움 될 말씀을 청하니, 국사께서는 마치 종이 두드려주기를 기다리는 듯하고, 거울이 사물을 비추는 대로 그 형상을 드러내는 것처럼 하여, 혜소(慧炤)로써 저들의 안목을 인도하고 법열(法悅)로써 저들의 마음을 즐겁게 해주었다. 이로 말미암아 군적(群賊) 가운데 천선개과(遷善改過)한 끝에 출가하여 득도(得道)한 사람이 1백여 명이나 되었다.

문성대왕은 자주 신필(神筆)을 내렸는데, 말씀하시기를

"웅주(熊州)는 우리나라의 구석진 변방인지라 사람의 성품이 흉악하고 오만하여, 짐(朕)은 저들이 선사에게 복종하지 않을까봐 몹시 두려워하였소이다. 그런데 기위(旣爲) 불법(佛法)으로 웅걸(雄傑)이 되고 도덕(道德)을 감임(堪任)하여, 사람들이 스스로 선(선)을 행한다고 하니, 짐은 기뻐서 가슴이 뿌듯 하오이다. 청컨대 선도(禪道)로써 나라의 진좌(鎭坐)로 삼으시라!"

고 하였으며, 차(茶)와 향(香), 신물(信物)들이 네 철에 걸쳐 계속적으로 이어졌다. 이로 인하여 칙령을 내려 말씀하시기를

"오합사는 선사께서 거처하시는 곳이라. 참으로 존엄할 만하니 마땅히 절의 이름으로 삼아야 될 것이다."

고 하시고는, 칙명으로 '성주선원(聖住禪院)'이라는 절의 이름을 내리고 산을 이름하여 '숭엄(崇嚴)'이라 하였으니, 이는 곧 '스승으로 섬기는 도리(師道)'라고 하는 것이다.

고치거나 새로 지은 것들을 뽑아보면, 법당(法堂)이 5층 중각(重閣)이고, 삼천불전(三千佛殿) 9칸, 해장전(海藏殿) 9칸, 대웅보전(大雄寶殿) 5칸, 정광여래전(定光如來殿) 5칸, 내승당(內僧堂) 9칸, 극락전(極樂殿) 3칸, 문수전(文殊殿) 3칸, 관음전(觀音殿) 3칸, 보현전(普賢殿) 5칸, 차안당(遮眼堂) 3칸, 십왕전(十王殿) 7칸, 전단림(栴檀林) 9칸, 향적전(香積殿) 10칸, 주실(住室) 7칸, 정각(井閣) 3칸, 종각(鐘閣), 동행랑(東行廊) 15칸, 서행랑(西行廊) 15칸, 동서남북문(東西南北門) 각 3칸, 종각(鐘閣) 2층, 중행랑(中行廊) 3백칸과 외행랑(外行廊) 5백칸은 파괴되었는데 그 터와 계단만이 아직 남아 있다. 수각(水閣) 7칸과 고사(庫舍) 50칸은 파괴되었다.

동면도통순관(東面都統巡官)으로 자금어대(紫金魚袋)를 하사받은 최치원(崔致遠)이 찬한 비 1기가 있고 한림랑(翰林郎)으로 아찬(阿湌)인 김입지(金立之)가 찬한 비 1기는 파괴되었다. 석가여래사리탑(釋迦如來舍利塔), 정광여래사리탑(定光如來舍利塔), 가섭여래사리탑(迦葉如來舍利塔), 약사여래사리탑(藥師如來舍利塔) 등 네 개의 흰 사리탑이 푸른 산 속에 점처럼 자리 잡고 있으며, 거북이 업은 빗돌은 푸른 바위벽 같이 버티고 섰네. 대낭혜화상백월보광탑(大朗慧和尙白月葆光塔)은 서쪽 기슭에 안치되어 있고, 비로자나불(毘盧蔗那佛) 일대존상(一大尊像)과 삼천불상(三千佛像)은 삼천불전(三千佛殿)에 안치되어 있다. 이 삼천불존(三千佛尊)은 과거장엄겁(過去莊嚴劫) 1천불, 현재현겁(現在賢劫) 1천불, 미래성수겁(未來星宿劫) 1천불인데 삼겁삼천불(三劫三千佛)은 곧 문성대왕께서 조성한 원불(願佛)이다.

이 사찰은 건좌손향(乾坐巽向)으로 자리 잡고 있는데, 원 위치로 돌아드는 물이 여기서 갈라진다. 중첩한 산봉우리는 바다에까지 뻗어 있고, 긴 봉우리는 이곳을 빙 둘러 감싸고 있다. 천봉(千峯)은 절벽처럼 서 있고 만학(萬壑)은 모두가 시내로 흘러든다. 큰 고을의 전망을 보면 동쪽으로 고사진(苦師津)을 베개 삼고 남쪽으로는 남포(藍浦)와 떨어져 있으며, 서쪽으로는 천지(天池)가 임하고 있고, 북쪽으로는 보령현(保寧縣)을 등지고 있다. 백두대간(白頭大幹)으로부터 이어져 내려왔으니 실로 계림(鷄林)의 명산이요, 마한(馬韓)의 빼어난 땅이다.

왕건(王建) 태조(太祖)가 삼한(三韓)을 통합할 때 김부대왕(金傅大王)이 바다를 거슬러 서쪽으로 와서 감상(感傷)에 젖어 탄식하면서

> "대낭혜화상은 나와 조상을 같이 하는 성골(聖骨)이시오, 성주선원(聖住禪院)은 곧 선조께서 세우신 원찰(願刹)이다"

하시고는 궁노(宮奴)를 이끌고 와서 이곳에서 살았다. 왕건 태조는 낙랑공주(樂浪公主)를 김부대왕(金傅大王)에게 시집보내고, 벼슬과 영지(領地)를 내렸으며 삼도(三都)를 식읍(食邑)으로 받들어 올리도록 했다. 김부대왕은 이곳에서 일생을 마쳤는데, 능기(陵基)와 영사(靈祠)가 지금도 옥마산(玉馬山) 산꼭대기에 남아있다. 문성대왕(文聖大王)으로부터 헌안왕(憲安王)·경문왕(景文王)·헌강왕(憲康王)을 거쳐 김부대왕(金傅大王)에 이르기까지 11대가 된다.

그림 10 | 성주사지 오층석탑 (저자 촬영)

고고자료로 본 성주사의 변천과 시대상

그림 11 | 성주사지 중앙삼층석탑 (저자 촬영)

그림 12 | 성주사지 서삼층석탑 (저자 촬영)

그림 13 | 성주사지 동삼층석탑 (저자 촬영)

그림 14 | 성주사지 석등 (저자 촬영)

그림 15 | 성주사지 석불입상 (忠南大學校博物館 提供)

참고문헌

1. 기본사료

『梁書』,『三國史記』,『三國遺事』,『日本書紀』,『皇龍寺九層木塔刹柱本記』,

『聖住寺碑文』,『朗慧和尙白月葆光塔碑文』,『崇嚴山聖住寺事績記』,

『宣和奉使高麗圖經』,『高麗史』,『高麗史節要』,『新增東國輿地勝覽』,

『朝鮮王朝實錄』,『禪苑淸規』,『拙修齋集』,『朝鮮佛敎通史』

2. 단행본

자각종색선사 저 · 최법혜 역주, 2001,『고려판 선원청규 역주』, 가산불교문화 연구원.

고영복, 2000,『사회학사전』, 사회문화연구소.

權悳永, 1997,『古代 韓中外交史 -견당사연구-』, 일조각.

權鍾湳, 2004,『한국고대목탑의 구조와 의장, 皇龍寺, 九層塔』, 미술문화.

김두진, 2007,『신라하대 선종사상사 연구』, 일조각.

김봉건, 1994,『傳統 重層木造建築에 關한 硏究』, 서울대학교 박사학위논문.

김부식 저 · 이병도 역, 1996,『삼국사기』상 · 하, 을유문화사.

김수태, 1996,『新羅中代 政治史硏究』, 일조각.

김수태 외, 2001,『성주사와 낭혜』, 서경문화사.

金正守, 2005,『6~9세기 신라목탑 형태의 변천에 관한 연구』, 경기대학교 박사학위
    논문.

김종서 저·민족문화추진회 역, 1986,『국역 고려사절요』전권, 민족문화문고.

동아대학교 한국고전연구실, 2009,『국역 고려사』전권, 경인문화사.

柳炯均, 2011,『高麗 寺院 木塔址 硏究』, 東國大學校 博士學位論文.

민족문화추진회 편 저, 1982,『국역 신증동국여지승람』전권, 민족문화추진회.

박경식, 2002,『통일신라 석조미술 연구』, 학연문화사.

법제처 편, 1979,『韓國古典用語辭典』, 법제처.

서긍 저·민족문화추진회 역주, 2005,『고려도경-송나라 사신, 고려를 그리다』, 서
    해문집.

楊忠, 2004,『梁書』, 漢語大詞典出版社.

연민수 외, 2013,『역주 일본서기』3, 동북아역사재단.

윤기협, 2004,『高麗後期 寺院의 實狀과 動向에 관한 硏究』, 연세대학교 박사학위
    논문.

윤기협, 2012,『고려 후기의 불교 -사원의 불교사적 고찰-』, 일조각.

윤용혁, 1991,『고려대몽항쟁사연구』, 일지사.

李基東, 1990,『新羅骨品制社會와 花郞徒』, 일조각.

이기백, 1967,『韓國史新論』, 일조각.

이기백, 1974,『新羅政治社會史研究』, 일조각.

이기백, 1990,『新羅思想史研究』, 일조각.

이남석, 2014,『泗沘時代의 百濟考古學』, 서경문화사.

이능화 저·동국대학교불교문화연구원 역, 2010,『역주 조선불교통사』, 동국대학교
    출판부.

李承蓮, 2011,『신라말~고려전기 선종사원의 상원영역 형성에 관한 연구 -법당의
    출현과 전개과정을 중심으로-』, 성균관대학교 박사학위논문.

일연 저·이민수 역, 1994,『삼국유사』, 을유문화사.

曺凡煥, 1998,『朗慧無染과 聖住山門』, 서강대학교 박사학위논문.

曺凡煥, 2001,『新羅禪宗研究』, 일조각.

曺凡煥, 2008,『라말여초 선종산문 개창 연구』, 경인문화사.

曺凡煥, 2013,『나말여초 남종선 연구』, 일조각.

趙聖期 저·이승수 역, 2001, 『拙修齋集 : 천년 뒤 知己를 기다리다』, 박이정.

조원창, 2011, 『백제의 토목건축』, 서경문화사.

조원창, 2012, 『기와건물지의 조사와 해석』, 서경문화사.

조원창, 2014, 『백제 사원유적 탐색』, 서경문화사.

鄭性本, 1995, 『新羅禪宗의 硏究』, 民族社.

최영성, 2014, 『교주 사산비명』, 이른아침.

許興植, 1986, 『高麗佛敎史硏究』, 一潮閣.

한국고대사회연구소, 1992, 「朗慧和尙白月寶光塔碑文」, 『譯註 韓國古代金石文』Ⅲ, 가락국사적개발연구원.

한국불교대사전편찬위원회, 1982, 『한국불교대사전』, 보련각.

홍사준 외, 2003, 『韓國佛敎學硏究叢書-新羅佛敎篇 : 寺刹(聖住寺·祇林寺·三和寺·皇龍寺)』, 불함문화사.

3. 연구보고서

公州大學校博物館 編, 2001, 『무량사와 성주사지』, 公州大學校 博物館.

京畿道博物館 編, 2002, 『奉業寺』, 京畿道博物館.

京畿道博物館 編, 2005, 『高麗 王室寺刹 奉業寺』, 京畿道博物館.

國立慶州博物館 編, 2000, 『新羅瓦塼 -아름다운 신라기와 그 천년의 숨결-』, 國立慶州博物館.

國立慶州文化財硏究所 編, 1995, 『殿廊址·南古壘 發掘調査報告書』, 國立慶州文化財硏究所.

國立慶州文化財硏究所 編, 1997, 『感恩寺 發掘調査報告書』, 國立慶州文化財硏究所.

國立慶州文化財硏究所 編, 2010, 「慶州 四天王寺址 發掘調査 5次자문회의자료」, 國立慶州文化財硏究所.

國立慶州文化財硏究所 編, 2012, 『四天王寺Ⅰ-金堂址 發掘調査報告書』, 國立慶州文化財硏究所.

國立慶州文化財硏究所 編, 2013b, 『傳仁容寺址 發掘調査報告書Ⅰ·Ⅱ·유적정 비기 본계획』, 國立慶州文化財硏究所.

國立慶州文化財硏究所 編, 2013a, 『四天王寺Ⅱ-回廊內廓 發掘調査報告書』, 國立慶州文化財硏究所.

國立慶州文化財研究所 編, 2014,『四天王寺Ⅲ-回廊外廓 發掘調査報告書』, 國立慶
州文化財研究所.

國立扶餘博物館 編, 2000,『陵寺-扶餘陵山里寺址發掘調査進展報告書』, 國立扶餘博
物館.

國立扶餘博物館 編, 2010,『기와에 담긴 700年의 숨결 百濟瓦塼』, 國立扶餘博物館.

國立扶餘文化財研究所 編, 1994,『獅子菴 發掘調査報告書』, 國立扶餘文化財 研究所.

國立扶餘文化財研究所 編, 1996,『彌勒寺 發掘調査報告書Ⅱ』, 國立扶餘文化財研究所.

國立扶餘文化財研究所 編, 1997,『扶蘇山城 發掘調査 中間報告Ⅱ』, 國立扶餘文化財
研究所.

國立扶餘文化財研究所 編, 1999,『實相寺 發掘調査 中間報告』, 國立扶餘文化財研
究所.

國立扶餘文化財研究所 編, 2006,「부여 밤골寺址 시굴조사 보고서」, 國立扶餘文化
財研究所.

國立扶餘文化財研究所 編, 2009a,『王興寺址Ⅲ』, 國立扶餘文化財研究所.

國立扶餘文化財研究所 編, 2009b,『한중일 고대사지 비교연구 Ⅰ-木塔址-』, 國立扶
餘文化財研究所.

國立扶餘文化財研究所 編, 2010a,『扶餘軍守里寺址Ⅰ-木塔址·金堂址 發掘調査 報
告-』, 國立扶餘文化財研究所.

國立扶餘文化財研究所 編, 2010b,『한중일 고대사지 비교연구Ⅱ-金堂址편-』, 國立
扶餘文化財研究所.

國立扶餘文化財研究所 編, 2011,『扶餘定林寺址發掘調査報告書寺役中心部』, 國立
扶餘文化財研究所.

國立扶餘文化財研究所 編, 2013a,『帝釋寺址 發掘調査間報告Ⅱ』, 國立扶餘文化財研
究所.

國立扶餘文化財研究所 編, 2013b,『扶餘軍守里寺址Ⅱ-西回廊址 發掘調査間報告』,
國立扶餘文化財研究所.

國立文化財研究所 編, 1996,『扶蘇山城 發掘調報告書』, 國立文化財研究所.

畿甸文化財研究員 編, 2007,『高達寺址Ⅱ-3~5차 시·발굴조사 보고서-』, 畿甸文化
財研究員.

文化財管理局 文化財研究所 編, 1984,『皇龍寺 遺蹟發掘調査報告書』Ⅰ, 文化財管理
局 文化財研究所.

부여군문화재보존센터 編, 2009 ,『성주사지 정비기본계획』, 부여군문화재보존센터.

百濟文化財硏究院 編, 2009,「보령 성주사지(주변지역) 정비사업부지 내 문화 유적 시굴조사 약식보고서」, 百濟文化財硏究院.

百濟文化財硏究院 編, 2011,『성주사지 7차 발굴조사 보고서』, 百濟文化財硏究院.

百濟文化財硏究院 編, 2012a,『성주사지 8차 발굴조사 보고서』, 百濟文化財硏究院.

百濟文化財硏究院 編, 2012b,『성주사지 출토유물 DB구축 용역 보고서』, 百濟文化財硏究院.

百濟文化財硏究院 編, 2013,『성주사지 9차 발굴조사 보고서』, 百濟文化財硏究院.

百濟文化財硏究院 編, 2014a,『성주사지 10차 발굴조사 보고서』, 百濟文化財硏究院.

百濟文化財硏究院 編, 2014b,「성주사지 11차 발굴조사 약식보고서」, 百濟文化財硏究院.

全北大學校博物館 編, 1986,『萬福寺』, 全北大學校博物館.

忠南大學校博物館 編, 1981,『定林寺址發掘報告書』, 忠南大學校博物館.

忠南大學校博物館 編, 1998,『聖住寺』, 忠南大學校博物館.

忠南大學校博物館 編, 2013,『扶餘 東南里遺蹟』, 忠南大學校博物館.

翰林大學校博物館 編, 2000,『居頓寺址發掘調査報告書』, 翰林大學校博物館.

韓國博物館硏究會 編, 2005,『한국의 박물관 5』, 문예마당.

4. 연구논문

강종원, 2012,「백제 烏合寺의 창건과 정치적 성격」,『백산학보』94, 백산학회.

권덕영, 1994,「唐 武宗의 廢佛과 新羅 求法僧의 動向」,『정신문화연구』54, 한국학중앙연구원.

권덕영, 2004,「金仁問 小傳」,『문화사학』21, 한국문화사학회.

권영오, 2007,「진성여왕대 농민 봉기와 신라의 붕괴」,『신라사학보』11, 신라사학회.

권태원, 1992,「聖住寺址의 史略에 관하여」,『歷史와 談論』19 · 20, 호서사학회.

고영섭, 2014,「신라 중대의 선법 전래와 나말려초의 구산선문 형성 -북종선과 남종선의 전래와 안착-」,『신라문화』44, 동국대학교 신라문화연구소.

具本泰, 1994,「保寧 聖住寺址에 對한 考察」, 공주대학교 석사학위논문.

구슬아, 2012,「최치원 碑銘의 文學性 연구 :〈聖住寺朗慧和尙白月葆光塔碑 銘〉을 중심으로」,『한국한시연구』20, 한국한시학회.

近藤浩一, 2006, 「9세기 중엽 聖住寺와 신라 王京人의 서해안 진출 : 張保皐 교역활동의 영향과 관련하여」, 『신라사학보』8, 신라사학회.

김갑동, 1994, 「新羅·高麗의 王朝交替와 郡縣制의 變化」, 『韓國古代史硏究』7, 韓國古代史學會.

김낙중, 2013, 「일본 도성제의 구조·성격과 백제 도성제와의 비교」, 『백제 도성제와 주변국도성제의 비교연구』, 백제역사유적지구 세계유산등재추진단·충청남도역사문화연구원.

김두진, 1973, 「낭혜와 그의 선사상」, 『역사학보』57, 역사학회.

김수천, 2005, 「崔彦撝 「聖住寺址郞慧和尙碑」의 書體美」, 『書誌學硏究』31, 書誌學會.

김수태, 1985, 「新羅 宣德王·元聖王의 王位繼承」, 『東亞硏究』6, 서강대학교 동아연구소.

김수태, 2000, 「百濟 法王代의 佛敎」, 『선사와고대』15, 한국고대학회.

김창겸, 1994, 「신라 하대 왕위찬탈형 반역에 대한 일고찰」, 『한국상고사학보』17, 한국상고사학회.

김창호, 2003, 「新羅 無染和尙碑의 得難조 해석과 건비 연대」, 『신라문화』22, 동국대학교 신라문화연구소.

南東信, 2002, 「聖住寺 無染碑의 '得難'條에 대한 考察」, 『韓國古代史硏究』28, 韓國古代史學會.

文明大, 1974, 「聖住寺三千佛殿址第一次發掘 -聖住寺址 第二次 調査」, 『불교미술』2, 동국대학교.

민병근, 2011, 「촛대[燭臺]-청동촛대, 광명대(光明臺)」, 『전기저널』420권, 대한전기협회.

朴日薰, 1962, 「保寧聖住寺址逸名碑片」, 『考古美術』3, 한국미술사학회.

변태섭, 1964, 「廟制의 變遷을 通하여 본 新羅社會의 發展過程」, 『역사교육』8, 역사교육연구회.

서오선, 1985, 「韓國 平瓦紋樣의 時代的 變遷에 대한 硏究」, 충남대학교 석사학위논문.

성정용, 2012, 「성주사지 출토 평기와 제작기법의 변천과 실측기법 제안」, 『역사와 담론』26, 호서사학회.

신동하, 2009, 「百濟 聖住山 信仰과 聖住寺」, 『불교학연구』22, 불교학연구회.

신웅주·박강철, 2010, 「보림사 대웅보전의 조영에 관한 연구 -柱間設定과 上層 遞減의 기법을 중심으로-」, 『대한건축학회지』26, 대한건축학회.

신용철, 2002, 「慶州 南山 昌林寺址 三層石塔의 考察 -石塔의 編年을 中心으로-」, 『동악미술사학』 3, 동악미술사학회.

신용철, 2014, 「軍威 持寶寺 三層石塔에 대한 考察」, 『동악미술사학』 16, 동악미술사학회.

신정훈, 2001, 「新羅 宣德王代의 政治的 推移와 그 性格」, 『대구사학』 65, 대구사학회.

신창수, 1986, 「皇龍寺址 出土 新羅기와의 編年」, 단국대학교 석사학위논문.

신형식, 1977, 「新羅史의 時代區分」, 『韓國史研究』 18, 한국사연구회.

안주홍, 2010, 「신라 하대 문성왕대의 정국」, 『신라사학보』 19, 신라사학회.

양승률, 1993, 「金立之의 『聖住寺碑』」, 충남대학교 석사학위논문.

양승률, 1998, 「金立之의 『聖住寺碑』」, 『古代研究』 6, 古代研究會.

양승률, 1999, 「聖住寺門 관련 史料의 검토」, 『고대연구』 7, 고대연구회.

양정석, 2012, 「九山禪門 伽藍 認識에 대한 考察」, 『新羅文化』 40, 동국대학교 신라문화연구소.

오세덕, 2013, 「조선후기 중층불전에 관한 연구」, 『석당논총』 56, 동아대학교 석당학술원.

윤용혁, 2011, 「고려의 대몽항쟁과 아산 : 1236년과 1256년 아산지역 전투를 중심으로」, 『인문과학논총』 28, 순천향대학교 인문과학연구소.

윤용혁, 2013, 「고려 말 보령지역의 왜구와 金成雨」, 『역사와 담론』 66, 호서사학회.

윤쌍웅, 1992, 「韓國의 기와 紋樣에 關한 研究」, 인천대학교 석사학위논문.

이구의, 2003, 「崔致遠의 '朗慧和尙碑銘'攷」, 『인문과학연구』 4, 대구가톨릭대학교 인문과학연구소.

이기동, 1992, 「金寬毅」, 『韓國史市民講座』 10, 일조각.

이기동, 1996, 「신라하대의 사회변화」, 『한국사』 11, 국사편찬위원회.

이남석, 2010, 「考古學資料를 통한 百濟 泗沘遷都의 再認識」, 『百濟文化』 43, 공주대학교 백제연구소.

이남석, 2011, 「백제 불교 유적의 문화유산적 가치」, 『동아시아 불교문화와 백제』, 제57회 백제문화재 국제학술대회.

이도학, 1989, 「사비時代 百濟의 4方界山과 護國寺刹의 成立 : 法王의 佛教理念 擴大施策과 관련하여」, 『백제연구』 20, 충남대학교 백제연구원.

李炳熙, 2002, 「高麗前期 禪宗寺院의 經濟와 그 運營」, 『韓國禪學』 4, 韓國禪學會.

李炳熙, 2008, 「高麗時期 住持制 運營과 寺院經濟」, 『史學研究』 90, 韓國史學會.

이병철, 2015, 「보령 성주사지 정비사업부지 내 유적(11차)의 방사성탄소 연대측정 최종 보고서」, 공주대학교 공동실험실습관.

이선희, 2009, 「月城垓字 출토 古式수막새의 제작기법과 편년 연구」, 『고고학보』 70, 한국고고학회.

이영호, 1983, 「新羅 中代 王室寺院의 官寺的 機能」, 『한국사연구』 43, 한국사연구회.

李殷昌, 1961a, 「保寧 聖住寺址의 逸名塔碑」, 『미술사학연구』 2, 한국미술사학회.

李殷昌, 1961b, 「保寧 聖住寺址의 中門址」, 『미술사학연구』 2, 한국미술사학회.

李殷昌, 1962, 「保寧 聖住寺址의 金堂址」, 『미술사학연구』 3, 한국미술사학회.

李殷昌, 1967, 「保寧 聖住寺址 調査報告 -三層石塔과 墓塔碑를 中心으로-」, 『아세아연구』 28, 고려대학교 아세아문제연구소.

李殷昌, 1969, 「保寧 聖住寺址 石塔考」, 『사학연구』 21, 한국사학회.

이정상, 2014, 「보령 성주사지 가람배치의 복원에 관한 연구」, 한양대학교 석사학위 논문.

임종태, 2013, 「聖住寺 創建 以前의 先代伽藍에 대한 檢討」, 『韓國古代史硏究』 72, 韓國古代史學會.

임종태, 2014, 「保寧 聖住寺址의 伽藍變遷 硏究」, 『先史와 古代』 42, 韓國古代史學會.

임종태, 2015a, 「신라하대 聖住寺 창건기 금당의 조성과 배경 -고고자료를 중심으로-」, 『新羅文化』 45, 동국대학교 신라문화연구소.

임종태, 2015b, 「고고자료로 본 중건기의 성주사지」, 『제103회 한국중세사학회 정기발표회 자료집』, 한국중세사학회.

임종태, 2015c, 「고고자료를 통해 본 고려후기 성주사의 중건」, 『지방사와 지방문화』 18-1, 역사문화학회.

전기웅, 2005, 「憲康王代의 정치사회와 '處容郎望海寺'條 설화」, 『新羅文化』 26, 동국대학교 신라문화연구소.

전미희, 2005, 「신라 하대 골품제의 운영과 변화 : 흥덕왕대의 규정과 朗慧和 尙碑 得難條의 검토를 중심으로」, 『신라문화』 26, 동국대학교 신라문화연구소.

정동악, 2011, 「新羅 下代 禪宗史 硏究動向」, 『한국고대사탐구』 7, 한국고대사탐구학회.

조범환, 1994, 「新羅末 敬順王의 高麗歸附」, 『李基白先生古稀紀念 韓國史學論叢』 上, 일조각.

曹凡煥, 1998, 「朗慧無染과 聖住寺 創建」, 『韓國古代史硏究』 14, 韓國古代史學會.

曺凡煥, 2005, 「新羅 下代 禪僧과 王室」, 『신라문화』 26, 동국대학교 신라문화연구소.

曺凡煥, 2012, 「新羅 下代 僧侶들의 入唐 留學과 禪宗 佛敎 문화의 擴散」, 『한국사상사학』 40, 한국사상사학회.

趙源昌, 2010, 「百濟 定林寺址 石塔 下部 軸基部 版築土의 性格」, 『韓國古代史探究』 5, 韓國古代史探究學會.

조원창, 2011, 「부여 금강사의 축조시기와 당탑지 기단구조의 특성」, 『문화사학』 36, 한국문화사학회.

조원창, 2012, 「土木工事로 본 扶餘 陵寺의 造營」, 『문화사학』 37, 한국문화사학회.

주보돈, 1994, 「남북국시대의 지배체재와 정치」, 『한국사』 3, 국사편찬위원회.

주보돈, 2008, 「新羅 下代 金憲昌의 亂과 그 性格」, 『韓國古代史研究』 51, 한국고대사학회.

차인국, 2012, 「전북지역 통일신라~고려시대 평기와 연구」, 『야외고고학』 20, 한국문화재조사연구기관협회.

최민희, 2003, 「통일신라 3층 석탑(三層石塔)의 출현과 『조탑공덕경(造塔功德經)』의 관계 고찰」, 『불교고고학』 3, 위덕대학교.

최맹식, 1995, 「百濟 平기와 製作技法 硏究」, 『백제연구』 25, 충남대학교백제연구소.

최맹식, 2002, 「統一新羅 평기와 硏究」, 『호서고고학』 6 · 7, 호서고고학회.

崔柄憲, 1972, 「新羅下代 禪宗九山派의 成立 : 崔致遠의 四山碑銘을 中心으로」, 『한국사연구』 7, 한국사연구회.

최병헌, 1976, 「新羅 下代社會의 動搖」, 『韓國史』 3, 국사편찬위원회.

崔仁杓, 1996, 「朗慧無染의 現實認識과 指向社會」, 『大丘史學』 51, 大丘史學會.

崔玄覺, 1995, 「大朗慧無染의 無舌土論」, 『普照思想』 9, 보조사상연구원.

平松良雄 · 土田純子, 2010, 「백제 오함사 수막새 제작기법 : 백제 사비기 조와기법의 일례」, 『백제연구』 51, 충남대학교 백제연구소.

하일식, 2010, 「신라 말, 고려 초의 지방사회와 지방세력」, 『한국중세사연구』 29, 한국중세사학회.

허흥식, 1984, 「불교와 융합된 고려왕실의 조상숭배」, 『동방학지』 45, 연세대학교 국학연구원.

洪思俊, 1968, 「百濟 烏合寺考」, 『미술사학연구』 9, 한국미술사학회.

洪思俊, 1969, 「백제의 칠악사와 오함사 소고」, 『백제문화』 3, 공주대학교 백제문화연구소.

洪思俊, 1974,「聖住寺址石塔 解體와 組立」,『考古美術』113·114, 한국미술사학회.

黃壽永, 1968a,「崇嚴山聖住寺事蹟」,『考古美術』9-9(合集本).

黃壽永, 1968b,「新羅聖住寺 大朗慧和尙 백월보광탑의 調査」,『미술사학연구』9, 한국미술사학회.

黃壽永, 1972,「金立之 撰 新羅 聖住寺碑」,『미술사학연구』115, 한국미술사학회.

黃壽永, 1974a,「新羅 聖住寺의 沿革-三千佛殿의 發掘을 통하여」,『불교미술』2, 동국대학교.

黃壽永, 1974b,「新羅 聖住寺址의 塑佛資料 : 扶餘博物館所藏品에서」,『美術資料』, 국립중앙박물관.